仇敏——著

论诗性主体

九州出版社 JIUZHOUPRESS | 全国百佳图书出版单位

图书在版编目（CIP）数据

论诗性主体 / 仇敏著. -- 北京：九州出版社，

2023.11

ISBN 978-7-5225-2317-0

I. ①论… II. ①仇… III. ①主体-研究 IV.

①B017

中国国家版本馆 CIP 数据核字（2023）第 201862 号

论诗性主体

作　　者	仇　敏　著
责任编辑	关璐瑶
出版发行	九州出版社
地　　址	北京市西城区阜外大街甲 35 号（100037）
发行电话	（010）68992190/3/5/6
网　　址	www.jiuzhoupress.com
印　　刷	北京九州迅驰传媒文化有限公司
开　　本	720 毫米 × 1020 毫米　16 开
印　　张	18.75
字　　数	297 千字
版　　次	2023 年 11 月第 1 版
印　　次	2023 年 11 月第 1 次印刷
书　　号	ISBN 978-7-5225-2317-0
定　　价	72.00 元

前　言

　　一部人类的历史就是人的主体性不断得到澄明的历史。

　　西方现代哲学和后现代哲学，在批判传统形而上学的基础上，开始赋予主体以新颖而多元的理解，一方面强调主体的个体性和差异性的意义与价值，另一方面开始对主体及主体哲学的颠覆活动，消解主体的意义和价值。后现代哲学甚至宣布主体死亡的来临，福柯声称：主体已死。他致力于批判理性主义的主体，斥拒先验论、主体的首要地位。美国哲学家弗莱德·R. 多迈尔的《主体性的黄昏》和德国哲学家彼得·毕尔格的《主体的退隐》都无不颠覆性地论述主体性在后现代语境的地位，断言主体性在这一历史时期持续弱化和衰落。

　　尽管西方近现代哲学和后现代哲学都从不同视角论述各种主体结构，试图勾画主体的结构和存在形式，拓展对于主体和知识、权力、话语、消费等方面的逻辑关联的探索。然而，它们共同的思维局限在于，一方面以形而上学的理性和知识、逻辑和经验，确立主体的意义和价值，另一方面以本能和感性、知识、权力和话语解释主体的存在与活动，都忽略了主体存在的诗性内涵。诗性主体被西方哲学、美学所遗忘的根本性和必然性的原因在于，在对人的存在价值的诉求方面，重理性和重知识的思维方式遮蔽了诗性主体的合理性与合法性。知识论哲学和主体性哲学共同遮蔽了人类存在的一个最重要和最根本的意义，就是诗性主体对于个人存在和社会活动所具有的精神意义和文化价值。所以，西方各时期的主体论都缺乏对诗性主体进行系统而深入地运思和论述。尽管德国诗人荷尔德林提出"人诗意地栖居于大地"的著名口号，限于种种原因，这位卓越的思想家，也未能对诗性主体进行历史与逻辑相统一的深入探究。诗性主体这一论题在西方后现代哲学与美学中依然处于缺席的状态。

近年来，中国传统美学的诗性精神受到国内外学者的青睐，出现一些与诗性主体相关的初步研究。比如，美国学者孙康宜提出"理想的诗境"理论，法国学者幽兰提出"人与自然融合"的诗意存在观，无不沉潜着西方主体理论对于中国传统文化诗性精神的渗透与融合。而国内的学术论文也陆续出现了"诗性主体"这一话语符号，并赋予一定的美学阐释。它们分别对诗性内涵、诗性精神、中国文化中的诗性，甚至对诗性主体的内在特征做了较为具体的探究。

诗性主体，在当代文学界、哲学界的兴起与运用，作为主体的重要结构，必然成为一个具有哲学、美学的重要"意义"（Sense）的论题。它对于文学、伦理学、教育学、社会学、文化学、心理学等人文学科也不无渗透和借鉴的意义。诗性主体对于重塑人们的道德意识和伦理精神、建构和谐社会也具有一定的功用。它可以启发人们反思当下生存的状态和价值，增强审美思维和呼唤诗性精神，以拯救人性异化和日益衰微的人文精神。

本书立足于当下的生存境遇，遵循历史与逻辑相统一的方法论原则，借用中国古典哲学美学的思想资源，引入中国文化的诗性精神，对"诗性主体"（Poem subject）这一重要的美学概念和范畴进行比较系统和深入的阐释与构建，在一定程度上丰富主体性概念，为建构理想化的主体存在提供新的思考路径。

当然，由于笔者能力有限，文中纰漏在所难免，恳请同道师友批评指正。

目　录

导　论

第一节　提问

一、问题缘起

"诗性主体"得以诞生为一个具有"意义"（Sense）的问题，有其历史和逻辑的必然性，它不应当被认为起源于哲学玄思和理论虚构，而是起因于思想史、精神史的客观存在和人类生存的精神境遇的双重扭结的一个必然性逻辑结果。检索中西方思想史，不难发现，诗性主体是一个被不同历史语境的众多思想家涉及的精神对象，然而，它却没有被这些思想大师眷注而成为一个真正的和严格的理论问题，因此也没有成为一个具有形而上学意义的概念和范畴，因此而失去成为哲学与美学的命题的资格。

迄今为止，诗性主体的身份还是一个飘浮于空中的意识形态，一个无家可归的漂泊者，甚至还没有获得作为一个能指（Signifier）的话语。从存在论意义上，诗性主体无论是作为社会历史的客观现象，还是作为生命个体的内在结构，它的所指（Signified）和能指都是确定无疑的客观存在。所以，无论从历史的事实出发，还是在逻辑的推导上，诗性主体都是当今哲学和美学的应有问题。它首先成为一个问题，其次成为一个命题。维特根斯坦（L. Wittgenstein）认为："只有命题才有意思；只有在命题的前后关系中，名字才有意义。"① 只有命题才具有形而上学的理论意义，诗性主体应该也必须被提升为一个美学的命题。最后，诗性主体应该被上升为一个理论的论题，它关联于客观的生活世界和无数个生命个体，关联到现实社会的主体的生存意义、审美精神、幸福感和价值关怀。

从上述意义来说，诗性主体是笔者本源于思想史和社会史双重事实的

---

① 维特根斯坦. 逻辑哲学论 [M]. 郭英，译. 北京：商务印书馆，1962：32.

一个美学提问（Question），不是一个理论的虚构。它是一个真实的命题，而不是一个虚假的命题。从现实的生命个体的生存境遇考量，诗性主体一方面越来越被遮蔽在权力角逐、资本增殖、消费享受、文化消闲乃至身体欲望的本能快感等游戏活动之中，另一方面，它被知识形式、理性内涵、逻辑观念、道德规范、政治运作等渗透和宰制，它的本真存在和纯粹自我在一定程度上被模糊和消解，这不能不说是一个知识的悲剧和主体的悲剧。鉴于此，"诗性主体"这一问题的缘起，具有历史和现实、理论和实践的多重原因和理由。

二、本体论承诺

诗性主体同样是一个本体论（Ontology）的问题。如果说，诗性主体作为人类精神一种重要的存在形式，属于心灵内部的本源性结构，那么，在理论形态上就意味着确定了它的本体论存在。在传统形而上学的意义上，主体（Subject）和主体性（Subjectivity）均是作为本体论和存在论相统一的概念，它们是第一哲学致力思考的问题。依马克思（Karl Marx）看，在实际生产活动中，"主体是人，客体是自然"[①]，除了劳动对象和材料即客体的自然作为出发点，而"作为主体的人必须是出发点"[②]，显然主体是与客体在逻辑上密切关联的本体或存在。诗性主体这个概念显然是建构于主体和主体性这一哲学概念基础之上的美学范畴，因此，它必然是一个本体论意义的综合概念和合乎逻辑的真值概念，也是具有客观性依据的精神事实和心灵存在，它在能指（Signifier）和所指（Signified）的语言学意义上也是可以成立的。

卡西尔（Ernst Cassirer）的文化哲学将人理解为"符号的动物"（Animal symbolism）[③]。认为诗、语言与神话在本质上是同一性的精神结构，是人类精神的文化果实和符号形式，他在《语言与神话》中指出："人类文化初期，语言的诗和隐喻特征确乎压倒过其逻辑特征和推理特征。但是，如果

① 马克思.《政治经济学批判》导言［M］//马克思恩格斯选集：第2卷. 中共中央马克思恩格斯列宁斯大林著作编译局，编译. 北京：人民出版社，2012：685.
② 马克思. 1844年经济学—哲学手稿［M］. 中共中央马克思恩格斯列宁斯大林著作编译局，编译. 北京：人民出版社，2000：75.
③ 卡西尔. 人论［M］. 甘阳，译. 上海：上海译文出版社，1985：34.

从发生学的观点来看，我们就必定把人类言语的想象和直觉倾向视为最基本的和最原初的特点之一。另一方面，我们发现在语言的进一步发展中，这一倾向逐渐减弱。"① 卡西尔意识到，人类文化的初期存在着本源性的诗性主体，由诗性主体规定的诗性精神随着语言和逻辑的发展而逐渐减弱。维柯（Giovanni Battista Vico）的"新科学"提出"诗性智慧"的概念，他认为："诗的最崇高的工作就是赋予感觉和情欲于本无感觉的事物。儿童的特点就在于把无生命的事物拿到手里，戏和它们交谈，仿佛它们就是些有生命的人。这条语言学兼哲学的公理向我们证明：在世界的童年时期，人们按本性就是些崇高的诗人。"② 维柯甚至做出反向的推导："推理力愈薄弱，想象力也就成比例地愈旺盛。"③ 显然，维柯将诗性主体界定在人类历史的初期，伴随着文化的进展和逻辑思维的强化，人类的诗性精神必然走向衰减甚至没落。从历史和逻辑两方面考察，诗性主体都是一个客观存在的精神结构，属于本体论范畴的存在，是一个文化和历史事实，也是逻辑和心灵的真实对象。

三、知识论和智慧论

主体存在必然承载知识形式，因此，知识论构成主体应有的和必然的意义。从这个视角理解，主体存在必然需要知识符号和知识积累作为自我的生存工具与手段，因为知识作为实践理性和工具理性的基础与保证，它奠定每一个主体在生活世界的必要条件。培根（Francis Bacon）的"知识就是力量"的启蒙主义口号无疑折射出社会历史对于知识的价值与意义的逻辑肯定。然而，要想作为一个相对完善和全面发展的主体，在具有知识结构的前提下，还必须具有超越知识形式的生命智慧和诗性智慧。正如庄子所言："吾生也有涯，而知也无涯。以有涯随无涯，殆已！"④ 庄子立足于智慧论的视野反思知识的局限性，认为主体以有限的生命追逐无限的知识必然导致悲剧和危险。因此，主张拥有生命存在的诗性和智慧是对抗知识压

---

① 卡西尔. 语言与神话 ［M］. 于晓，译. 北京：生活·读书·新知三联书店，1988：134.

② 维柯. 新科学 ［M］. 朱光潜，译. 北京：人民文学出版社，1986：98.

③ 维柯. 新科学 ［M］. 朱光潜，译. 北京：人民文学出版社，1986：98.

④ 庄子集释：卷二（上）［M］. 北京：中华书局，1961：115.

抑的一种方式，也是生命存在的自由和幸福的保证。所以，构筑诗性主体的精神大厦一定程度上需要知识形式和知识积累作为实用理性的工具和手段，然而，更需要超越知识符号的生命智慧和诗性智慧。

因此，从知识论和智慧论的逻辑关联上，诗性主体的生成和论证必须涉及知识与智慧的这一对辩证范畴。它们的复杂关系是，一方面，诗性主体的生成需要一定的知识形式；另一方面，诗性主体的生成可以超越和摆脱知识的负累获得自在与自为；再一方面，主体借助于"转识成智"，让知识的积累转化和提升为智慧形态，由知识创造出智慧，从而达到诗意的生成，使知识主体演变为诗性主体。所以，诗性主体既依赖于又超越于知识形式，它是高于知识主体的精神形式，它更大程度上依赖智慧确立自我的价值和意义。最后，从智慧形式的构成考察，它具有反逻辑、超越语言、自由与想象、关注过程、幽默等特性。显然，作为诗性主体的逻辑构成，它应该具有智慧的这些特性和内涵。从这个意义说，诗性主体具体表现为以下几个方面的特性：首先，诗性主体禀赋反逻辑的思维张力，不能完全局限于形式逻辑的规则；其次，能够有限度地超越语言，或者运用诗性语言进行表达，展开隐喻和象征的语言活动；再次，具有自由自觉的生命权力，富有创造性的想象力；第四，如果说知识关注的是结果，那么智慧瞩目的是过程，也即诗性主体是一个不涉及功利结果的精神存在，追求的是一个审美性的过程；最后，诗性主体在合适的场景，应该呈现幽默的特性。这些规定性表明，诗性主体必须在知识和智慧的双重保证之下，获得自我的存在价值和意义。

四、逻辑和经验

一方面，传统形而上学没有从逻辑上给予诗性主体确立一个概念，因此根本谈不上寻求其内涵和外延，哲学上没有赋予诗性主体一个明确的位置。另一方面，在经验形态上，个体心里感觉到了诗性或诗意冲动的势能和张力，却没有给予一个明确的能指，迄今为止还没有一个确定性的话语。所以，从逻辑和经验两种视角对于诗性主体的论证和描述都是美学的必要任务。

西方旧形而上学尽管不同程度触及诗性主体的边缘，却遗忘了将其引领进入哲学的门槛。西方现代哲学瞩目于非理性主义、权力意志、生命哲学、存在论、逻辑经验主义、实在论、现象学、科学主义、分析哲学、符号学、结构主义、阐释学等宏大论题，部分思想家无暇关注诗性主体存在的问题。而另一些思想家，如尼采（Friedrich Wilhelm Nietzsche）、海德格尔（Martin Heidegger）等人，深入地运思了古希腊悲剧和主体的诗意生存的逻辑关系，提出"人诗意地栖居于大地"的召唤，然而，也遗忘从诗性主体这个视角进行学理性阐述。而后现代哲学眷注主体之外的若干问题，宣布主体死亡的来临。福柯（Michel Foucault）曾经声称：主体已死。他致力于批判理性主义的主体，"斥拒先验论、主体的首要地位"①。美国哲学家弗莱德·R. 多迈尔（Fred. R. Dallmayr）的《主体性的黄昏》和德国哲学家彼得·毕尔格（Peter Bilge）的《主体的退隐》都无不颠覆性地论述主体性在后现代语境的地位，断言主体性在这一历史时期持续的弱化和衰落。笔者认为，这正是诗性主体这一论题在西方后现代哲学与美学中缺席的逻辑结果。中国古典哲学和美学对于诗性主体的探究沉醉于非理性形态的经验感悟和直觉体验，自先秦时代的儒家和道家开端至魏晋玄学，再演变至宋明理学，都注重经验形态的感性言说，没有直接地采用"诗性主体"这一直接性的话语符号。换言之，诗性主体这一话语符号，显然是一个具有西方形而上学的思维色彩的概念，属于一个当下性的哲学和美学的话语符号，这一能指显然是奠基于现代性和后现代性这一历史境遇的话语形式，是客观的历史存在和主体的理论演绎所共同催生的一个明确概念。

浏览中国近现代哲学和当代哲学，比较注重主体、主体性和主体间性等问题，却没有提出诗性主体这一概念，更没有将它上升为哲学和美学的范畴，甚至连经验性的感悟都鲜见。段德智的《主体生成论》，比较系统地阐释了主体生成论的历史向度，勾勒出主体演变的历史轨迹，进而论述了主体生成论的逻辑向度：主体的结构性和生成性、主体间性的本体论基础和作为主体生成论终极指归的"一种希望人学"，力图重构一种理想形态的主体图景。从人的文化存在、精神存在和社会存在三个层面对人的全面发展和主体类型的微观考察做出一个相对完整的图示：

---

① 莫伟民. 主体的命运——福柯哲学思想研究 [M]. 上海：上海三联书店，1996：30.

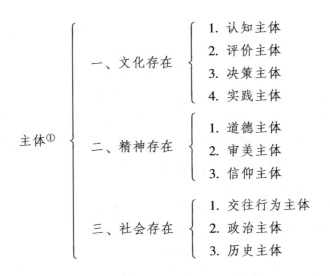

遗憾的是，作者所微观分类的总共十种主体形式，在逻辑上没有诗性主体的位置，在经验感知上也没有谈及它的存在，只涉及"审美主体"的存在。然而，审美主体这一概念并不能涵盖和替代诗性主体的存在。另一位学者刘森林的《追寻主体》一书，从历史和逻辑相统一的方法论视角，也比较系统和深入地探询了主体性问题，论述了启蒙主体与浪漫主体、绝对主体与现实主体、群体主体与个体主体、经验主体与纯粹主体等相关性问题，提出"辩证法是主体性理论"[2] 这一富有启发性的结论。然而，在这部著述之中，我们依然没有窥见诗性主体这一概念的身影。

第二节　意义

一、存在论追问

诗性主体的探究，所呈现的意义应该是多重的，首先关涉存在论的追问。思考主体的存在是传统形而上学的历史性课题。萨特（Jean-Paul Sartre）认为："康德事实上致力于确立主体性的普遍法则，这些法则对所有人

---

① 段德智. 主体生成论——对"主体死亡论"之超越［M］. 北京：人民出版社，2009：361.

② 刘森林. 追寻主体［M］. 北京：社会科学文献出版社，2008：347.

都是共同的，他并没有涉及个人问题。主体只是这些个人的共同本质。"①
在康德（Immanuel Kant）前后，对主体性的一般性和普遍性原则的探索一
直没有停滞，它构成了人之存在的根本性意义之一。对于诗性主体的探究，
也必然性地作为主体的存在论意义的重要结构之一。置身于后现代主义的
消费社会，人类的审美精神和诗性精神被遮蔽而逐渐衰落的历史语境，更
加凸显了这一论题的理论与实践的双重意义。

　　诗性主体是精神的存在方式，它规定着主体的思维方式、价值立场、
审美趣味和实践理性及其具体行动。诗性主体的存在，在本质上它是一种
个体生命的自我存在，也是一种自为和自由的存在。黑尔德（Klaus Held）
所言："对于胡塞尔来说，真正人性的东西是自由。"② 显然，诗性主体必然
属于自由的存在者，也是符合人性的存在。萨特在《存在与虚无》中写道：
"没有世界，就没有自我性，就没有个人；没有自我性，没有个人，就没有
世界。"③ 显然，诗性主体作为一种自我性的个人存在，它规定了自我与世
界的关系和意义，它确立了生活世界的存在论意义。海德格尔在《存在与
时间》中说："对存在的领悟本身就是此在的存在规定。"④ "此在"可以理
解为"存在者"或主体的可能性存在状态。海德格尔又说："只有把哲学研
究的追问本身就从生存状态上理解为生存着的此在的一种存在可能性，才
有可能开展出生存的生存论状态，从而也有可能着手进行有充分根据的一
般性的存在论问题的讨论。"⑤ 因此，笔者将诗性主体作为一种生存的可能
性加以理解，或者将它当作存在的可能性加以把握和领悟，从而尝试描述
和揭示它的生存状态和基本特性，清理诗性主体和其他主体形式的逻辑联
结，并且论述它和生活世界的密切关系以及它对于生命存在的多种意义。

　　① 萨特. 存在与虚无［M］. 陈宣良，等，译. 北京：生活·读书·新知三联书店，
1987：302.
　　② 黑尔德. 导言//胡塞尔. 生活世界的现象学［M］. 倪梁康，等，译. 上海：上海
译文出版社，2002：40.
　　③ 萨特. 存在与虚无［M］. 陈宣良，等，译. 北京：生活·读书·新知三联书店，
1987：152.
　　④ 海德格尔. 存在与时间［M］. 陈嘉映，等，译. 北京：生活·读书·新知三联
书店，1987：16.
　　⑤ 海德格尔. 存在与时间［M］. 陈嘉映，等，译. 北京：生活·读书·新知三联
书店，1987：18.

同时，对诗性主体的追问和探究本身就是"此在"的意义。虽然诗性主体具有主体性所具有的普遍性意义的内在可能，但是，如果没有对此有所领悟、追问和求证，生命存在也就失去了诗性生存的可能。

二、价值论的关切

诗性主体和价值论（Axiology）存在着必然性的关联，因此，有必要从价值论视角给予讨论。

价值论（Axiology）将价值提升到形而上学的位置进行描述和研究，提出价值是什么的"元理论"和如何对事物进行价值判断、价值估量的"规范理论"。罗素（Bertrand Russell）认为："当我们断言这个或那个具有'价值'时，我们是在表达我们自己的情感，而不是在表达一个即使我们个人的感情各不相同但却仍然是可靠的事实。"① 他认为价值问题超越于知识界限，价值和主体的情感经验有关。R. B. 培里（R. B. Perry）认为："当一件事物（或任何事物）是某种兴趣（任何兴趣）的对象时，这件事物在原初的和一般的意义上便具有价值，或者是有价值的。或者说，是兴趣对象的任何东西事实上都是有价值的。"② 显然，他从主体的兴趣视角寻找价值的解答。李凯尔特（Heinrich John Rickert）认为价值是一个超验概念，属于非经验形态的先定范畴，是构成生存意义、知识意义和世界意义的先验基础。"真善美是一种绝对的判断，它们作为最高目的、独立自存的价值意识；思维的目的为真，意志的目的为善，感情的目的为美。""它们是超现实的、先定的价值类型。"③ 从上述理论意义看，"价值论"上升为主体认识事物和实践活动的重要标准之一。诗性主体显然不能超越价值论的视角，换言之，必须在价值论的意义上理解和阐释诗性主体的基本内涵。如果说"真善美"作为人类历史存在的基本价值形态和尺度，那么，诗性主体显然必须符合和遵循这一基本的价值原则。也就意味着，背离真善美的主体形式不符合诗性主体基本的逻辑规定性。首先，诗性主体必然是一个"真"

---

① 罗素. 宗教与科学 ［M］. 徐奕春，林国夫，译. 北京：商务印书馆，1982：123.

② R. B. 培里. 价值与评价 ［M］. 刘继，编选. 北京：中国人民大学出版社，1989：44.

③ 梯利. 西方哲学史（下册）［M］. 葛力，译. 北京：商务印书馆，1979：270.

的存在主体，它呈现人类精神的本真和无遮蔽的状态，符合自然和自为的规定性。其次，诗性主体必须契合"善"的规定。一方面符合历时性（Diachronique）的具体的道德规范；另一方面遵循共时性（Synchronicity）的普遍的伦理原则。很难想象一个缺乏道德和伦理的主体能够具有诗性可能，这就意味着，诗性主体一定程度上也是一个体现道德伦理精神的能够基本适应生活世界和社会存在的生命个体。最后，诗性主体必定是一个富有审美精神和审美能力的主体，它必然在审美和诗性之间架构一座感性的桥梁。问题的复杂性在于：诗性主体作为既存在于各种主体形式之中又超越于各种主体形式之上的鲜活有机的综合主体，它能够有限性地和适度地超越"真善美"的外在规定。显然，这是一个二律背反的矛盾，有待于进一步深思和探究。

三、审美论的沉思

尽管审美主体是诗性主体的重要构成和生成条件，然而，审美主体不等同于诗性主体。这是两者的逻辑关系。因此，从审美论考察诗性主体的意义和价值构成这一论题的应有环节。

诗性主体不能脱离审美活动，也不能不进入审美境界。诗性主体应该是一个富有生动而细腻的美感的生命存在，应该具备对自然、艺术、人生的浪漫情怀，储存一定的艺术经验和审美的历史感。莱辛（Gotthold Ephraim Lessing）在《拉奥孔》中说："美就是古代艺术家的法律。"[1] 美也是诗性主体的法律。诗性主体首先应该建立丰富的感性或感觉力。诚如马克思在《1844 年经济学—哲学手稿》里的论述：

眼睛对对象的感觉不同于耳朵，眼睛的对象是不同于耳朵的对象的。每一种本质力量的独特性，恰好就是这种本质力量的独特本质，因而也是它的对象化的独特方式，它的对象性的、现实的、活生生的存在的独特方式。因此，人不仅通过思维，而且以全部感觉在对象世界中肯定自己。

另一方面，即从主体方面来看：只有音乐才激起人的音乐感；对于没有音乐感的耳朵来说，最美的音乐毫无意义……只是由于人的本质客观地

---

① 莱辛. 拉奥孔 [M]. 朱光潜，译. 北京：人民文学出版社，1979：11.

展开的丰富性，主体的、人的感性的丰富性，如有音乐感的耳朵、能感受形式美的眼睛，总之，那些能成为人的享受的感觉，即确证自己是人的本质力量的感觉，才一部分发展起来，一部分产生出来。①

诗性主体第一性诉求是感觉的丰富性或丰富的感性。这种感性来源于历史的生成，是全部感觉的历史，也"是全部世界历史的产物"和自我的领悟和培养。其次，诗性主体应该建立较为丰富的审美经验和艺术经验。一方面依赖于对自然的审美活动，建立对于大自然的审美冲动，学会诗意地栖居于自然；另一方面，沉醉于艺术世界，积累丰富的艺术史和艺术文本的知识与经验，并且能够借助于想象力和创造力，和艺术进行审美的对话活动，产生自我的领悟和理解，达到审美活动的再创，或者对生活世界有所审美领悟。最后，少部分的诗性主体直接能够从事艺术的审美创造，或者从事审美理论的直接思考。因此，从审美论视角运思诗性主体的存在特性无疑具有历史和现实的双重意义。

四、生活世界之需求

胡塞尔（Edmund Gustav Albrecht Husserl）提出"生活世界"的概念，以改变哲学只关注认识论的思辨活动而忽视客观现实的倾向。传统形而上学和现代哲学的主体论，一方面缺乏对于主体存在的生活世界的眷注，局限于纯粹认识论的概念演绎和逻辑推导；另一方面，存在着过多关注本能主体、认识主体、理性主体、实践主体、历史主体、道德主体、政治主体等内涵而遗忘诗性主体的弊端。其实，生活世界需要诗性主体，而诗性主体本源于生活经验和直觉体验，受惠于想象和心理体验等生命冲动，而这些都直接和生活世界密切关联。

从后现代主义的历史语境看，生活世界已经高度地被科学技术所宰制，实证主义和实用主义成为主导性的思潮，资本和技术的结盟、知识和资本的勾结，经济与权力的联袂，商品与文化的牵手，消费社会和文化产业的逻辑运作，流行时尚和剧场政治的轮番表演，交汇成五光十色的社会图景。弗洛

---

① 马克思. 1844 年经济学—哲学手稿［M］. 中共中央马克思恩格斯列宁斯大林著作编译局，编译. 北京：人民出版社，2000：87.

姆（Erich Fromm）批判现代社会："简言之，理智化、定量化、抽象化、官僚化，物化——正是当代工业社会的特点，当这些特点被运用于人而不是物的时候，这些就成了机械的原则，而不是生活的原则。"① 生活世界遵循着机械的原则和经济利益原则，这些原则客观地影响着主体的思维方式、价值观念和实践行动。因此，当今的生活世界迫切需要重建诗性主体，换言之，诗性主体的重建对于营造一个相对理想的生活世界具有积极的意义。

马尔库塞（Herbert Marcuse）说："审美的天地是一个生活世界，依靠它，自由需求和潜能，找寻着自身的解放。"② 诗性主体需要一个审美和自由的生活世界，能够发挥主体的想像和创造的潜能，获得人的本质力量对象化，获得主体的解放和确证生命存在的美感与幸福感、价值与意义。因此，诗性主体需要生活世界，而生活世界也需要诗性主体，两者构成相辅相成的辩证关联。

在生活世界保持或重建诗性主体，值得注意的一个重要方面是，诗性主体存在于个体的生命原初。它必须是在个体经历了多向度的生命经验之后，仍然能够保持或获得重建。这些生命经验是保证诗性主体得以保持与重建的基本条件。这些经验主要包括：空间经验和时间经验；自然经验和社会经验；现实经验和历史经验；感性经验和理性经验；共时性经验和历时性经验；个体经验和群体经验；直接经验和间接经验；等等。显然，和丧失生命感性一样，丧失生命经验的主体，同样无法担保诗性主体的确立，无法担保诗性主体的深度和高度，无法担保诗性主体的丰富性和复杂性。这是在有关诗性主体探究中必须正视的又一个问题。

第三节　观念、结构与方法

一、核心概念和逻辑界定

"诗性主体"作为当下美学界与文学界经常运用的美学概念，对其进行

---

① 艾·弗洛姆. 人心 [M]. 孙月才，张燕，译. 北京：商务印书馆，1989：47.
② 马尔库塞. 审美之维 [M]. 李小兵，译. 北京：生活·读书·新知三联书店，1989：113.

一个明确的逻辑界定是必要的，然而，也是十分困难的劳作。亚里士多德（Aristotle）在《论辩篇》讨论定义，他把定义规定为"表明事物的本质的短句"。海德格尔转述为："定义来自最近的种加属差。"① 诗性主体作为本书的核心概念，笔者分别从总体形态和具体形态两个方面给予界定，在总体形态上将之界定为：诗性主体是生命存在的超越性结构。对于诗性主体的阐释，在逻辑上我们分两个步骤：第一，清理主体的基本结构，这里分为三个层面：首先，在本体意义上，将主体划分为本能主体、感性主体、理性主体、道德主体、实践主体等结构；其次，在存在论意义上，将主体划分为认识主体、信仰主体、审美主体、创造主体、消费主体等构成；最后，在从特性与功能意义上，将主体划分为话语主体、知识主体、权力主体、历史主体、政治主体等方面。如此划分，基于一个相对和大致的逻辑准则，尽管不是一种严格形态的区别，但是，它们相对构成一个合乎逻辑的序列，我们将分别给予简要的界定与描述。第二，建立在对主体性多重结构的规定性与阐释的基础之上，进一步展开对于诗性主体的本体论意义的界定和阐释，以具体的系列命题的方式提出对诗性主体的逻辑求证。

　　人的主体性由本能主体、感性主体、信仰主体、理性主体、道德主体、实践主体、审美主体等构成。传统形而上学注重于感性主体、理性主体、道德主体、实践主体和审美主体的描述和阐释，宗教神学沉醉于信仰主体的构造，精神分析理论瞩目于本能主体或欲望主体的探究，现代哲学企图有机地综合各种主体结构，勾画现代主体的全景地图。然而，各种意识形态均遗忘对于诗性主体的陈述，缺乏在本体论和存在论意义上对诗性主体展开描述、分析、阐释、构建等理论活动。诗性主体理应是人之存在最重要的结构，它既存在于和各种主体相关联的结构之中，但又超越和凌驾于它们之上。如果说传统形而上学对于主体性的部分结构的探究是随着历史的发展而逐层演进的，那么，到了现代和后现代哲学依然止步于部分主体性研究，则有以线性叠加思维的还原论之嫌，也就是说，没有以整体性思维为基础的系统论对主体性进行综合性探究是片面的、单一性的研究。因此，笔者以"整体大于部分之和"为逻辑前提，将诗性主体理解为生命存

————————

① 海德格尔. 存在与时间［M］. 陈嘉映，等，译. 北京：生活·读书·新知三联书店，1987：5.

在的结构性可能，它是寄居于所有主体形式之中又超越其上的综合性主体。在此，给予一个简要和明确的定义：诗性主体是以审美活动为核心、以想象和直觉为工具的追求精神超越性的主体性结构。同时，它是一个充满无限可能性的有机结构。诗性主体是生命存在最重要的权利和元话语，是保证文化艺术创造和幸福感、美感的最基本要素。现代人类迫切需要保持和重建诗性主体。因为它是拯救人性异化的重要力量，是克服消费欲望和引导精神走向无限可能性的精神工具，也是保证现代人走向审美超越和艺术化生存最基本的条件。

二、思想结构和文本结构

本书首先从以整体性思维为基础的系统论出发提出诗性主体这一重要的概念和范畴，力图建立诗性主体的本体论、存在论、价值论、审美论之间相互关联的思维规定性，系统地阐释其内涵和外延，揭示诗性主体与其他主体形式的逻辑关系，从总体和具体两个方面寻求诗性主体的理论解答。其次，从历史与逻辑相统一的方法论原则，清理出中西哲学有关诗性主体的思想线索，为诗性主体这一个概念的提出寻找思想史的依据。再次，论述诗性主体的相关性问题。诸如探究诗性主体的特性和功能、诗性主体与审美主体、诗性主体与人格建构、诗性主体与生命境界、诗性主体与艺术创造等问题。最后，对诗性主体的研究进行简要总结，做出一个归纳性的结论。

具体的文本结构：

导论部分，从"提问""意义"和"观念、结构与方法"三个方面，阐述诗性主体这一论题的逻辑起点和理论依据，陈述其研究意义和价值，简要说明诗性主体的基本观念、思想观念和主要的研究方法。

第一章　主体的追问。首先，对主体进行最一般的本体论追问，给予主体（Subject）一个界定。其次，对传统形而上学的主体论进行经验与理性相统一的简略梳理，为诗性主体这一核心概念的出场奠定理论基础和逻辑根据。最后，指出传统形而上学对诗性主体的遗忘，由此引领出诗性主体这一概念。

第二章　历史与逻辑。凭借历史与逻辑相统一的方法论原则，对诗性主体展开系统与深入、精要与明晰的理论清理。首先，从西方的思想史入手，描述不同历史语境的思想家对于诗性主体的触及和运思，力图揭示这一观念的诞生、发展和演变的历史轨迹，并且阐释它对后世的客观影响。其次，展开中国传统哲学的历史图景，寻找诗性主体的思想线索，并且勾画出起源、发展和转化的轮廓。从东西方不同的思想资源寻找诗性主体的历史基础。最后，对诗性主体展开当代性的入思，结合现实背景和当下语境言说诗性主体的可能性和现实性，以及它对于人类精神重建的重要性和必要性。

第三章　何为诗性主体？首先，对诗性主体展开本体论的追问，对它进行哲学与美学的理论解答，给予最一般形式的定义和界定。其次，从阐述主体的多重结构入手，获得对诗性主体的结构性分析，从而揭示诗性主体外在和内在的结构。最后，以系列命题的方式，对诗性主体予以系统的和多向度的逻辑证明。

第四章　诗性主体的特性与功能。首先，论述诗性主体的特性，从差异性入手揭示诗性主体的一些特性，诸如非本能、非概念、非功利、超语言、反知识等特性。其次，从功能意义上，诗性主体体现话语主体、交往主体、情感主体、消费主体、历史主体、实践主体、价值主体等结构性功能。具体体现为话语功能、情绪功能、历史诠释功能、价值判断功能、交往功能、实践功能、审美功能等。最后，论述诗性主体与身体主体、消费主体的逻辑关联，以进一步说明它的主要功能和次要功能。

第五章　诗性主体与审美需要。首先，阐述了审美需要是诗性主体的内在动机，审美需要包含着生命本能的因素，是生命主体对生存施以多层面状态或在其发展过程中多样化的感性表达，然而，它必然是审美化和诗意性的升华冲动的逻辑结果。其次，论述审美需要的意义和价值。认为由于审美内涵的历史性演进和逐渐丰富，审美活动在现实生活中逐渐获得了独立价值和超越性意义。所以，审美需要成为主体一种主观无目的而客观符合目的性的诗意生存方式的内在动机。最后，阐述了审美需要的关联性和协调性。认为审美主体活动与其他主体活动的关联性和协调性，可以促进诗性主体的功能性结构逐渐和谐。因此，诗性主体在功能和结构方面都呈现一定的审美需要性。

第六章　诗性主体与审美形式。首先，论述了审美形式的概念流变。从形式概念的正反合，阐述心理形式的复杂性，并且论述对形式概念进行的综合与分析。其次，讨论了诗性主体与审美形式的关系。追溯了形式和历史的逻辑演变，论述了形式和主体的潜在联系，对形式给予新的阐释。最后，对审美形式做出了分析。依据辩证理性，以范畴的方式，从直观和分析、一般和个别、积累和顿悟、想象和专注、提问和求证等方面对审美形式和诗性主体的联系进行阐释。

第七章　诗性主体与生命境界。首先，从情感与意志的角度切入，从伦理学的"仁爱"和"良知"观念出发，论证诗性主体必须包含一系列"仁爱"的观念，求证和要求诗性主体达到如何的生命境界，并且引入"自我现实"这一心理学概念，阐述诗性主体如何凭借自己的意志获得自我实现。其次，从生命时间入手，讨论人生各个阶段诗性主体建构的差异性和必要性。最后，从审美信仰的视角，涉及诗性主体的人格与信仰、语言与思想、心理与行为等要素，论述诗性主体通过"去蔽"活动，达到生命的澄明与通透，获得真率和恒定的情感力量，以证明人生的价值。

第八章　诗性主体与审美教育。首先，论述了审美教育的内涵，对以往的审美教育的先天论、无用论、依附论等观点进行清理和批判。其次，论述审美思维的问题，对审美理解力和审美鉴赏力给予分析和阐释，强调了它们是审美教育重建诗性主体的重要构成。最后，从感受自然的视角，论述感受自然在审美教育中的重要作用和影响，提出人类必须重建对自然的审美态度。

第九章　诗性主体与艺术创造。这一章着重讨论诗性主体与艺术创造的关联。首先，援引海德格尔"诗意地栖居"的话语，从观看与言说密切关联的环节，说明诗性主体的生命经验和艺术观念是进行艺术创造的必要前提。其次，从想象力、灵感和悟性、情绪和技巧这三个要素，论述诗性主体的形象思维能力，以及它们和艺术创造的必然逻辑关系。最后，结合儿童文学创作的实践，论述诗性主体与儿童文学创作的美学关系，使理论与艺术文本密切关联。

三、方法论和具体方法

方法与方法论一直是伴随美学历史的精神工具，美学思想史在一定意义上也是方法和方法论不断生成和发展的历史。方法和方法论这两个概念没有本质上的差异。方法论一方面具有科学研究的工具职能，另一方面，它担当最基本的思维方式和功能本体的双重责任。当然，方法论在特定的境域也可以作为一种具体的方法和独特的思维视角发挥功能。而方法一般局限于一定的领域和场景，它侧重于操作性和技术性的功能。玛克斯·德索（Max Dessoir）将美学研究方法分为三种："推测的与经验的，规范的与描述性、主观心理的与客观的美学。"① 黑格尔（G. W. F. Hegel）在《美学》列举主要三种美学研究的方法：1. 经验作为研究的出发点。2. 理念作为研究的出发点。3. 经验观点和理念观点的统一。②

本书论题的研究，主要采取以下的方法论和具体方法：

一般方法论。首先，采取历史与逻辑相统一的研究方法，对主体和诗性主体的精神存在进行历史分析，简要揭示诗性主体在历史发展过程中的起源、发展和演变，勾勒以往思想家对于诗性主体的历史性的触及与理解。其次，运用以整体性思维为基础的系统论，对诗性主体进行系统的逻辑分析，揭示诗性主体与其他主体形式的逻辑关系，分析诗性主体的结构性关系，从历史和现实、现象和理论、感性与理性、知识与智慧的关联上揭示诗性主体的基本内涵以及它的特性和功能。

具体方法论。采用现象学、阐释学、符号学等方法论，对诗性主体进行提问和诠释、分析与综合等一系列的理论思辨和深入解读。在此基础上，揭示诗性主体在现实生活的存在形态和表现特性，以及揭示其潜藏的思想意义和精神价值。

技术性方法。运用比较、归纳、演绎、分析等技术方法，获得感性的材料，尽可能地对诗性主体及其相关文本进行具体研究，以获得理论与实践相互印证。

---

① 德索. 美学与艺术理论 [M]. 兰金仁，译. 北京：中国社会科学出版社，1987：2.
② 黑格尔. 美学 [M]. 朱光潜，译. 北京：商务印书馆，1979：18-28.

第一章　主体的追问

"主体"（Subject）和"主体性"（Subjectivity）历来是传统形而上学的基本问题，它激发哲学思考的兴趣和激情。尽管西方后现代哲学一度宣称"主体的死亡"，然而，这一问题的探究始终具有人文科学的必然意义和价值。它也为诗性主体这一论题的出场奠定历史依据和逻辑前提。

第一节　何为主体

一、历史的追溯

古希腊哲学家亚里士多德使用"主体"这个词汇表示某些属性、状态和作用的承担者。尔后的哲学史，"主体"一词还在本体论意义上运用，诸如物质是一切变化的主体，主体结构、主体存在等。"主体以及与之相关的客体在认识论上，是从 17 世纪开始使用的。"[①]

笛卡尔（Rene Descartes）提出"我思故我在"的命题，以二元对立的思维方式，将主体的自我意识和客观世界做出严格的逻辑区分，他认为一切可靠知识的形式必须建立在对主体论证的基础之上，而认识活动也依赖于主体才得以可能。康德力图解决主体和客体的统一问题，他解决的途径是建立在认识论的逻辑基础上。然而，康德哲学又设定一个不可能认识的"物自体""自在之物"，因此，为主体和客体的统一留下一个无法解决的内在矛盾。黑格尔的"主体—客体"的范畴呈现德国古典思辨哲学的高峰。他的精神现象学以客观唯心主义体系建立一个理念异化和发展的精神轨迹，"主体"和绝对精神是同一性的存在，也是"理念"客观体现，而客体必然性地作为绝对精神和理念的创造物，后者是前者的逻辑结果。但是，黑格尔在哲学上抽象地发展了主体的能动性，依赖于实践理性获得主体和客体的辩证统一。与康德、黑格尔存在差异，费尔巴哈（Ludwig Andreas Feuerbach）不同意将主体抽象为纯粹的精神意识，主张主体必须包含生命实体，包含感性的生命形式。他认为，精神意识构成主体的特性之一，而理想的或合理的主体应该是"实在的"和"完整的"人，而客体则是与人相对存在的自然存在。在费尔巴哈看来，人属于自然的特殊的存在，本质上也是自然的结构之一。因此，主体客体的关系是以人为基础的辩证统一。费尔巴哈还辩证地指出，人对自我而言是主体，对他者而言是客体，主体对自

---

① 中国大百科全书・哲学卷：第 2 卷［M］．北京：中国大百科全书出版社，1987：1240.

己的认识而言也是客体。因此，主体与客体是可以相互转换的。费尔巴哈的主体论局限在于，主体是一种抽象和孤立的生物学意义的生命存在，没有理解实践在主体中的作用，也没有从社会历史的客观作用理解主体的能动性和创造性。

西方现代哲学给予主体多向度的关注。以弗洛伊德（Sigmund Freud）为代表的精神分析理论，从心理本能寻找对于主体性的解答，建立"本能主体"的观念。胡塞尔的现象学，重建理性主义大厦，他在《笛卡尔的沉思》中从认识论范畴提出"交互主体性"（Intersubjectivity）这一概念，后来他强调生活世界和"交互性"建立"交互主体性"，建立理想的现代主体结构，改变传统哲学对于主体性的单一性思维，力图在相互联系的不同主体之间寻找主体多元而平等的主体性形式。沿循胡塞尔的思维路径，海德格尔建立存在论视域的阐释学，他主张在对文本的阐释过程中重构主体性。他的现象学存在论哲学向我们敞开长期被传统形而上学遮蔽了的主体场景，任何主体性都是一个此在的主体，面临着畏、烦、死的境域，唯有在对他者的阐释过程和提问过程方才获得主体的存在，与此相关，他者也只有在这种对另一他者或文本的循环性阐释过程中获得主体性，这种存在主体是一种可能性存在，包含着丰富的重新阐释的空间。所以，我们可以理解他的"可能性高于现实性"[①] 这一命题的思考契机。其后的伽达默尔（Hans-Georg Gadamer）则从"效果历史"和"视野融合"等视角强调了阐释对于主体性的重新确立具有重要意义。舍勒（Carl Wilhelm Scheele）的哲学人类学，从基督教神学汲取思想资源，在新的历史语境中，重建信仰主体和道德主体。马尔库塞将弗洛伊德的精神分析理论和马克思主义的辩证唯物主义、历史唯物主义相融合，力图建立一种能够抗衡资本主义异化现实的、"新感性"的理想主体。如果说胡塞尔、海德格尔和伽达默尔依然是从生命存在的个体性视野为新的主体性（或主体间性）寻找存在的依据，那么，哈贝马斯（Jürgen Habermas）则从公共空间的交往理论入手，促使我们对于主体性的当下性思考。在现代社会的公共领域，任何个体存在的主体性不能脱离交往活动而存在，这种公共领域的交往活动，必须建立在一个平等对话、彼此尊重和宽容互信

---

① 海德格尔. 存在与时间 [M]. 陈嘉映，王庆节，译. 北京：生活·读书·新知三联书店，1987：48.

的基础之上。由此证明，任何主体性的获得，必然包含着平等对话、彼此宽容、利益共享的现代性内涵。西方后现代哲学，以福柯为代表的知识考古学、权力系谱学、生存哲学和自身的历史本体论等理论形态，辩证地综合权力、知识、性、道德等因素，从整体性上突显主体的结构性意义。波德里亚（Jean Baudrillard）的消费文化批判理论，揭示当代社会结构中消费主体的存在事实，深刻分析消费主体的运动特征和内在实质。

　　以上简略的描述旨在表明，主体和主体性问题一向为哲学史所眷注和重视。马克思主义哲学也深入地讨论了主体的问题。与以往哲学不同，马克思主义哲学注重从主体和客体的辩证统一方面思考主体问题，尤其注重从社会历史和劳动实践的环节确立主体的规定性，转变了以往主体性的哲学讨论只沉迷于抽象的纯粹理论思辨的状况。马克思主义的哲学将主体与客体的相互关系放置在社会实践的历史背景中，寻求对二者关系进行辩证唯物主义和历史唯物主义的解答。马克思主义认为，一方面，主体不仅单纯地占有自然和利用自然，而且通过有意识、有目的的社会生产活动改造自然，因此，主体和客体的桥梁是社会化劳动或实践活动。另一方面，主体在对客体的实践活动之中，发展了主体的感觉的丰富性。

　　人对世界的任何一种人的关系——视觉、听觉、嗅觉、味觉、触觉、思维、直观、情感、愿望、活动、爱，——总之，他的个体的一切器官，正像在形式上直接是社会的器官的那些器官一样，［VII］是通过自己的对象性关系，即通过自己同对象的关系而对对象的占有；对人的现实的占有；这些器官同对象的关系，是人的现实的实现。（因此，正像人的本质规定和活动是多种多样的一样，人的现实也是多种多样的），是人的能动和人的受动，因为按人的方式来理解的受动，是人的一种自我享受。

　　……

　　不仅五官感觉，而且连所谓精神感觉、实践感觉（意志、爱等等），一句话，人的感觉、感觉的人性，都是由于它的对象的存在，由于人化的自然界，才产生出来的。五官感觉的形成是迄今为止全部世界历史的产物。[①]

---

　　① 马克思. 1844 年经济学—哲学手稿［M］. 中共中央马克思恩格斯列宁斯大林著作编译局，编译. 北京：人民出版社，2000：85-87.

早期的马克思强调主体的感觉和主体的丰富性结构，这在《巴黎手稿》中表现得尤为显著。然而，马克思历来注重主体、主体性的历史生成和实践完善，着力于从"人化的自然"这一视角确立主体的本质性内涵，因此社会历史的实践环节构成马克思主义的主体性哲学的重要意义，而这些显然密切地关联着物质客体、关联着被实践的自然对象。

二、主体之规定性

主体是一个指向人的自我存在和自由存在的生命状态。这是它的最基本的规定性。如果说，"主体性（subjectivity）是指'是一个主体'（being a subject）或'是与主体有关的'（being of the subject）这样一种性质。人之存在的主体性就是指人是主体这样一种性质，形象地说，即人总是以'主'人的姿态出现在世间"①。诚如马克思所言："人始终是主体。"②"哲学上讲的主体和客体是用来描述人的活动的一对范畴。所谓主体是指动作的发动者，而客体则是人的活动指向的对象。那么主体的基本特征有哪些呢？如果用一句话来说，那就是人作为主体在与客体的关系中所显示的自觉能动性。具体说来，它包含有自主性、自为性、选择性、创造性等内容。"③ 显然这是对于主体的一般性和常规性理解，也是一种知识性和理性化的理解。笔者力图从下列意义上获得一点对于主体的创新诠释。

本书将主体阐释为：生命存在的结构性可能。一方面，旨在凸显主体这一集合概念的复杂性质和它具有丰富的历史规定性和能动功能；另一方面，敞开这一个概念的结构性内涵，主体不是单一性构成，而是包含丰富规定性和多种结构的精神本体，它具有多维度的存在意义和价值；再一方面，遵循着现象学"可能性高于现实性"④原则，将主体规定为一种可能性的存在方式。黑格尔在《精神现象学》声称："一切问题的关键在于：不仅把真实的东西或真理理解和表述为实体，而且同样理解和表述为主体。"从

---

① 李为善，刘奔. 主体性和哲学基本问题 [M]. 北京：中央文献出版社，2002：1.
② 马克思. 1844 年经济学—哲学手稿 [M]. 中共中央马克思恩格斯列宁斯大林著作编译局，编译. 北京：人民出版社，2000：91.
③ 李为善，刘奔. 主体性和哲学基本问题 [M]. 北京：中央文献出版社，2002：4.
④ 海德格尔. 存在与时间 [M]. 陈嘉映，王庆节，译. 北京：生活·读书·新知三联书店，1987：48.

这个意义看，主体既是"真实的东西"或"真理"，也是存在的实体。从主体的具体存在特性，依据由低级向高级过渡的逻辑形态，将主体划分为第一阶段：本能、意愿、感性。第二阶段：自由、自觉、智慧。第三阶段：审美、创造、诗性。每一阶段分别由相关的因素构成，它们在总体上构成一个完整的主体特性和规定性。

主体特性的第一阶段，由本能、意愿、感性三个主要因素构成。本能是主体最原始最底层的形态。它由弗洛伊德的精神分析理论所界定的"本我"（Id）为要素，包含无意识和潜意识元素。弗洛伊德"用它来代表每个人的潜意识里一股特别强大的力量。它是能量的巨大储藏处，完全隐没在潜意识里；它也是我们所有的热情、本能和习惯的来源；并且总是费尽心机地满足它们"①。任何主体存在都包含本能的因素，它成为其他主体形式的心理和生理的基础，没有本能主体，其他主体形式必然是抽象和虚假的。但是，本能主体必须被其他主体所限制、规定和引导，必须服从理性主体和道德主体的制约。意愿是居于本能之上的主体要素，具有明确的意识，处于意识的管辖之中，意愿带着欲望的成分，但是不妨碍社会道德和规范，但是，它具有个体的自私意识和功利主义冲动。感性是主体的第一阶段的最高形式。没有感性的主体是空洞和抽象的精神符号，只有感性才保证主体的生命的直接现实性和无限可能性，也为主体自由与自觉、知识与智慧的合目的性的理性活动奠定了基础。"感性（见费尔巴哈）必须是一切科学的基础。科学只有从感性意识和感性需要这两种形式的感性出发，因而，科学只有从自然界出发，才是现实的科学。可见，全部历史是为了使'人'成为感性意识的对象和使'人作为人'的需要成为需要而做准备的历史（发展的历史）。"②

主体特性的第二阶段具有理性的内涵，主体必须禀赋自由的权力。这里的自由既不是非理性的本能自由，也不是对于必然性掌握的知识自由，它一方面应当是精神与思想的自由，另一方面是道德与伦理境界的良知自

①J. 洛斯奈. 精神分析入门［M］. 郑泰安，译. 北京：社会科学文献出版社，1987：25.
②马克思. 1844年经济学—哲学手稿［M］. 中共中央马克思恩格斯列宁斯大林著作编译局，编译. 北京：人民出版社，2000：89-90.

由。启蒙主义的自由观为主体赢得了自由的社会权力，为自由确立了合法性和合理性，这是一个值得浓墨书写的历史进步。但是，应该看到，思想的自由和实践理性的良知自由更为重要，它构成主体性的必然意义与价值。自觉是建立在自由之上的意志，它体现主体的明确意识和目的性。正常和健全的主体应该是既自由又自觉的主体，而只有自由却没有自觉的主体，是盲目的和不完善的主体，也是缺乏建构性的主体。自由且自觉的主体，可以生成生命的智慧，从而过渡到智慧的环节。智慧建立于自由与自觉的前提之上，它是对知识或常识的提升和超越，诞生生命的意义与价值。显然，主体达到智慧境界是幸福和快乐的。

主体特性的第三阶段也是主体形式的最高阶段。创造性构成主体一种高级的特性。创造一方面是物质形态的创造，另一方面是精神形态的创造。创造的激情和能力既保障了主体的存在的条件和基础，又显现主体的高贵和尊严，引领人类历史和精神向着永恒的幸福目标坚定地行走。审美似乎是主体一种多余的和附庸的奢侈品，然而，如果说"劳动生产了美"，"人也按照美的规律来构造"，[①] 显然，审美特性构成主体一种重要的生命特性，也构成主体存在的意义与趣味，成为快乐和幸福感的来源之一。古希腊的柏拉图（Plato）早已认识到审美对于精神存在的必然性质。他在《会饮篇》以诗意的语言写道：

> 凭临美的汪洋大海，凝神观照，心中起无限欣喜，于是孕育无量数的优美崇高的道理，得到丰富的哲学收获。如此精力弥满之后，他终于一旦豁然贯通唯一的涵盖一切的学问，以美为对象的学问。[②]

审美显然是人类区别于动物界的高级活动方式，也是精神超越的至高快乐。和审美特性明确关联，是主体的诗性特性，然而审美性不能代替诗性，但是，主体的诗性特征必然包含着审美活动。诗性主体是具有精神无限可能性的生命结构。它存在于其他主体形式之中，但又超越于其他主体形式之上。这也是本书最重要和最核心的讨论目标，以后的第三章给予深入的论证。

---

① 马克思. 1844 年经济学—哲学手稿 [M]. 中共中央马克思恩格斯列宁斯大林著作编译局，编译. 北京：人民出版社，2000：54-58.

② 柏拉图. 文艺对话集 [M]. 朱光潜，译. 北京：人民文学出版社，1980：272.

三、可能性结构

主体：生命存在的结构性可能。此为笔者对于主体的诠释。这一阐释包含如此的理论向度：（一）主体是一个历史性的流动性概念。（二）它由一个系统性结构组成。（三）它是充满可能性的生命存在。对于主体结构的逻辑分类，遵循着将本体论、存在论、功能论相区分的原则，为了理论描述和运思的合理与方便，在本体意义上，将主体划分为：本能主体、感性主体、理性主体、道德主体、实践主体等结构。其次，在存在论意义上，将主体划分为：认识主体、信仰主体、审美主体、创造主体、消费主体等构成；最后，从功能论意义上，将主体划分为：话语主体、知识主体、权力主体、历史主体、政治主体等方面。这些主体形式构成一个整体性的可能性结构。需要说明的是，理性主体、认识主体、实践主体、道德主体、知识主体、历史主体、政治主体、消费主体等存在逻辑上交叉与渗透的关系，它们之间不存在一个不可逾越的鸿沟。如此的划分，不是从严格的逻辑原则出发，而是遵循一个相对差异的原则，主要考虑论述的方便。

首先，描述本体论意义上的主体结构：本能主体、感性主体、理性主体、道德主体、实践主体。尼采、弗洛伊德、巴塔耶（Georges Bataille）、福柯对于传统形而上学阴影下的主体性给予非理性的颠覆，就预设了把本能主体作为理性主体和道德主体的潜在对立面的逻辑前提。然而，这包含着理论和实践的双重危险：以本能主体的个别性存在取代主体的整体性结构，鼓动在公共社会空间的本能主体的张扬。本能主体作为生命存在的本质性结构之一，应该在合理性和合法性的前提下被肯定，任何违背普世伦理和法律准则的本能主体必须被否定。然而，作为一种合理性和合法性的本能主体，它们往往构成一种社会历史的革命性潜能。另外，身体主体作为本能主体的同一性的不同能指，以后将进一步论述。感性主体是其他主体的存在前提和基础，是凭借生命器官的感觉和感觉综合而获得主体存在。这里需要强调的是，感性也是诗性主体得以可能的必要条件。理性主体在所有主体形式居于主导性地位。古希腊哲学家普罗泰戈拉（Protagoras）说："人是万物的尺度，是存在的事物存在的尺度。"① 人凭借理性来为世界立

---

① 古希腊罗马哲学［M］．北京：生活·读书·新知三联书店，1957：138.

法，确立事物判断和评价的尺度。理性是人类认知现象界和自我存在、从事社会实践和文化创造的决定性因素，理性主体依赖于语言、概念、逻辑、思辨等方式获得知识积累，以目的性、合规律和功利性等方式进行判断、选择和决策，对诗性主体构成了一定程度的宰制和消解。然而，理性主体也可能对已经确立的诗性主体起到持久的意志保证，维护诗性主体的存在权力和永恒性。道德主体是所有主体结构中最崇高的形式，它维护人的存在的尊严和价值。在康德心目中，道德律令和上帝一样是一种"绝对命令"，它如同星光闪烁于人类的头顶，标示着精神的方向和神圣信仰，它具有超越历史域限和国家民族界线的普遍价值。实践主体依据于其他主体规定而从事合乎目的性的行动，它以功利主义和经济思维为主导，以公共空间的社会交往为桥梁，以工具理性为手段，一方面以获得自我存在的价值与意义为生命过程，另一方面以权利、名望、荣誉、地位、欲望、功利等为存在结果。它在很大程度构成对于诗性主体的损伤和斥拒。这一主体形式和本能主体一样，是对诗性主体最具危险的生命存在。

其次，讨论存在论意义上的主体结构：认识主体、信仰主体、审美主体、创造主体、消费主体。认识主体构成主体存在的前导性结构，是主体存在之基石。认识主体召唤"自我意识"，是"我思"，是洋溢思考和探究的能力，它既认识自然界，也是反观精神自我，借用现象学的一个概念，它由"纯粹意识"所保证。经验积累和逻辑工具作为其内容与方法的双重构成。信仰包含宗教、政治和伦理多向度的内涵——既包括传统理论意义上的政治、社会制度等意识形态的内容，也寄寓着对上帝和宗教教义信仰，更是对道德谱系和人格良知的顽强守护。信仰具有现世价值和超越现实生活的功能，存在着一定的合理性，情感是支持信仰主体的重要心理因素。然而，信仰同样具有负面的意义和作用，它往往构成对理性的颠覆和人性的戕害，甚至导致历史的灾难和社会悲剧。信仰一方面有利于审美活动和诗性主体的生成，另一方面，也可能招致对审美活动和诗性主体的毁坏。需要说明的是，神性主体作为信仰主体的构成之一，它主要标明其逻辑范围只限于宗教领域。审美主体是人类重要的精神内核，它是历史与文化的必然结果，换言之，审美活动某种意义上造成人类的历史与文化的诞生与发展，两者是互为因果的逻辑关系。审美活动确立人的存在意义和幸福，也是人类所寻找到的精神家园之一。审美主体富有超越性和奢侈性的精神气质，它促使主体不断地走向一个无限可能性的生命境界。创造主体是一种追寻目的性的精神存在，它综合主体的各种能力力图实现物质或精神的价值与意义。它是促使人类永不停顿的生命活力，保证了生活世界的丰富性和新颖性，属于积极性和肯定性的精神力量。消费主体是现代社会和后现代社会持续被凸显和强化的主体，它显然是现代社会的历史产物，当然也是人性欲望和政治预谋的必然结果。波德里亚深刻研究和分析了消费社会的运作逻辑和内在机制，给予美学思考以丰富的启示。消费主体往往构成对诗性主体的压抑性势能，同时扮演引导审美活动走向功利主义和符号化陷阱的角色。消费主体尽管在理性的支配之下，却可能随时打破理性的制约，滑向感性主义和欲望本能。这是必须引起人们警惕和制约的主体结构。

最后，阐释功能论意义上的主体结构：话语主体、知识主体、权力主体、历史主体、政治主体。海德格尔说：语言是存在之家。"语言，凭借给存在物的首次命名，第一次将存在物带入语词和显象。……语言本身是根本上是诗。"[1] 福柯认为，存在着一个"说话的主体"，中国古代就有"立言"[2] 的价值导向。一方面，话语既作为主体的标志之一，更作为主体的权力和自我意识的体现。它是为所有主体形式获得存在意义和象征符号的重要工具；另一方面，话语作为一种主体的表达功能，是精神的本体存在和本质化意义的呈现，也是作为主体的诗性存在的必然性构成。再一方面，诚如福柯所论，主体随着话语论述建构和散播过程中的知识、道德和权力的相互勾结，蜕变为"在沙滩上消失的虚构的人"[3]。福柯指出话语主体被社会同一性所征服而最终走向以"话语"为标签物的"主体异化"的危机。在后现代语境，如何坚守话语的诗性本源，抗衡技术话语、流俗话语、政治经济等领域方面的同一性的话语危机是一项迫切和富有意义的课题。知识主体和理性主体密切关联，它们依赖于逻辑工具和科学方法保证自己的存在性，培根"知识就是力量"的启蒙主义口号深入人心。显然知识是保

---

① 海德格尔. 诗·语言·思 [M]. 彭富春，译. 北京：文化艺术出版社，1991：69.

② 孔子，左丘明. 春秋左传通释下 [M]. 贾太宏，译注. 北京：西苑出版社，2016：677.

③ Foucault. M. *Dits et Ecrits*：*Vol. IV* [M]. Paris：Gallimard，1994：398.

障主体生存和生活世界得以运作的基础和手段，但是，主体仅仅依赖于知识的存在显然有一定的局限，甚至是危险。中国先秦时代的庄子就对知识展开深刻的反思和批判。权力渗透于社会的各个领域，它和知识、话语、资本等密切勾连。一方面，权力主体是一部分生命个体的特权；另一方面，任何主体都不同程度上受到权力的宰制；再一方面，在社会交往中，任何主体都可能潜藏着不同层面的权力。权力主体往往造成对其他主体的压抑，损害主体结构的平衡和谐，更容易削弱审美主体和诗性主体等主体形式。每一个主体都是历史的产物，被历史环境限制和左右，但也是创造历史可能性和现实性的个体。这就是历史主体的两重性：历史主体肯定人是历史产物，也肯定历史是人的产物。政治主体，亚里士多德在《政治学》中说，人是政治的动物。显然，人也是一个政治主体。它也是一个包含认识主体、理性主体、实践主体等内容的主体形式，但是，政治主体常常存在着非理性冲动，导致历史悲剧的产生。政治主体往往形成威力巨大的社会性势能，它们构成庞大的集团和机构，制定纲领目标，力图改变社会现实。这种主体极其容易导致对审美主体、道德主体和诗性主体的危害，具有价值的二重性。

第二节　形而上学的遗忘

一、推崇理性主体和认识主体

西方传统形而上学关于主体论的探究经历一个漫长的历史过程，自古希腊罗马到中世纪，中经文艺复兴和启蒙运动，直至 17 世纪笛卡尔以来，才确立了主体性原则，笛卡尔以"我思故我在"唯理论的方式证明，主体的存在依赖于理性认识，知识活动和认识活动奠定主体的基础，主体的怀疑和反思的理性能力既是主体最重要的能力也作为主体性的保证。他在《第一哲学沉思集》中写道：

凡是我早先信以为真的见解，没有一个是我现在不能怀疑的，这绝不是由于考虑不周或轻率的原故，而是由于强有力的、经过深思熟虑的理由。①

笛卡尔为理性建立的第一个原则是"怀疑"，而和这一原则密切相关的就是"沉思"。"怀疑意味着存在一个怀疑者，思维意味着存在一个思维者，即一个思维着的东西（Res cogitans）或精神实体；这样就把握了在他看来是一个合理的、自明的命题。怀疑意味着思维，思维意味着存在；Cogito, ergo sum，我思，故我在。'对一个循序而进行哲学思维的人来说，这是首先出现、最确实的知识。'这是我们一直寻求的原则——形而上学的一个确实而自明的出发点。"② 值得肯定的是，笛卡尔的这一哲学命题和原则，为主体寻找到最重要的因素和根基：怀疑和反思，它们共同构成理性的逻各斯（Logos），而对于理性的崇尚，必然导致理性和知识的结盟，它们又作为主体的基石。显然，在笛卡尔的哲学图景中，理性主体构成主体存在的先导性结构，是主体存在之理由。理性主体召唤"自我意识"，是"我思"，是洋溢怀疑和批判的反思能力，也是宁静的生命姿态。它们组成反观自我的精神工具，负担认识现象界的责任，借用现象学的一个概念，它由"纯粹意识"所保证，知识承载和逻辑工具作为其内容和方法的双重构成。无疑，笛卡尔这一思想具有哲学上革命性意义和方法论转向，它的人文精神和理论价值是不可估量的。但是，毋庸讳言，笛卡尔在崇拜理性主体和认识主体的同时，遗忘了主体的诗性精神和审美精神。换言之，他的主体性原则存在着不可忽略的局限，没有建立一种审美的和诗性的主体内涵。

康德是继笛卡尔之后对主体性原则进行深入系统探索的另一位古典哲人。康德在哲学上展开"哥白尼革命"，确立了"理性为自然立法"的原则。他在《纯粹理性批判》导言中写道：

理性是提供先天知识的诸原则的能力。所以纯粹理性就是包含有完全先天地认识某物的诸原则的理性。纯粹理性的一个工具论就将是一切先天纯粹知识能够据以获得并被现实地实现出来的那些原则的总和。这样一种

---

① 笛卡尔. 第一哲学沉思集［M］. 庞景仁，译. 北京：商务印书馆，1986：19.
② 梯利. 西方哲学史［M］. 葛力，译. 北京：商务印书馆，1995：309-310.

工具论的详尽的应用就会获得一个纯粹理性体系。①

理性具有先验的综合能力，它能够发现或提出诸种原则，这是潜藏在主体内部的先天认识能力，也就是"先验的自我意识"。由于"先验的自我意识"的作用，在感性阶段表现为接纳客观对象的直观形式：时间、空间。相应地，在知性阶段，用以综合感性材料的思维形式：知性的十二范畴②。如果说知性是依靠"范畴"整合感性的知识，那么，理性就是采取"理念"统一知性的知识，希望借助于这种统一得到无条件的绝对完善的知识形式。康德认为："理性所企图达到的有三个'理念'：一是一切精神现象的最高的最完整的统一体'灵魂'；二是一切物理现象的最高的最完整的统一体'世界'；三是以上两者的统一'上帝'。这三个理性所追求的'理念'都叫'自在之物'。理性的理念，即灵魂、世界、上帝，是哲学或形而上学中的最基本的概念。"③ 存在者凭借于先验的自我意识，从感觉起始到获取、积累知识的完整认识活动，是一个主动的建构主体的过程。康德超越心理经验而抽象出先天的认识形式，确立主体的先验认识能力，将主体的自我意识作为一种理性原则给予肯定。但是，康德又认为，理性思维方法既是辩证的，也是矛盾的，理性无法解决或消解这些形而上学的矛盾，因此，理性的思维方法以及先验辩证论根本不可能解决灵魂、世界、上帝这样的问题。康德表现出自我的深刻矛盾，一方面肯定理性主体的认识能力，强调理性思维的巨大张力；另一方面，又认为理性的能力是有限的，理性本身存在着内在的矛盾。康德对于理性主体和认识主体的深刻矛盾表明，仅仅确立主体的理性和认识的内涵还是有限的和欠缺的，至少对于诗性主体的遗忘足以说明传统形而上学存在着历史性的局限。

---

① 康德. 纯粹理性批判 [M]. 邓晓芒，译. 北京：人民出版社，2004：18.
② 康德的"知性十二范畴"——量的判断：一、单称判断，单一性范畴。二、特称判断，复多性范畴。三、全称判断，总体性范畴。质的判断：一、肯定判断，实在性范畴。二、否定判断，否定性范畴。三、无限判断，限定性范畴。关系的判断：一、直言判断，实体的属性范畴。二、假言判断，原因和结果范畴。三、选言判断，交互性范畴。样式的判断：一、可能判断，可能性与不可能性范畴。二、实然判断，存在性与不存在性范畴。三、必然判断，必然性与偶然性范畴。总计十二种判断，也即是十二个范畴。
③ 全增嘏. 西方哲学史（下卷）[M]. 上海：上海人民出版社，1985：79.

二、肯定道德主体和信仰主体

亚里士多德在《尼各马可伦理学》中就比较系统深入地探究道德主体的问题，他把"善""德性"与"幸福"这些概念联系起来进行考察。他说：

如果一种活动在以合乎它特有的德性的方式完成时就是完成得良好的；那么，人的善就是灵魂的合德性的实现活动，如果有不止一种的德性，就是合乎那种最好、最完善的德性的实现活动。不过，还要加上"在一生中"。①

亚里士多德将德性作为善的最主要的规定性，而且"幸福是所有善事物中最值得欲求的、不可与其他善事物并列的东西"②。一方面，幸福成为人向往的最高的善，另一方面，善保证了人的幸福得以可能。古希腊哲学家对于主体的道德设定显然具有一种共时性的普遍意义，它体现了人类的普世价值。这是人文精神的一份宝贵遗产。遗憾的是，亚里士多德没有将德性、善、幸福等与审美、诗意的活动联系起来阐释，在肯定道德主体的强大势能之下，遗忘了诗性主体和它们的逻辑关联，存在着以偏概全的思维倾向。客观地说，亚里士多德的哲学是对诗性主体的一种放逐。

荷兰哲学家斯宾诺莎（Benedictus Spinoza），在《伦理学》中主张："心灵的最高努力和心灵的最高德性，都在于依据第三种知识来理解事物。第三种知识是从对于神的某一属性的正确观念而达到对于事物本质的正确知识。"③ 显然，斯宾诺莎的知识和德性都与对神的信仰密切关联。他倡导一种道德主体和信仰主体的等同原则，既以信仰渗透道德，又以道德强化信仰。从而获得道德与信仰的和谐统一，建立一种既符合道德律令原则又坚守信仰原则的主体结构。很明显，斯宾诺莎也没有讨论诗性主体和其他主体形式的关系，忘却了诗性主体的存在。

沿袭着斯宾诺莎的思维路径，康德也为道德主体引入了信仰的内涵，

---

① 亚里士多德. 尼各马可伦理学 [M]. 廖申白，译. 北京：商务印书馆，2003：20.
② 亚里士多德. 尼各马可伦理学 [M]. 廖申白，译. 北京：商务印书馆，2003：19.
③ 斯宾诺莎. 伦理学 [M]. 贺麟，译. 北京：商务印书馆，1983：255.

和斯宾诺莎一样，他的信仰主体尽管包含神的意识，但是更多是一种道德信仰而不是一种散发宗教气味的神学信仰。康德融化道德原则进入主体意识，认为道德属于先验的不依赖后天经验的道德意识，它是一种"实践理性"。康德假定了一种普遍性的无条件的"善良意志"，它高于人的一切行为和活动，本身构成一种目的论，而不是仅仅作为工具和手段。与此相关，康德又假定了超越历史的"道德律令"，它是一种超越具体的社会行为规范的普遍决定，它又称"绝对命令"，是一种超越经验和感性的纯粹抽象。康德提出最重要的绝对命令："我一定要这样行为，使得我能够立定意志要我行为的格准成为普遍规律。"① 最后，康德在《实践理性批判》中为纯粹实践理性公设了两个类型：灵魂不朽和上帝存在②。这两种假设保证了"至善"和"幸福"得以可能。一方面，"至善在世界之中的实现是一个可由道德法则决定的意志的必然客体"③。另一方面，"幸福是世界上理性存在者在其整个实存期间凡事皆照愿望和意志而行的状态，因而依赖于自然与他的整个目的、并与他意志的本质的决定根据的契合一致"④。康德归纳道："如果人们追问上帝创世的终极目的，那么他们不应该举出世界上理性存在者的幸福，而必须举出至善；至善为这个存在者的那个愿望添加了一个条件，也就是配当幸福，亦即这些理性存在者的德性。"⑤ 康德为人们寻找至善、幸福和德性的最终根源在于心目中的公设或假定：上帝。他尽管具有宗教信仰的意味，但更是一种道德意义的信仰。因此，康德的信仰主体融入更多的是道德内涵。然而，康德的信仰主体也没有建立和诗性主体的必然性关联。

毋庸讳言，传统形而上学对于信仰主体的入思包含着丰富的宗教内容，尤其是基督教神学，它所论述的信仰主体纯粹是宗教意义的。中世纪的教父哲学，推出绝对唯一的主体形式：神的主体。主体的认识和理性绝对地遵从信仰，而信仰主体完全来源于上帝的"天启"，所有知识和真理都是上帝启示的结果。奥古斯丁（Aurelius Augustinus，354-430）认为，上帝是绝

---

① 全增嘏. 西方哲学史（下卷）[M]. 上海：上海人民出版社，1985：91.
② 康德. 实践理性批判 [M]. 韩水法，译. 北京：商务印书馆，1999：133-137.
③ 康德. 实践理性批判 [M]. 韩水法，译. 北京：商务印书馆，1999：133-134.
④ 康德. 实践理性批判 [M]. 韩水法，译. 北京：商务印书馆，1999：136.
⑤ 康德. 实践理性批判 [M]. 韩水法，译. 北京：商务印书馆，1999：143.

对永恒不变的存在，也是全知全能和绝对自由的，他来自虚无，不需要任何物质作为载体。上帝只有一个，但是具有三种不同的"位格"：圣父、圣子、圣灵。他规定所有的主体形式都不过是上帝意志的体现，所有的主体形式服从上帝的意志。因此，在他的宗教神学意义上，所有的主体形式也就是单一性的信仰主体的形式。因此，这种单一性的信仰主体排斥诗性主体的应有权力，或者说，诗性主体必须臣服于信仰主体，借助于前者得以存活。另一位神学家托马斯·阿奎那（Thoma Aquinas）创立了系统的天主教的神学体系。他虽然肯定了理性主体的存在，认为哲学通过理性之光照耀，可以获得证明，但是，仍然可能存在错误。他认为神学的主题更为高贵，因为神学受惠上帝之光的照耀，它不会存在错误。因此，宗教的信仰主体高于理性主体。如果说哲学是神学的婢女，那么，理性主体就是信仰主体的仆人。显然，托马斯·阿奎那也放逐了诗性主体，而在最大限度上，他只规定诗性主体必须依赖于上帝才得以可能。

因此，传统形而上学无论是肯定道德主体还是肯定信仰主体，都没有为诗性主体留下一定的位置，使其丧失了存在的合理性和合法性。这不得不说是主体被遮蔽的知识悲剧。

三、诠释权力主体和消费主体

后现代思想家福柯对权力、知识、话语等密切关联的要素进行权利系谱学和知识考古学的探索，彰显自己的思想锋芒。他在与德勒兹谈话中说：

> 权力不仅存在于上级法院的审查中，而且深深地、巧妙地渗透在整个社会网络中。知识分子本身是权利制度的一部分，那种关于知识分子是"意识"和言论的代理人的观念也是这种制度的一部分。知识分子不再为了道出大众的"沉默的真理"而"向前站或靠边站"了；而更多的是同那种把他们既当作控制对象又当作工具的权力形式做斗争，即反对"知识""真理""意识""话语"的秩序。[①]

显然，权力一直交织、延续在社会历史的网络系统中，而知识分子则在权利系统中扮演一个两重性的角色。一方面，他们作为权利制度的一部

---

① 福柯. 福柯集［M］. 杜小真，编选. 上海：上海远东出版社，2003：205-206.

分，参与权利的生成和运作，另一方面又是权力控制的对象。知识分子既是"知识""真理""意识""话语"的创生者，同时也积极置身于对这些权力的象征品和附属物进行解构、批判的行动中。因此，在当代社会中，主体既是权力的主动者也是权力的被动者。换言之，权力主体成为整个社会运作中的枢纽和关键。"福柯在其系谱学研究中所要揭示的，是权力运作同知识论述及其实践的密不可分的关系。福柯认为，权力始终都不是由某个人所掌握的那样，也不是由某人发出的力量。权力既不属于某个人，也不属于某个集团。权力只是在其扩散、中转、网络、相互支持、潜力差异、移动状态中才存在。"① 在现代社会中，知识分子与权力的关系是依赖知识论述实行密切关联的，权力扩散在社会组织的整个结构并且借助各个组织之间的关系发挥功能。由此规定，知识也构成一种权力。和知识权力相联结，话语也结构性地成为现代社会的一种重要权力形式。掌握话语，就意味着获得真理权力和控制思想，获得对于社会的整体性宰制，进行意识形态统治和利益分割。因此，作为知识、真理、意识、话语不会是理论意义的纯粹形态，而是权力运作的客观结果。被权力决定的主体显然是权力化的主体，也即权力主体。这既是历史的宿命也是现实与未来的悲剧。试图抗衡和打破权力主体而重建诗性主体以获得生命的自由自觉，显然是一个艰难的课题。福柯的理论探索为我们描述出一个灰暗的历史与未来的权力主体的图景，而这一图景必然造成对诗性主体的压抑和消弭。从具体的社会样本考察，中国延续几千年的专制政体，兼之知识的建构与生产、教育与传播也处于封闭自足的状况，主流话语被高度垄断且相对固定，再加上消费社会的逻辑运作，形成了社会意识形态的权力崇拜和权力图腾。知识、话语、权力形成一个相互勾结的"意识"和"真理"的共同体，由此造成权力主体的无所不在和无所不能。显然，这是对诗性主体的客观窒息和无情重轭。

与福柯的思想路径不同，波德里亚以对消费社会精湛的逻辑分析获得对主体意义的新颖诠释。在《象征交换与死亡》中，波德里亚以借喻的方式表达对现代主体的担忧和反讽："现在是潜意识的王国。逻辑结果：如果意识主体是金本位的精神等价物，那么潜意识就是投机货币和流动资本的

---

① 高宣扬. 福柯的生存美学 [M]. 北京：中国人民大学出版社，2005：155.

精神等价物。事实上，在今天，所有个体作为主体已被撤资，已被剥夺他们的客体关系，他们相互之间在以不断随波逐流的方式漂移：流动、联接、分离、转移/逆转移———一切社会性都可以非常清楚地用德勒兹的潜意识或货币机制的术语来描述。"① 在消费社会的逻辑丛林里，一切个体都丧失了生命的差异性，都服从于消费逻辑和整体性逻辑，个体消亡而代之以群体性意识，意识服从于潜意识，每个人都沉浸在对物体系和象征符号的狂欢之中而消失自我的主体性。这就是后现代社会的主体景象，一种消费主体的状况。消费社会造成消费主体对于物的符号性迷恋，与这种迷恋相关，催生了对资本和货币的乌托邦崇拜，各类读本和传媒对财富梦想和金钱神话的散播，已经深入人心，成为社会心理的普遍认同。

波德里亚指出："无论是在符号逻辑里还是在象征逻辑里，物品都彻底地与某种明确的需求或功能失去了联系。确切地说这是因为它们对应的是另一种完全不同的东西———可以是社会逻辑，也可以是欲望逻辑———那些逻辑把它们当成了既无意识且变幻莫定的含义范畴。"② 物不再是单纯满足使用需要和功能的使用价值体现，而且成为符号逻辑和象征逻辑的体现，成为区分社会等级和满足虚荣心的欲望逻辑的表征。这样的消费主体服从一个空洞的符号能指，满足于物的感性外衣，寻找一种自欺的消费社会的乌托邦，即以商品的符号为价值的潜意识的欲望满足和沉醉于物体系的乌托邦。消费主体另一个显明的特性表现为沉浸于时尚，它成为现代人一个无法摆脱的梦魇："时尚针对的是戏剧社会性，而且对自身感到满意。因此，它对每人而言都成为具有强烈意义的场所———自身形象的某种欲望之镜。时尚和追求交流的语言相反，它玩弄交流，把交流变成一种无信息的意指，一种无目的的赌注。由此产生了一种与美丑毫无关系的美学快乐。"③ 时尚成为消费主体乐此不疲的主题，成为竞相追逐的符号玩偶，它永不停歇和循环不止，犹如西西弗斯的劳作，象征着人类另一种游戏的悲剧宿命。消费社会制造消费主体，而消费主体反过来推动消费社会的逻辑运作，两者构成彼此作用的增长关系。消费主体的逻辑显然反抗着诗性主体的来临，

① 波德里亚. 象征交换与死亡 [M]. 车槿山，译. 南京：译林出版社，2006：31.
② 波德里亚. 消费社会 [M]. 刘成富，译. 南京：南京大学出版社，2008：58.
③ 波德里亚. 象征交换与死亡 [M]. 车槿山，译. 南京：译林出版社，2006：137.

它们之间建构一种矛盾的逻辑关系。显然，当下语境重建诗性主体必然要对消费主体进行对抗和批判、否定和超越。

第三节　缺失的诗性主体

一、本质化匮乏

形而上学对于诗性主体的遗忘，不仅局限于理论形态，而且在生活世界中，主流意识形态和芸芸众生对诗性主体的遗忘和压制业已成为普遍的潮流。因此，诗性主体的匮乏是本质化匮乏和社会性危机的两者共生。

所谓"本质化匮乏"，意在说明，传统形而上学在论述主体性原则的时候，往往强调了理性和逻辑的结构，而忽略了感性和诗性的因素。柏拉图关于诗与哲学之争的运思，从一个侧面表明，在西方哲学的肇始处就存在着崇尚理性和贬低诗性这样的事实。尽管柏拉图对于诗人表现出一定程度的恭敬，然而，他在《理想国》也主张将诗人驱逐，因为诗歌背负着"亵渎神灵"和"败坏风俗"的两大罪过。他借苏格拉底之口说：

我们现在理应抓住诗人，把他和画家摆在一个队伍里，因为他有两点类似画家，头一点是他的作品对于真理没有多大价值；其次，他逢迎人性中低劣的部分。这就是第一个理由，我们要拒绝他进到一个政治修明的国家里来，因为他培养发育人性中低劣的部分，摧残理性的部分。一个国家的权柄落到一批坏人手里，好人就被残害。模仿诗人对于人心也是如此，他种下恶因，逢迎人心的无理性的部分（这是不能判别大小，以为同一事物时而大，时而小的那一部分），并且制造出一些和真理相隔甚远的影象。①

柏拉图对诗人和诗歌的偏见与对理性和逻辑的赞美形成有趣的对比。诗人和诗歌距离真理遥远，并且不利于政治修明的国家，它们败坏人心和培养人性中低劣的部分，因此，诗人和诗歌应该被驱逐出"理想国"。传统形而上学的起始之处，就寄寓着对诗歌和诗人的双重偏见，因此，必然包含着对诗性主体的忽视和偏见。西方古典哲学的漫长的运思历程基本上遗

---

① 柏拉图. 文艺对话集［M］. 朱光潜，译. 北京：人民文学出版社，1963：84-85.

忘了对诗性主体的眷注，这一沉寂的状态直至尼采时代才有了根本性的转变。

诗性主体的本质化匮乏另一个根本的缘由是历史的情境决定的。人类的历史前期，其思维方式是以隐喻和象征为主导的形象思维和诗意思维，概念、判断、推理、演绎与归纳等逻辑思维的欠缺与发达的想象力形成鲜明的反比例，主体更多依赖心理内部的直觉体验作为理解世界、阐释历史、反观自我的主要方式，维柯认为："推理力愈薄弱，想象力也就是成比例地愈旺盛。"[①] 从维柯的理论意义上推导，随着历史文化的发展以及逻辑思维的不断发达和精密化，人类的诗性精神必然发生弱化和萎缩直至最终的消失。在此，我们不急于对维柯的悲观主义预言进行分析和评判，至少它表明对历史演进所带来的诗性精神逐渐缺失的担忧。今天看来，维柯的担忧显然不无道理。从历史情境分析，不仅仅是逐渐发达的逻辑思维在一定程度上对诗性主体构成了负面影响，其次是科学主义、实证主义、实用主义、工具理性、经济思维等一系列的意识形态都不同侧面地影响着人类的诗性精神和审美趣味，潜在地担当着消解诗性主体的义务。再次是消费社会的运作逻辑，市场经济的交换法则和货币崇拜日益成为流俗的社会心理，蚕食着诗性主体这一人类精神中最宝贵和美丽的绿叶。

诗性主体的本质化匮乏，从具体形态上考察，还和语言的诗意衰变这一要素密切关联。在维柯和卡西尔等人看来，远古语言在本质上就是诗性的语言或诗意的语言，它们在一定程度上成为守护诗性主体得以可能的理由。维柯说："埃及人把整个以往的世界分成三个时代：神的时代、英雄的时代和人的时代；另一项是在这三个时代里说过的语言也有三种，各自和自己的时代相适应，它们就是象形符号的或神的语言，象征的或比喻的语言（即英雄的语言）和书写的或凡俗的语言（即人的语言）。后一种语言是人们运用于约定俗成的符号来传达生活中的通常需要。"[②] 这一划分的合理性暂且悬置不论，它表明这样的事实，语言的诗性色彩随着历史的演变而流失，第三种类型的语言，也就是由于约定俗成而符合日常生活的实际需要的语言是实用性语言，因此，它的诗意内涵最少，给主体的美感也比较

① 维柯. 新科学［M］. 朱光潜，译. 北京：人民文学出版社，1986：98.
② 维柯. 新科学［M］. 朱光潜，译. 北京：人民文学出版社，1986：96.

有限。所以，可以理解福柯为什么致力于探究后现代社会语言和权力的关联，"说话的主体"是如何被"话语"的逻辑运作而规训为一个丧失自我存在的主体，这一"说话的主体"显然不可能保证自己的诗性主体的存在权力，因为他们的言说都不是自我的言说，只不过作为被过滤和营造后的知识、权力等意识形态的传声筒而已。卡西尔在《语言与神话》中指出：

> 人类文化初期，语言的诗和隐喻特征确乎压倒过其逻辑特征和推理特征。但是，如果从发生学的观点来看，我们就必定把人类言语的想象和直觉倾向视为最基本和最原初的特点之一。另一方面，我们发现在语言的进一步发展中，这一倾向逐渐减弱。语言变得越抽象，它就越扩大和演变其本来的能力。语言从日常生活和社会交际的必要工具的言语形式，发展为新的形式。为了构想世界，为了把自己的经验统一和系统化，人类不得不从日常语言进入科学语言，进入逻辑语言、数学语言、自然科学语言。①

这的确是一个不容忽视的文化事实。卡西尔有着类似于维柯的担忧："人不得不为这个收获付出极高的代价。人向着较高的理智目标前进了多少，人的直接性，生命的具体体验就消失了多少，留下的是一个理智符号世界，而不是直接经验的世界。"②卡西尔拯救这一悲剧趋势的方式恰恰不是依赖于语言本身，而是借助"艺术"这一工具。他认为要想保存和重新获得直接的、直觉的进入现实的方式，需要新的活动和新的努力，那就是求助于艺术活动。其实，对于语言的历史性的诗性衰落的扭转，不仅仅在于求助于艺术活动，其根本还在于人类对语言本身的反思和重新运作，人类只有意识到诗性语言的重要性，意识到生命存在的意义和生活世界的美感在一定程度上是奠基于诗性语言之上的，才能有意识地重建诗性语言，在这个逻辑基础之上，重建失落的诗性主体。

----

① 卡西尔. 语言与神话 [M]. 于晓等，译. 北京：生活·读书·新知三联书店，1988：134.
② 卡西尔. 语言与神话 [M]. 于晓等，译. 北京：生活·读书·新知三联书店，1988：135.

二、历时性遗忘

诗性主体在人类文明与文化发展的前期处于一种正常和蓬勃的状态，在神话发达的历史时间，应该是诗性主体最为高涨和愉悦的时期。卡西尔认为诗歌、神话、语言是三位一体的文化符号，它们是人类诗意存在的一个象征。尼采怀抱着复活古希腊神话和重建狄俄尼索斯精神的美妙幻想，热忱颂扬古希腊时代诗性主体的尊贵和伟大。海德格尔心仪"天地人神"四重根的理想化存在方式，忧虑神话的衰落构成其整个哲学之思的主题之一。显然，神话和神话思维的衰落是造成诗性主体被遮蔽和沉沦的重要原因之一。诗性主体被遗忘呈现历时性的轨迹，在一定意义上，伴随着神话的逐渐式微而相应地衰落，它们呈现为正比例关系，在现代社会这种症候尤其明显。谢林（Friedrich Schelling）对神话表现出美学化的推崇："神话乃是任何艺术的必要条件和原初质料。""神话乃是犹为庄重的宇宙，乃是绝对面貌的宇宙，乃是真正的自在宇宙、神圣构想中生活和奇迹迭现的混沌之景象；这种景象本身即是诗歌，而且对自身来说同时又是诗歌的质料和元素。它（神话）即是世界，而且可以说，即是土壤，唯有根植于此，艺术作品始可吐葩争艳、繁茂兴盛。"① 谢林视神话为艺术诞生的根基，也是所有文化的生命源泉，甚至是精神世界的唯一性基础，当然也是诗性主体存在的必然性理由。尼采说："只要想一想这匆匆向前遄程的科学精神的直接后果，我们就立刻宛如亲眼看到，神话如何被它毁灭，由于神话的毁灭，诗如何被逐出理想故土，从此无家可归。只要我们认为音乐理应具备从自身再生出神话的能力，那么，我们就会发现科学精神走在反对音乐这种创造神话的能力的道路上。"② 尼采痛心科学精神对于神话的毁灭，神话的毁灭必然带来诗歌被驱逐的逻辑结果，而诗歌的无家可归又必然注定诗性主体成为漂泊者和流浪汉的悲剧命运。谢林、尼采、海德格尔这三位德意志思想家无不在内心深处呵护神话和呼唤它的回归，因为神话的回归必然会召唤诗性主体的复兴。卡西尔说："神话的世界乃是一个戏剧般的世界——一个

① 谢林. 艺术哲学 [M]. 魏庆征，译. 北京：中国社会出版社，1996：64.
② 尼采. 悲剧的诞生 [M]. 周国平，译. 北京：生活·读书·新知三联书店，1986：73.

关于各种活动、人物、冲突力量的世界。在每一种自然现象中它都看见这些力量的冲突。神话的感知总是充满了这些感情的质。它看见或感到的一切，都被某种特殊的气氛所围绕——欢乐和悲伤的气氛，苦恼的气氛，兴奋的气氛，欢欣鼓舞或意气消沉的气氛，等等。"①卡西尔强调了神话的戏剧性和情感的气氛，这一切的确是诗意的构成之一。但是，比这些功能更重要的是，神话提供了主体对世界、历史、精神存在的诗意理解和审美想象，它为主体确立了直观世界和内省自我的不同于认识论的方法，它为人类精神获得了一种超越现实的美学意志和艺术灵感，为诗性主体的存在奠定了感性基础。

诗性主体的历时性遗忘的另一个重要原因是宗教精神的逐渐衰落。科学精神、实用主义和工具理性等思维方式业已成为主流的社会意识形态，渗透于大众的文化心理结构，必然降低形象思维能力和人类精神对彼岸世界的守望热情。罗素在《宗教与科学》中为科学对于宗教的胜利而欢欣鼓舞："我们已看到，从哥白尼以来的这段时间里，每当科学与神学发生分歧时，科学总是取胜的。我们还看到，在有实际争端的领域，譬如在巫术与医学中，科学总是主张减少痛苦，而神学却助长人的天生的野蛮性。毋容置疑，与神学世界观相对立的科学世界观的普及，迄今是有利于幸福的。"②显然，罗素的科学观在宗教宰制人类心灵的历史语境下具有一定的进步意义。但是，罗素这一乐观的结论还为时甚早和缺乏辩证之思。在欢呼科学精神的胜利同时，他却忽略了宗教精神所具有的超越性意义和审美价值，遗忘了宗教对于艺术活动和诗性主体的建立所包含的巨大潜能，而这些恰恰是科学精神所无法替代的充满历史感性的人文要素。如同神话一样，宗教对于诗性主体的建构具有相似的意义与价值。卡西尔认为：

神话思想与宗教思想之间没有根本的区别。它们二者都来源于人类生活的同一基本现象。在人类文化的发展中，我们不可能确定一个标明神话终止或宗教开端的点。宗教在它的整个历史过程中始终不可分解地与神话的成分相联系并且渗透了神话的内容。另一方面，神话甚至在其最原始最

---

① 卡西尔. 人论［M］. 甘阳，译. 上海：上海译文出版社，1985：98.
② 罗素. 宗教与科学［M］. 徐奕春，林国夫，译. 北京：商务印书馆，1982：131.

粗糙的形式中，也包含了一些在某种意义上已经预示了较高较晚的宗教理想的主旨。神话从一开始就是潜在的宗教。[①]

宗教与神话的交叉渗透使两者比较难以区分的特性，也从侧面说明了它们对于诗性主体的生成具有同等的功能和意义。姑且悬置宗教对于历史和主体的负面价值，必须肯定的是，它是人类诗意生存的一个坐标，一个灵魂拯救的工具，一条审美活动的路径，一面遥望艺术天空的窗棂，更是一个诗性主体得以可能的家园。因此，在科学精神压倒宗教精神的今天，应该呼吁科学精神更多地给予宗教精神以宽容和理解，人们必须在反思宗教的负面功能的前提下，尊重和领悟宗教对于诗性主体的涵养所包含着的功用。如果一个社会的公共空间只有科学精神而彻底消解宗教精神的话，那么，这个世界可能更多缺乏诗意和审美的快乐，缺乏艺术和哲学的热情，主体必将变得越来越平面化和崇尚实用理性，人类精神也将趋向越来越稀薄和抽象，当历史走向一个科学力量越来越伟大崇高和物质高度繁荣的境域，也许是另一种黑色幽默和悲剧形式的降临。

三、二重性沉沦

诗性主体的沉沦是一个不容忽视的历史现实。此种沉沦，主要从时间和空间这两个维度给予阐明。

诗性主体的内涵和标志之一，是其时间意识和时间视域。远古时代的时间观和时间意识，一定程度上悖谬于现代的和科学的时间观与时间意识，它对于诗性主体显然具有积极的生成功能。现代的科学的时间观，或者实证主义的时间意识和物理主义的时间视域，无法保证诗性主体的可能性，甚至构成诗性主体的消极因素。如果说现代主体性的确立包含着一个要素，是科学的时间观和时间意识，那么，在日常的生活世界，平常人基本都依靠于这种时间意识进行运思、言说、交往和行动，显然这些符号化的活动基本上是排斥审美内涵和诗性意义的。亚里士多德在《物理学》第八卷提出了"如果时间是运动的数目，或者本身就是一种运动，那么，如果永远

---

① 卡西尔. 人论［M］. 甘阳，译. 上海：上海译文出版社，1985：112.

有时间，运动也就必定是永恒"① 的观点。显然，亚里士多德的时间意识包含着顺序性、运动和数这些逻辑关联，他从时间和空间的辩证统一性理解时间，也是从科学和实证的立场诠释时间。这一时间观奠定了科学主义的时间理念。但是，到了十四世纪，人类发明了钟表以后，"在制造分秒的时候，钟表把时间从人类的活动中分离开来，并且使人们相信时间是可以以精确而可计量的单位独立存在的"②。人类以这种具体实在的机械形式将自己完全拘役于抽象的科学时间之中了。"正如芒福德③所指出的，自从钟表被发明以来，人类生活中便没有了永恒。"④ 由此可见，钟表以具象的形式隐喻着人类思维和生活的抽象化和符号化。因此，科学主义时间观在某种意义上，和诗性主体存在着一定的距离，不利于审美活动。

现代社会的主体通常禀赋着科学主义的时间观和实证主义的时间意识，在日常意义和经验形态上理解时间和把握时间，失去了多样性、超越性、流动性和永恒性的审美可能。他们将时间和生产效率、经济利益密切联结，和权力运作、名誉的获得保持着必然关系。因此，一方面，对时间的精确计算和逻辑分割成为现代社会一项重要的标志，时间被规定为政治事件和经济计划的逻辑化事实。另一方面，现代社会刻意地设定了时间的意义境域，通过固定和循环的时间刻度，举行国家意志的宏大叙事，诸如庆典、集会、表演等方式，释放政治意识形态，力图达到整个民族精神的高度统一。

在现代历史语境重建诗性主体的重要努力之一，就是重建主体的时间意识。时间意识（Time consciousness）决定存在者的时间视域（Temporal horizon）。而重建时间意识和时间视域，必须汲取和借鉴现象学的时间观和时间意识。胡塞尔"将体验在时间上向前的伸展称之为'前摄'（Protention）或'即将的视域'（Horizont des Vorhin），而将在时间向后伸展称之为'滞留'（Retention）或'而后的视域'（Horizont des Nachher）。这是指，

---

① 亚里士多德. 古希腊罗马哲学 ［M］. 北京大学哲学系，编译. 北京：生活·读书·新知三联书店，1957：279.

② 尼尔·波兹曼. 娱乐至死 ［M］. 章艳，译. 桂林：广西师范大学出版社，2004：13.

③ 路易斯·芒福德（Lewis Mumford，1895-1990），美国社会哲学家、教师、建筑及城市规划评论家，其著作多涉及人与环境的关系。

④ 尼尔·波兹曼. 娱乐至死 ［M］. 章艳，译. 桂林：广西师范大学出版社，2004：14.

每一个感知体验在时间上都有一个向前的期待和向后的保留。当一个体验消失，另一个体验出现时，旧的体验并不是消失得无影无踪，而是作为'滞留'留存在新体验的视域之中。同样，一个更新的体验也不是突然落到新体验中，而是先作为'前摄'出现在新体验的视域之中"①。现象学的时间意识表现为前后移动的时间之流，连接着过去和未来的时间视域，引导主体进入一个超越物理时间之限定的诗意时间和审美时间。相与比较，中国古典哲学家庄子的时间意识同样有助于建立诗性主体的时间观。《内篇·德充符》云："日夜相代乎前，而知不能规乎其始者也。"《内篇·逍遥游》云："朝菌不知晦朔，蟪蛄不知春秋，此小年也。楚之南，有冥灵者，以五百岁为春，五百岁为秋；上古有大椿者，以八千岁为春，八千岁为秋。"庄子的时间意识和内在心理的直觉性、体验性与想象性相衔接，显然有别于科学主义和物理主义的时间观和时间意识，是在一个诗意的时间视域看待时间和领悟时间。显然，科学主义的时间意识和时间视域不利于诗性主体的生成和建构，而诗性主体的沉沦在某种意义上是和科学主义的时间意识存在着关联。因此，诗性主体在审美和艺术的活动中必须抗衡和抵御科学的时间观和日常的时间经验。

和实证主义及科学主义的时间观相关联，是现代人的空间意识和空间体验。由于人类生存空间越来越小和人口密度越来越大，现代和后现代社会主体的空间意识越来越科学化和精细化。一方面，人们对于空间的恐惧在加剧，有如沃林格指出的"抽象冲动"，"具有宗教色彩地表现出对一切表象世界的明显的超验倾向，我们把这种情形称为对空间的一种极大的心理恐惧"②。另一方面，人们充分利用科技手段，开拓广大的生存空间，甚至幻想征服太空，来克服对空间的恐惧感。城市化建设的不停扩张，高速公路里程的迅速增长，机场和航线航班的密度不断加大，汽车总量和人均拥有量的持续增加，街道楼房商店的蛛网般密布，网络世界的神通神速……人们为空间的拓展而欢欣鼓舞。再一方面，生存空间越来越精致和复杂、丰富和多变。不同的空间成为区分社会身份、权力和经济地位的一个标志物，

---

① 倪梁康. 胡塞尔现象学概念通释 [M]. 北京：生活·读书·新知三联书店，1999：519.

② 沃林格. 抽象与移情 [M]. 王才勇，译. 沈阳：辽宁人民出版社，1987：16.

而社会性的公共空间，如机场、车站、市场、剧场、街道、影院等，成为大众人像展览的舞台和狂欢的场所。因此，主体的空间意识越来越倾向于实用主义和生存需要，与此相关的空间体验密切地联系着经济效益和权力等级观念。人们在吝惜时间的同时，也在吝惜空间，生活在大都市的芸芸众生都在为每一平方米的生存空间而快乐或苦恼，为房价的跌涨而牵动脆弱的神经。如此的生存空间决定的空间意识，必然导致主体变得虚伪和怯弱、委琐和庸俗。正如巴什拉（Bachelard, Gaston）发现"精神分析学家荣格就是这样利用地窖和阁楼的双重形象来分析家宅中的恐惧感的"①，现代大都市密集的高楼、拥挤的街道、密集的商店、洪水一般的汽车，使人们的神经高度紧张，体验着空间的压抑和恐怖。人成为城市空间的异己对象，换言之，主体已经被空间异化了，主体的各种感官功能和感觉能力越来越萎缩，现代和后现代社会的空间意识已经使主体很少品味到美感和诗意了。

因此，重建诗性主体的内涵之一，必然性地规定着重建主体的时间意识和空间意识。

① 巴什拉. 空间的诗学 ［M］. 张逸婧，译. 上海：上海译文出版社，2009：18.

第二章　历史与逻辑

西方传统形而上学尽管缺乏对诗性主体这一命题进行根基性和系统性的探究，然而，古希腊时代的哲学运思从本原上闪烁着诗性的色彩，柏拉图的诗与哲学之争的话题，为诗性主体的确立带来一种思索和存在的可能。每一个历史时期，那些可敬的思想家都从不同的路径和不同的视角，产生与诗性主体相关联的感悟、描述和诠释。处于世纪转折点的尼采，重新开启了西方有关诗性主体之思的窗棂，创造了不同于传统形而上学的美学场景，启发后世对这一命题的延续之思。中国古典哲学历程显然没有诗性主体这一现代意义的概念与范畴，然而，华夏哲思从发轫即密切眷注于主体的诗性精神，孔子对于诗歌与音乐的挚爱为诗性主体的历史之思的线索留下了最初的足迹，庄子对自然与自由的崇尚以及对审美与艺术世界的沉醉，皆表现出了对诗性主体的高扬。而后的哲人沿袭儒道的思想路径，并且汲取释家的观念，从不同的视角描述、论证诗性主体和生活世界之间的意义与价值，为我们探究诗性主体这一现代语境的美学范畴提供了极为重要的思想参照。

第一节 形而上学的知识论路径

一、上古时期的理性主体和认识主体

古希腊哲学家说人是万物的尺度。人是理性的动物，认识自我是哲学探究的最高目标和阿基米德点，理性是人类认知世界、实践活动、反观自我、组织社会等决定性因素，理性问题即哲学运思的核心命题。尽管西方现代哲学不乏非理性的思潮，但是，理性依然是哲学之思和生活世界的主流。胡塞尔坚信，人类的理性一定能够战胜非理性，人类一定能够重建理想的理性主义大厦。

古希腊哲学对于诗性主体的运思，显然没有呈现出纯然性和独立性，而是在阐明有关理性主体和认识主体等论题的过程中，涉及诗性主体的内涵、功能、特征等方面的问题。当然，古希腊哲学家也存在着一些零星的论述，直接地关涉诗性主体的论题。德谟克利特（Demokritos，前460－前370）的著作残篇云："一位诗人以热情并在神圣的灵感之下所作的一切诗句，当然是美的。……追求美而不亵渎美，这种爱是正当的。……永远发明某种美的东西，是一个神圣心灵的标志。……大的快乐来自对美的作品的瞻仰。"[1] 他还认为："没有一种心灵的火焰，没有一种疯狂式的灵感，就不能成为大诗人。"[2] 从这些零星论述中，可以辨析出诗性主体应该具备的基本要素：第一，富有热情和灵感。第二，对美具有永恒的追求、热爱和信仰。第三，不断地创造美和坚守心灵的德性。

柏拉图对于主体的阐述偏重于理性和认识的功能方面，在诗与哲学之争上，表现出对哲学的挚爱和对诗与诗人的偏见。他在《理想国》中告诫道："我们一定不能太认真地把诗歌当成一种有真理作依据的正经事物看待。我们还要警告诗的听众，当心它对心灵制度的不良影响，要他们听从

---

① 西方文论选 [M]. 伍蠡甫，主编. 上海：上海译文出版社，1979：4-5.
② 朱光潜. 西方美学史 [M]. 北京：人民文学出版社，1979：36.

我们提出的对诗的看法才好。"① 然而，柏拉图的心目中，诗人还是其赞赏和仰慕的对象，他对荷马给予高度的礼赞："荷马真是一位最伟大，最神圣的诗人，你不但要熟读他的辞句，而且要彻底了解他的思想，这真值得羡慕！"② 对于诗性主体，他自有深刻的理解。他主张："我们是否只监督诗人，强迫他们在诗里只描写善的东西和美的东西的影象，否则就不准他们在我们的城邦里做诗呢？……我们不是应该寻找一些有本领的艺术家，把自然的优美方面描绘出来，使我们的青年们象住在风和日暖的地带一样，四周一切都对健康有益，天天耳濡目染于优美的作品，象从一种清幽境界呼吸一阵清风，来呼吸它们的好影响，使他们不知不觉地从小培养起对美的爱好，并且培养起融美于心灵的习惯吗？"③ 他又认为："最美的境界是不是心灵的优美与身体的优美和谐一致，融成一个整体？""真正的爱就要把疯狂的或是近于淫荡的东西赶得远远的，是不是？"④ 柏拉图的《会饮》篇还以诗意的笔墨表达对于美之沉醉："凭临美的汪洋大海，凝神观照，心中起无限欣喜，于是孕育无量数的优美崇高的道理，得到丰富的哲学收获。如此精力弥满之后，他终于一旦豁然贯通唯一的涵盖一切的学问，以美为对象的学问。"⑤ 从柏拉图的这些论述可以推断，他心目中理想的主体的基本要求是：第一，理想的人必须达到美与善统一。第二，热爱大自然的美以及保持心灵与身体的健美。第三，驱逐身体的欲望和节制疯狂的情绪。第四，对于美的理性主义的沉醉，以认识方式将美转换为一种知识和学问。显然，柏拉图赞赏的理想人格，或者说这种理想的主体必须建立在理性主体和认识主体的基石之上，没有前者作为逻辑起点，则没有后者的相应结果。柏拉图所心仪的理想主体必须臣服于哲学，依赖于理性、道德和知识才得以可能。这对诗性主体有一定的启发意义，即诗性主体不能脱离哲学，不能脱离理性、道德和知识获得重建和保持。

亚里士多德为诗的辩护提升了诗的地位，他认为诗同样可以表现真理和揭示真理。"诗人的职责不在于描述已发生的事，而在于描述可能发生的

---

① 柏拉图. 理想国［M］. 郭斌和，张竹明，译. 北京：商务印书馆，1986：408.
② 柏拉图. 文艺对话集［M］. 朱光潜，译. 北京：人民文学出版社，1963：2.
③ 柏拉图. 文艺对话集［M］. 朱光潜，译. 北京：人民文学出版社，1963：62.
④ 柏拉图. 文艺对话集［M］. 朱光潜，译. 北京：人民文学出版社，1963：64-65.
⑤ 柏拉图. 文艺对话集［M］. 朱光潜，译. 北京：人民文学出版社，1963：272.

事，即按照可然律或必然律可能发生的事。……写诗这种活动比写历史更富于哲学意味，更被严肃的对待。"① "诗的起源仿佛有两个原因②，都是出于人的天性。人从孩提时代就有模仿的本能（人禽兽的分别之一，就在于人最善模仿，他们最初的知识就是从模仿得来的），人对于模仿的作品总是感到快感。" "悲剧是对于一个严肃、完整、有一定长度的行动的模仿……借引起怜悯与恐惧来使这种情感得到陶冶。"③ 从亚里士多德的著述里，可以推论出诗性主体的特征主要有三个方面：第一，诗性主体的担当者不仅仅是诗人或艺术家，按逻辑来讲，还应该包括常人，因为人都有模仿的天性。第二，诗性主体具有对可能性世界的向往和表现。诗性主体不仅面对现实世界，而且可以依照可然律和必然律，领悟和表现可能世界，而可能性世界同样符合真理。第三，诗性主体应该禀赋悲剧精神和净化情绪的能力。

二、中古时期的神性主体

中世纪对于主体之思弥散着基督教气息，人的主体让位于宗教主体、神性主体、道德主体和信仰主体。上帝主体取代了人的主体。对于综合性结构的诗性主体的运思必须密切关联着上述的主体形式。这一时期以教父哲学的代表人物奥古斯丁（Aurelius Augustinus，354-430）和经院哲学的代表人物托马斯·阿奎那（Thomas Aquinas，约 1225-1274）为核心，关涉诗性主体的部分内容。

奥古斯丁认为神的主体是绝对的主体形式，上帝是永恒不变的存在，也是全知全能和绝对自由的，他来自虚无，不需要任何物质作为载体。上帝只有一个，但是具有三种不同的"位格"：圣父、圣子、圣灵。奥古斯丁规定所有的主体形式都不过是上帝意志的体现，所有的主体形式服从上帝的意志。因此，在他的宗教神学意义上，所有的主体形式也就是单一性的信仰主体的形式。他在《教义手册》中写道："宇宙间除了上帝以外，没有任何存在者不是由上帝那里得到存在；上帝是三位一体的——即'父'，由

① 亚里士多德. 诗学 ［M］. 罗念生，译. 北京：人民文学出版社，1962：28-29.
② 注：一个是"模仿的本能"，另一个是"音调感"和"节奏感"。
③ 亚里士多德. 诗学 ［M］. 罗念生，译. 北京：人民文学出版社，1962：19.

父而生的'子'，和从父出来的'圣灵'，这圣灵就是父与子之灵。"① 他在《论自由意志》中认为，生命的幸福在于拥有真理，显然，真理是由上帝赐予的而不是由自我的领悟或发现，或者说是"上帝的光使我认识真理"。他在《忏悔录》中以文学性的修辞写道：

> 这光，不是肉眼可见的、普遍的光，也不是同一类型而比较强烈的、发射更清晰的光芒普照四方的光。不，这光并不是如此的，完全是另一种光。这光在我思想上，也不是似油浮于水，天复于地；这光在我之上，因为它创造了我，我在其下，因为我是它创造的。谁认识真理，即认识这光；谁认识这光，也就认识永恒；惟有爱能认识它。
>
> 永恒的真理，真正的爱，可爱的永恒！你是我的天主，我日夜向你呻吟。②

奥古斯丁将宗教信仰设定为主体最根本的结构，无论是生命存在的缘由，还是人生的幸福，或者是对于真理的拥有，都来源于上帝，来源于对上帝的信仰。超越于现实的非物质的光，也是信仰的力量所神秘生成的结果，它象征永恒的真理和永恒的爱，是它创造了人的自我。按照如此的逻辑推演，神性等同于人性，其结果必然是神性主体取代和涵盖人的主体。客观地分析，这种单一性的信仰主体排斥了诗性主体的应有权力。我们从奥古斯丁的宗教逻辑里可以感悟到神性主体的光辉，那就是，理想主体被神性主体所规定，包含对神和真理的绝对信仰，守望着时间的恒定性和对于现实的超越性，秉持着一种发自灵魂深处的神圣情感。显然，这种神圣和纯粹的宗教情感是诗性主体所应该借鉴和汲取的精神要素之一。

经院哲学家托马斯·阿奎那创立系统的天主教神学体系。他尽管肯定理性的意义与价值，但是，认为神学高于哲学，哲学是神学的奴仆。哲学可能存在错误，神学的主题更为高贵，因为神学受惠上帝之光的照耀，它不会存在错误。因此，宗教的神性主体高于理性主体。如果说哲学是神学

---

① 西方哲学原著选读（上卷）[M]．北京大学哲学系外国哲学史教研室，编译．北京：商务印书馆，1981：219.
② 西方哲学原著选读（上卷）[M]．北京大学哲学系外国哲学史教研室，编译．北京：商务印书馆，1981：224.

的婢女，那么，理性主体就是神性主体的仆人。托马斯·阿奎那从五个方面论证上帝的存在：第一，从事物的运动或变化方面。第二，从动力因的性质方面。第三，从可能性和必然性方面。第四，从事物中发现的真实性的等级方面。第五，从世界的秩序或目的因方面。这五大论证，力图证明上帝存在的合理性和合法性。托马斯·阿奎那在伦理和社会政治的观念上，主张主体的目的在于追求善和认识上帝，他还强调说明"人的幸福决不在于肉体的快乐"，"幸福也决不在于意志的活动"。[①] 根据托马斯·阿奎那以上的论述，可以给他心目中理想主体的规定性归纳为以下几条：首先，理想的主体服从于神性主体，必须保持着绝对的对上帝的信仰，或者说，神性主体就是最完美和最理想的主体。其次，理想的主体应该符合善的意志。最后，理想的主体应该体现目的性和排斥肉体的快乐，向往超越性的理想目标。尽管托马斯·阿奎那并没有针对诗性主体展开实质性论述，尽管他的神性主体存在着对诗性主体的宰制和压抑，但是，可以反观诗性主体应该具备的某些规定性。他的经院哲学在某种意义上启发我们对诗性主体这一命题的运思。

三、启蒙时期的游戏主体和神话主体

启蒙时期的哲学思潮颠覆了中世纪神学建立的神性主体和信仰主体，重新接纳人性，将主体性恢复为哲学的核心命题。这一时期涉及与诗性主体相关论题的思想大师，诸如康德、谢林、诺瓦尼斯、施莱格尔兄弟、歌德、黑格尔等，这里主要选取席勒和谢林这两位贤哲的相关论述予以简要描述。

席勒（Johann Christoph Friedrich Schiller，1759-1805）徘徊于哲学与文学之间的美学家。在《审美教育书简》中，他批判了现代社会"精巧的钟表机构，在钟表机构里，由无限众多但都无生命的部分拼凑成一个机械的整体。现在，国家与教会，法律与习俗都分裂开来了；享受与劳动，手段与目的，努力与报酬都分离了。人永远被束缚在整体的一个孤零零的小碎片上，人自己也就把自己培养成了碎片；由于耳朵里听到的永远只是他发

---

① 西方哲学原著选读（上卷）[M]. 北京大学哲学系外国哲学史教研室，编译. 北京：商务印书馆，1981：276.

动起来的齿轮的单调乏味的嘈杂声，他就永远不能发展他本质的和谐；他不是把人性印压在他的自然本性上，而是仅仅把人性变成了他的职业和他的知识的一种印迹"①。席勒理想化的古希腊社会，社会与个体处于一种自然和谐的状态，希腊人能"把想象的青春性和理性的成年性结合在一种完美的人性里"。席勒忧虑于现代人性中诗性的沉沦和被遮蔽，于是他通过哲学之思寻找解决的方法。他分析人的主体内部存在着两种自然要求和冲动：一是"感性冲动"，另一是"形式冲动"，也称之为"理性冲动"。"人一方面要求使理性形式获得感性内容，使潜能变为实在，也就是使人成为一种'物质存在'，这就是'感性冲动'；另一方面人也要求感性内容或物质世界获得理性形式，使千变万化的客观世界现象见出和谐的法则，这就是'形式冲动'。"② 席勒认为，感性和理性都要借助于文化教养而得到充分发展，人才能兼有最丰富的存在和最高度的独立自由，这一内在的需要，必然唤起生命内部的"游戏冲动"，使人敞开游戏主体的本性，从而建立一种自由的和审美的主体。歌德说："贯穿席勒全部作品的是自由这个理想。"③ 在席勒看来，游戏主体必然是自由的和审美的理想主体。所以，他认为游戏冲动的对象就是美，而美就是活的形象。在《审美教育书简》第十五封信中说："只有当人是完整意义上的人时，他才游戏；而只有当人在游戏时，他才是完整的人。"④ 显然，游戏成为主体的非常重要的结构之一，或者说，只有建立游戏主体，主体才可能诞生自由和审美的诗性内容。与游戏主体相关，在《论素朴的诗和感伤的诗》中，席勒还强调了人类重回自然的美学意义：

　　我们曾经是自然，就像它们一样，而且我们的文化应该使我们在理性和自由的道路上复归于自然。因此，它们同时是我们失去的童年的表现，这种童年永远是我们最珍贵的东西；因而它们使我们内心充满着某种忧伤。同时，它们是我们理想之最圆满的表现，因而它们使我们得到高尚的

---

① 席勒. 审美教育书简 [M]. 张玉能, 译. 南京：译林出版社, 2009：14-15.

② 朱光潜. 西方美学史（下卷）[M]. 北京：人民文学出版社, 1979：447.

③ 爱克曼辑录. 歌德谈话录 [M]. 朱光潜, 译. 北京：人民文学出版社, 1978：108.

④ 席勒. 审美教育书简 [M]. 张玉能, 译. 南京：译林出版社, 2009：48.

感动。①

　　人本来是自然的一部分，主体只有重回自然，才能寻找到曾经的童年和获得理想之圆满，才能获得"高尚的感动"，从而敞开诗性和确证自由的本质。显然，重回自然是席勒建立理想主体的又一个必然性要求。最后，席勒认为秀美和尊严是理想主体的两个不可分离的相互关联的具体要素。"神话说，秀美是它的主体身上某种偶然性的东西，因而只有偶然性运动才具有这种属性。在美的理想中，一切必然性的运动都应该是美的，因为作为必然性的东西，它们是属于美的理想本性的。"② "像秀美是美的心灵的表现那样，尊严是崇高的思想的表现"，"通过道德力量统治本能，是精神的自由，而精神自由在现象中的表现就叫尊严"。③ 席勒将秀美和尊严设定为人的主体的重要存在。如果说秀美体现偶然性和必然性相统一的运动，属于美的心灵的外在表现；那么，尊严则是精神自由和道德意志的内在品质。它们共同保证着理想主体的形式和内容的和谐统一。席勒以游戏主体为核心，以回归自然和强调秀美和尊严的统一作为逻辑支撑，为后人对诗性主体的思考留下了不可磨灭的具有高度价值的思想踪迹。

　　谢林有关神话的论述和诗性主体存在密切的逻辑关系，或者说，神话主体保证着诗性主体的得以可能，换言之，诗性主体必然寄寓着神话意识和神话精神。谢林将神话提升为一种类似"逻各斯"的存在，赋予一种本体论和存在论的意义。"神话乃是犹为庄重的宇宙，乃是绝对面貌的宇宙，乃是真正的自在宇宙、神圣构想中生活和奇迹迭现的混沌之景象；这种景象本身即是诗歌，而且对自身来说同时又是诗歌的质料和元素。它（神话）即是世界，而且可以说，即是土壤，唯有根植于此，艺术作品始可吐葩争艳、繁茂兴盛。"④ 神话是生活世界的基础，也是审美和艺术的基础。当然，神话也是主体存在得以可能的保证。由此可见，谢林的神话主体给予诗性主体这一综合性结构以根基性的思考和借鉴，可以归纳为以下几点：首先，诗性主体必需具有神话意识、神话思维和神话精神。或者说，只有保存着

　　① 席勒. 审美教育书简 [M]. 张玉能，译. 南京：译林出版社，2009：149.
　　② 席勒. 审美教育书简 [M]. 张玉能，译. 南京：译林出版社，2009：239.
　　③ 席勒. 审美教育书简 [M]. 张玉能，译. 南京：译林出版社，2009：272.
　　④ 谢林. 艺术哲学（上册）[M]. 魏庆征，译. 北京：中国社会出版社，1996：64.

神话意识和神话精神的主体形式才是审美性、艺术性和理想性相统一的主体结构。其次，诗性主体必需具备"思想的崇高"，而悲剧英雄就代表和象征着这种"崇高"。谢林认为悲剧英雄沉静地承受了命运的全部艰难和凶险，正因为如此才在悲剧英雄的人格中体现了那种本体，那种无条件的和绝对的东西本身。"悲剧英雄的精神是永恒的，不因时间而泯灭。从感性方面压倒并毁灭了悲剧人物的不幸事件正是造成道德崇高的必要因素。在不幸和危难中，道德和勇气受到了考验，但却会成为超越一切痛苦之上的无限事物的象征，这就产生了悲剧的崇高。"① 再次，诗性主体必然具有直观和把握美的能力。谢林将美诠释为"现实地直观到的无限和绝对"。所以，美是有限与无限、自由与必然、感性与理性的统一。因此，对于美的直观、领悟和把握必须具备一定的精神素养和心理能力，也许只有那些具有一定哲学智慧的人才能够触及美之本身。最后，谢林认为从事艺术创造的理想主体必然是天才性的人物。"完美无瑕的作品只有天才才能创造出来，正因为如此，美学中的天才就等于哲学中的自我。"② 显然，在谢林看来，理想主体必然禀赋天才的要素。如此，诗性主体之所以被规定为少数人的垄断的精神存在，谢林的贵族化和精英化美学意识反映了其中的一个缘由。

四、近代时期的意志主体和强力主体

叔本华（Arthur Schopenhauer，1788-1860）的思想渊源来自柏拉图、康德和印度的佛教哲学，特别是印度的优婆尼沙昙的《奥义书》中悲观厌世思想对他影响较大。"他从柏拉图那里继承的是客观唯心主义的理念论，从康德那里拿来的是关于现象世界和自在之物世界的分立以及意志高于理性的思想，从佛教哲学中所得到的是悲观厌世的思想。"③ 叔本华"公然对抗传统和语言逻辑……按照他的意见，本体不是理性，而是无理性是一种

---

① 西方美学通史：第4卷［M］. 蒋孔阳，朱立元，主编. 上海：上海文艺出版社，1999：296.

② 谢林. 先验唯心论体系［M］. 梁志学，石泉，译. 北京：商务印书馆，1976：268.

③ 刘放桐. 现代西方哲学（下册）［M］. 北京：人民出版社，1990：75.

非理性的力量，是一种盲目的奋争"①。他的哲学命题是：世界只是作为存在着的表象，是意志的逻辑结果，它服从于充分根据律。他在《作为意志和表象的世界》中写道："世界只是作为表象而存在着的；也就是说这世界的存在完全只是就它对一个其他事物的，一个进行'表象者'的关系来说的。"② 显然，叔本华设置了一个意志主体，由这个意志主体派生了世界，或者说，世界只不过是作为这个"意志主体"的表象反映而已。因此，理想状态的主体只能由"意志"（Will）负责担当。这个意志的内涵："一种盲目的、永无止境、永不停息的欲求和冲动。它既是大自然，又是人的内在本质。"③ 叔本华在意志这一核心概念的基础上，建立了他的"意志主体"。叔本华又把人的美解释为"意志的最完美的客体化"④。不仅美是意志的产物，而且主体通过美使意志得以提升。那么，只有审美和艺术才是意志实现最完美"客体化"的途径。叔本华将主体的诗性和审美的特权赋予了"意志"。叔本华这一审美的意志主体，给诗性主体的思考提供了重要的启示：一方面，意志主体构成了诗性主体的生成理由和逻辑保证；另一方面，只有审美和艺术活动才能保证诗性主体的成立。叔本华说："悲剧，也正是在意志客体化的最高级别上使我们在可怕的规模和明确性上看到意志和它自己的分裂。"⑤ 悲剧作为艺术最高形式和最高境界，也是审美和诗性的最高等级，能够暂时克服由于生活意志对现实世界的欲望而产生的痛苦。叔本华认为意志主体还可以借助"宁静"的审美观瞻，摆脱欲望的控制，演化到一种"客体化"状态，由此直觉到美的表象，获得理想主体的片刻实现。叔本华悲观主义的哲学美学观，渗透着对主体的思考，我们可以归纳为以下几点：第一，主体只能隶属于意志主体，由于意志本身存在着本能欲望，因此，必然包含着痛苦和绝望的情绪。所以，在这个意义上，主

---

① 吉尔库特，库恩. 美学史（下卷）[M]. 夏乾丰，译. 上海：上海译文出版社，1989：611.

② 叔本华. 作为意志和表象的世界 [M]. 石冲白，译. 北京：商务印书馆，1982：25.

③ 西方美学通史：第5卷 [M]. 蒋孔阳，朱立元，主编. 上海：上海文艺出版社，1999：209.

④ 叔本华. 作为意志和表象的世界 [M]. 石冲白，译. 北京：商务印书馆，1982：310.

⑤ 叔本华. 作为意志和表象的世界 [M]. 石冲白，译. 北京：商务印书馆，1982：354.

体也必然孕育着悲剧的种子。第二，主体只能凭借审美静观和艺术的活动暂时摆脱生活意志的焦虑，而绝对的超越只能依赖于类似佛教的涅槃和生命的寂灭。第三，主体的非理性力量占据主导地位，主体不是建立在理性和智慧的基石上，而主要依赖于本能的意志决定，于是置身在一个危险和非自由的境域。受制于盲目意志的主体，显然无法获得自我独立性和自由创造的权力，因为，它的意义和价值也是有限的和残缺的。显然，叔本华心目中的主体客观上是一种带有先天缺陷的悲剧化主体。反思叔本华的主体理论，对于诗性主体的思考，至少可以归纳出这样几点启示：第一，诗性主体首先是意志主体，由于本能欲望的驱使必然伴随深刻的悲剧意识；第二，审美静观和艺术创造是实现诗性主体的重要途径；第三，诗性主体应该建立在一定的理性和智慧的基础之上，只有如此，才不至于滑入无秩序无自由的欲望泥淖里。

尼采（Friedrich Wilhelm Nietzsche，1844－1900）西方现代美学的开创者，其美学思想象征着古典美学向现代美学的转变。尼采周身洋溢着诗意的气质，他的文本弥散着散文诗一般的美感和哲学的思辨魅力。他不无自负地宣称："格言和警句是'永恒'的形式，我在这方面是德国的第一个大师。我的虚荣心是，用十句话说出别人用一本书说出的东西，——说出别人用一本书没有说出的东西。"① 尼采早期的体系性写作和后来的碎片式写作，以哲学与诗的水乳交融，建造了一座丰富多姿和富丽堂皇的美学大厦。尼采借鉴和转换了叔本华的"意志"概念，剔除了它的悲观和绝望的内涵，而充分强调了生命意志和强力意志在生命世界的意义与价值，肯定了它们对于审美活动和艺术创作的巨大功能。诚如海德格尔所言："尼采基于价值思想对一切形而上学的解释植根于对作为强力意志的存在者整体的基本规定。强力意志这个名称乃是尼采形而上学的基本词语。"② 如果说，叔本华凸现了意志主体的优先地位；那么，尼采则着力论述强力主体在生命存在中的基础性结构。叔本华将生命意志导向了悲观、虚无和寂灭的境地，尼采则将强力意志描绘成一幅充满浪漫气质和理想主义色彩的澎湃着生命激

① 尼采. 悲剧的诞生［M］. 周国平，译. 北京：生活·读书·新知三联书店，1986：329.

② 海德格尔. 尼采（下卷）［M］. 孙周兴，译. 北京：商务印书馆，2002：746.

情的画卷。

尼采对古希腊存在着强烈的迷恋，将之看作乌托邦一般的精神家园。他对希腊文化和精神存在着深刻的崇拜情结，力图复活古希腊的悲剧精神和神话意识，以此拯救日益衰落的诗性精神和艺术灵感。他的《悲剧的诞生》所建构的酒神狄奥尼索斯（Dionysus）精神，既是生命意志的象征，也是寄寓强力意志的主体形式。简言之，也就是尼采心仪的理想主体，一种能够洋溢着古希腊悲剧精神和神话精神的象征品，它们同样闪烁着古希腊的诗性精神和审美精神，激起尼采无限向往的浪漫情愫。尼采认为，正是这种狄奥尼索斯精神，催生了古希腊悲剧。他强调艺术的审美拯救的功能。"艺术作为救苦救难的仙子降临了。唯她能够把生存荒谬可怕的厌世思想转变为使人借以活下去的表象，这些表象就是崇高和滑稽，前者用艺术来制服可怕，后者用艺术来解脱对于荒谬的厌恶。酒神颂的萨提儿（Satyr）① 歌队是希腊艺术的救世之举；在这些酒神护送者的缓冲世界中，上述突发的激情宣泄殆尽。"② 艺术的创造和欣赏活动，对于悲观绝望的心理是一种有力的拯救，也是诗性主体得以确证的重要方式。尼采进一步论述了酒神精神和日神（Apollo）精神的差异：

我眼光始终注视着希腊的两位艺术之神日神和酒神，认识到他们是两个至深本质和至高目的皆不相同的艺术境界的生动形象的代表。在我看来，日神是美化个体化原理的守护神，唯有通过它才能真正在外观中获得解脱；相反，在酒神神秘的欢呼下，个体化的魅力烟消云散，通向存在之母、万物核心的道路敞开了。这种巨大的对立，像一条鸿沟分隔作为日神艺术的造型艺术与作为酒神艺术的音乐。③

酒神精神孕育了悲剧艺术，呈现为沉醉境界，显露为惊骇和狂喜的情绪，以"忘我"的方式表达。日神精神催生了建筑艺术，它美化个体性原

---

① 注：萨提儿（Satyr），希腊神话中森林之神，形象为半人半山羊所组合，性格纵欲好酒，象征原始的本性冲动。

② 尼采. 悲剧的诞生［M］. 周国平，译. 北京：生活·读书·新知三联书店，1986：28.

③ 尼采. 悲剧的诞生［M］. 周国平，译. 北京：生活·读书·新知三联书店，1986：62.

理，日神精神呈现为梦幻境界，沉浸于幻想和表现为美的外观形式。尽管两种精神在外在形式存在着差异，但是，它们都是人类诗性精神的显露，当然都属于诗性主体的范畴。

尼采还对理性主义和相关的科学与知识进行强烈的批判和讨伐，尽管存在着一定的偏颇和固执，但是这种批判和讨伐所具有的合法性和合理性是不容怀疑和否定的，现在看来，依然包含着历史价值和现实意义。在对科学和知识予以批判和讨伐的同时，尼采呼吁重建古希腊的神话精神，以此建立理想的主体，复活人类的审美和艺术的创造力。他充满深情地呐喊："谁也别想摧毁我们对正在来临的希腊精神复活的信念，因为凭借这信念，我们才有希望用音乐的圣火更新和净化德国精神。否则我们该指望什么东西，在今日文化的凋敝荒芜之中，能够唤起对未来的任何令人欣慰的期待呢？"① 古希腊的精神寄寓着尼采的悲剧精神、神话精神和审美精神，也是诗性主体最灿烂的象征、最精彩的寓言和隐喻的形式。尽管尼采的文本在能指符号上没有诗性主体的踪迹，但是，他对于"超人""同一性的永恒轮回""日神与酒神"等的论述和阐释，似乎赋予诗性主体的存在和意义，给予我们丰富的美学启思。

五、现代时期的存在主体和虚无主体

海德格尔（Martin Heidegger，1889-1976）以对存在的追问和运思建立哲学体系。他的哲学关注的是存在主体，他的美学可以称之为存在主义美学。海德格尔的哲学之思眷注于诗意和审美的主题，渴慕建立"天地人神"四重根和谐统一的生命存在。显然，"天地人神"四重根和谐统一的存在形式是海德格尔理想化主体的结构之一。物的世界只是存在的显明，在显明的背后，藏匿着不在场的存在，它们具有无限的可能性。因此，"可能性高于现实性"就构成哲学与美学必须追问的问题。所以，在审美世界和艺术活动中，应该关切实在物象所隐匿的可能性存在，追问物象之外的"神性"，人只有在与天地神灵的联系中才能保持着诗性和存在意义。显然，海德格尔有关"天地人神"四重根和谐统一的主题，对探究诗性主体这一论

---

① 尼采. 悲剧的诞生 [M]. 周国平，译. 北京：生活·读书·新知三联书店，1986：88.

题有一定的启发意义。另外，海德格尔提出"语言是存在之家"的命题，揭示出存在主体与语言的密切关联：一方面，语言构成存在者的意义，另一方面，语言本性就是"诗"。他认为："语言本身在根本意义上是诗……诗歌在语言中产生，因为语言保存了诗意的原初本性。"① "语言是存在之家"的命题，既提升了语言至本体论的位置，也赋予语言以诗性的内涵。语言是诗性之源，它保留了诗意的原初本性，存在主体依赖语言得以可能，凭借语言才能运思，才能进行审美活动和艺术创造。因此，海德格尔认为主体也只有凭借语言才使阐释活动和对话活动获得实现，使存在主体得以敞开，获得审美活动和艺术理解的现实性保证。从这个意义上说，诗性主体奠基于存在主体，存在主体奠基于语言主体，那么，则可以做出如此逻辑推导：诗性主体奠基于语言主体。由此可见，海德格尔揭示出了诗性主体的又一重精神结构，语言保障了诗性主体的存在理由和价值。在上述的理论规定性里，我们又可以理解海德格尔美学意义上的理想主体还包含着阐释学内涵。诗性主体的建构方式之一，依赖于对世界和文本的阐释，而这种阐释活动也必须凭借着语言。海德格尔说："在艺术作品中，存在者的真理已被设置于其中了……艺术的本质就应该是：'存在者的真理自行设置入作品。'"②对于艺术作品中设置的真理的揭示就是阐释活动所要担当的责任。因此，阐释者借助语言对艺术文本的解释就是洞明诗意的审美活动，也是一种美感、意义和真理的重建活动，由此诞生主体生命的诗性意义和价值。海德格尔对于梵高绘画《农鞋》的诠释，是一则阐释学经典例证的审美阐释，也是揭示和建立诗性主体的范例。最后，海德格尔对于理想主体的期待，还和哲学家对技术的批判和对世界的忧思密切联系。在某种意义上，技术世界对理想主体构成侵蚀甚至毁灭的威胁，他指出，现代科学与极权国家都是技术的本质的必然结果，同时也是技术的随从，他们归根到底是要把生命的本质本身交付给技术制造处理。显然，在海德格尔的心目中，理想主体必然是斥拒着技术工具和实用理性的。"庞然大物在某种形式中突现出来，而这种形式表面上看来恰恰是使庞然大物消失——如飞机对大距离的消灭，无线电对那些陌生的和冷僻的日常世界所作的任意的、

---

① 海德格尔. 思·语言·诗 [M]. 彭富春，译. 北京：文化艺术出版社，1991：69.
② 海德格尔. 林中路 [M]. 孙周兴，译. 上海：上海译文出版社，1997：19-20.

用某种技巧就能制造的表象（Vor-stellen）。"① 庞然大物构成一种"不可见的阴影"，"当人成了主体而世界成了图像之际，这种阴影总是笼罩着万物"。② 显然，反思技术的阴影是我们重建诗性主体的必然途径之一，唯有拉开与技术的距离，或者说，人只能成为技术的主宰而不沉沦为技术的奴隶，主体才能保证诗性的生成。海德格尔对于世界充满忧思，他在《诗人何为》中叹息："诗人何为？诗人的歌唱正在走向何方？在世界黑夜的命运中，诗人何所归依？"③ "黑夜的命运"是哲学家诗意的隐喻，它象征人类的悲剧化命运的漫长路程，唯有充满忧思的灵魂才禀赋诗性主体的资格，也唯有悲剧化的审美情怀才保证人类的历史与未来充满诗性，它也含蕴着对幸福和理想的梦幻。总而言之，海德格尔关于理想主体的规定构成诗性主体的重要内涵与意义，具有重要的借鉴作用。

萨特（Jean Paul Sartre，1905-1980）是一位存在主义哲学家。萨特接受现象学的基本观念，思想来源于胡塞尔和海德格尔。他认同现象学的"纯粹意识"的概念和意向性原则，认为现象总是存在的现象，存在是一切现象的基础。他区别了"反思的意识"和"反思前的意识"这两种意识形式。反思前的意识是原始的，只关注反思对象，而反思的意识则对准反思活动中的意识。人的存在是"纯粹意识"的存在，然而，就其本性而言，意识是一个虚无，虚无就是存在的对立的方式，是存在的虚无化。因此，萨特的主体，既是一种存在主体，也是虚无主体。萨特的"虚无"，被设定为"后于存在的存在"，后于本质的本质，它是与"存在"形成辩证联系的对立面。萨特在《存在与虚无》中认为：

虚无如果不被存在所支持，就会作为虚无而消逝，而我们就会重新陷入存在。虚无只有在存在的基质中才可能虚无化。……因为，无论如何，为了自我虚无化，就必须存在。然而，虚无不存在。我们之所以能谈论虚无，是因为它仅仅有一种存在的显象，有一种借来的存在，这一点我们在前面已经注意到了。虚无不存在，虚无"被存在"；虚无不自我虚无化，虚无"被虚无化"。因此无论如何应该有一种存在（它不可能是"自在"），

---

① 海德格尔. 林中路 [M]. 孙周兴，译. 上海：上海译文出版社，1997：91.
② 海德格尔. 林中路 [M]. 孙周兴，译. 上海：上海译文出版社，1997：92.
③ 海德格尔. 林中路 [M]. 孙周兴，译. 上海：上海译文出版社，1997：327.

它具有一种性质，能使虚无虚无化、能以其存在承担虚无，并以它的生存不断地支撑着虚无，通过这种存在，虚无来到事物中。①

如果说"纯存在与纯虚无是同一个东西"，萨特的虚无在某种意义上也是"存在"，是生成意义和意识的存在。存在与虚无，同样的主体存在的不同形式，其本质上没有差异。萨特强调主体存在的自由权力，他认为："人就是自由。自由并不是人追求和选择得来的，而是人的存在本身注定了人必然具有的。自由是人所不能逃脱的，是被判决给人的。"② 因此，从萨特的存在论可以推断出诗性主体如下的内涵：第一，以虚无化的存在方式和它的"反思的意识"，保证了主体存在的理由和基础。第二，存在者具有自由本质，只有自由的主体才可能是诗性的和审美的，才能够从事艺术活动和文化创造。第三，诗性主体必然是富于想象力的主体形式。萨特在《想象心理学》中指出："想象并不是意识的一种偶然性的和附带具有的能力，它是意识的整体，因为它使意识的自由得到了实现；意识在世界中的每一种具体的和现实的境况则是孕育着想象的，在这个意义上，它也就总是表现为要从现实的东西中得到超脱……人之所以能够从事想象，也正是因为他是超验性自由的。"③ 萨特认为，想象是意识的本质和功能，也是其主体的自由本质的体现，它也是超越经验的。正因如此，想象奠定了意识的超越性和自由权力，成为彰显诗性主体特性和强化其功能的必备思维素质和工具。没有想象力的主体显然不具备诗性主体的资格，而诗性主体必然是具有充沛想象力的主体形式。这是萨特对诗性主体一个重要内涵的明确启迪。

六、后现代时期的身体主体和消费主体

后现代时期显然是诗性主体最为沉沦的一个历史语境，社会意识形态的政治权力和经济思维主宰普遍的主体精神，物恋、货币拜物教、技术崇拜、实用主义、工具理性、消费浪潮和身体的欲望叙事等等，成为生活世界的万花筒。这一历史语境决定着诗性主体理论的孤寂和沉沦，但是，针对宰

---

① 萨特. 存在与虚无 [M]. 陈宣良，等，译. 北京：生活·读书·新知三联书店，1987：51-53.
② 刘放桐. 现代西方哲学（下册）[M]. 北京：人民出版社，1990：639.
③ 萨特. 想象心理学 [M]. 褚朔维，译. 北京：光明日报出版社，1988：281.

制和消解诗性主体的现实世界，也存在着一些批判性阐释，值得我们关注。

福柯（Michel Foucault，1926-1984）这位后现代思想家，以其诡异变幻的思想和丰富的理论资源并结合着自己独特的方法论，奠定了其一流的哲学、美学地位。"福柯在从结构主义思想中汲取重要养料的基础上，又远远超出了结构主义，并主要总结了尼采和胡塞尔的思想方法，提出了他的知识考古学（Arche ologie du savoir）以及道德和权力系谱学（Genealogie de la morale et du pouvoir），进一步对整个西方思想和社会文化原则进行彻底的批判。"① 对于西方社会的批判性思考和理解，构成福柯思想的基本轮廓和重要风格，而对于主体的、人的自身的关注更闪亮其理论色泽。知识考古学作为福柯的研究方法，改变以往研究历史遵循着以时间为规定分界的原则，而结合着空间的断裂和不连续的知识形式，思考历史过程的思想线索和社会结构的关联。他指出："考古学并不贯穿意识—知识—科学这条轴线（这条轴线不能摆脱主观性的指针），它贯穿话语实践—知识—科学这条轴线。所以当思想史在知识的成分中找到自己分析的平衡点时（因此，尽管违背其意愿，它也不避开先验论的问题），考古学则在知识中找到自己分析的平衡点。"② 福柯发现："'对自身的关怀'（le souci de soi），这种自古希腊以来，一直作为西方文化及个体生活的实践原则的东西，究竟如何逐渐地随着基督教道德、现代伦理及社会制度的改革，特别是通过启蒙运动以来现代知识所论述所玩弄的'真理游戏'，变成目前现代人'主体化'过程中，集权力运作、知识运用和道德伦理控制于一身的、三位一体式的基本原则，并成为'我们自身的历史存在论'及整个西方文化的关键问题。"③ 福柯的知识考古学，显然揭示了自古希腊以来西方文化对于主体的奴役事实，古希腊"对自身的关怀"的诗性传统已经被以往的历史所毁坏，西方的"主体化的过程"，其实是对主体的奴役历史，也是对诗性主体的宰制和消解的历史。基督教道德、知识、权力、真理游戏等，都构成对诗性主体的毁坏性势能。在后现代社会中，尤其是权力、知识、性的压抑和疑惑，

---

① 冯俊，等. 后现代主义哲学讲演录 [M]. 北京：商务印书馆，2003：406.

② 福柯. 知识考古学 [M]. 谢强，马月，译. 北京：生活·读书·新知三联书店，1998：236.

③ 高宣扬. 福柯的生存美学 [M]. 北京：中国人民大学出版社，2005：81.

更导致诗性主体的沉沦。值得注意的是，福柯对"疯癫"的研究和阐释，建立了和诗性主体的逻辑关系。"凡是有艺术作品的地方，就不会有疯癫。但是，疯癫又是与艺术作品共始终的，因为疯癫使艺术作品的真实性开始出现。艺术作品与疯癫共同诞生和变成现实的时刻，也就是世界开始发现自己受到那个艺术作品的指责，并对那个作品的性质负有责任的时候。"①一方面，"疯癫"是社会历史的产物，也是主体受到压抑的心理结果；另一方面，"疯癫"也是心灵自由的方式，是自身反抗压抑和逃避压抑的策略，甚至构成艺术创造和审美活动的手段。也许"疯癫"是诗性主体的一个重要的标志和特性。

福柯的以诗性存在的方式实现审美游戏方面的主张，给诗性主体的重建路径予以具体的启示。他倡导以"寓言"和"象征"的方式运用话语，对抗日常语言和经验语言的侵蚀，表现自身与自然、自我与他者的关系，他赞誉马拉美的诗歌，认为是运用寓言表达的典范，寓言的模糊结构使寓言可以表达一切，但又无所表示。他认为，诗性地生存的重要方式之一，就是学习诗意地言说，尽管不是诗人，但是要像诗人一样思考和说话，需要语言游戏或言语的捉迷藏游戏，表达审美的和艺术的趣味。而诗性的"语言的策略运用并没有固定的模式和格式，它是在语言游戏的实践中慢慢被体会、掌握和运用。所以，如同生活本身需要磨炼一样，语言策略要靠反复实践和反思，才能有所发现和有所创新"②。福柯所强调的自由想象和自由思考对于诗性主体建设也有重要作用。一方面，他特别强调自由想象的意义，认为它有助于发现生活的矛盾和问题，可以进行创造活动。而自由想象的标志之一，是必须面对梦幻世界。梦幻是主体的存在形式之一，是人理解生命和死亡的通道，也是人认识自我的一个心灵窗口。他指出图像和诗意思维的关联，认为主体只有通过图像的中介，才能认识生命的意义，才能从事审美和艺术活动。由此推之，诗性主体必然是善于领悟图像和创造图像的主体。福柯认为，主体应该是不断超越的主体形式，如果说亚里士多德认为哲学思维作为人的一种超越精神，是人的"惊异"天性，

---

① 福柯. 疯癫与文明 [M]. 刘北成，杨远婴，译. 北京：生活·读书·新知三联书店，1999：269.

② 高宣扬. 福柯的生存美学 [M]. 北京：中国人民大学出版社，2005：474.

那么，主体不停顿的思考决定着他的永远超越的诗性精神。这给予我们这样的明示：诗性主体应该禀赋着不断思考的精神。

波德里亚（Jean Baudrillard，1929-2007），法国后现代的思想大师。他以对消费社会的分析和批判彰显理论个性。波德里亚认为，现代和后现代社会，最普遍也是最重要的现象是消费，消费活动构成整个社会的轴心。文化和经济的紧密结合，符号和商品的交融一体，真实和模仿的边界混合，使人作为"符号的动物"的性质发生了改变。人一方面生活在自己创造的符号世界，符号是属于主体控制的产品；另一方面，在消费社会，人却被符号所控制，成为符号的异化对象，沦落为符号的奴隶。人在与符号的游戏活动中，在享受物质的同时，付出了丧失自我的代价。在人蜕变为经济生活中的消费主体的境遇，必然丧失诗性主体的宝贵结构。当代消费社会的象征性交换显现的特殊性，把"象征性交换本身所固有的模拟性质进行颠倒再颠倒，从而达到掩盖象征性交换中模拟活动的特点，在模拟的双重颠倒中，把模拟变成非模拟，也就是变成'拟像'（Simulacre）"①。这种酷似逼真的"拟像"，是一种"真实的谎言"，如仿真的造型和众多的摆设，它们并不是以客观的某种对象为蓝本，而是以某种虚构的符号为基础，它们自身的意义依附于外在的符号意义，脱离这种外在的符号意义，它们没有任何意义和价值。它们自身的意义被掏空和被抽象，只是被另一种形态的虚假对象所宰制。"伪环境、伪物品的空间使所有'功能创造者'们都感到非常快乐。"② 这种虚假的快乐，慰藉着后现代的心灵。而古典主义的艺术虚构，它们来源于自然和生活世界，在它们成为文本之后，诞生了自己的独立意义，摆脱了对于物质蓝本的依赖，更不需要依赖一个虚假的外在符号作为支撑。显然，后现代的"仿真"和"拟象"的象征方式，是一种反诗意的伪审美活动，却成为后现代流行的大众文化，成为审美的时尚和风潮，显然，它们和诗性主体存在一定的距离。消费主体关注符号的世界，醉心于符号的占有和消费。"无论在符号逻辑里还是在象征逻辑里，物品都彻底地与某种明确的需求或功能失去了联系。确切地说这是因为它们对应

---

① 冯俊，等. 后现代主义哲学讲演录 [M]. 北京：商务印书馆，2003：557.

② 波德里亚. 消费社会 [M]. 刘成富，全志钢，译. 南京：南京大学出版社，2008：101.

的是另一种完全不同的东西——可以是社会逻辑，也可以是欲望逻辑——那些逻辑把它们当成了既无意识且变幻莫定的含义范畴。"① 消费者依赖于欲望逻辑和符号逻辑生存于生活世界，如此的主体存在显然脱离了诗性，被放逐到物自身和联系于物的象征符号之中，美感也仅仅依赖于商品符号而建立，这是后现代历史的悲剧。消费社会甚至将身体也变成了消费对象，颠覆了传统的消费逻辑。"身体被同质化，成为符号与差异的工业生产的场所，在程序化诱惑的影响下被调动。遮挡身体的二重性，让身体完全实证化，成为诱惑、满足、魅力的模式。身体成为部分物体的总和，其主体是消费的你们。"② 身体被同一化，抹杀了个性差异，成为符号的象征和商品的代码，隐喻着色情与性的消费意味，这样的消费社会，不仅仅消费着商品和商品的象征符号，也消费着自我的身体。如此的消费主体③，反抗着诗性主体，构成审美的疯狂，这疯狂的背后，隐匿着历史的悲哀和主体的疼痛。

第二节　生命直觉的体验论轨迹

一、先秦时期的仁爱主体和自然主体

先秦是华夏古典哲学的鼎盛时期，确立了思想和文化的轴心，奠定了传统文化的价值基石。诸子百家以充沛的思辨精神和生命智慧，开辟了一个思想自由、理论多元、话语缤纷的哲学美学的黄金时代。儒家和道家都关切人的存在问题，思考主体的意义和价值，阐释主体存在和自由、诗性、审美、艺术创造、伦理等逻辑关联，对与诗性主体相关联的命题进行哲学美学相统一的阐释。

---

① 波德里亚. 消费社会 [M]. 刘成富，全志钢，译. 南京：南京大学出版社，2008：58.

② 波德里亚. 象征交换与死亡 [M]. 车槿山，译. 南京：译林出版社，2006：170.

③ 注释：消费主体，尤其是身体消费的主体，这既不是"自我"，也不是潜意识主体，而是你们，是广告中的你们，即主导模式所遮挡、粉碎并重建的主体，是在交换/符号中被当作赌注的"个性化"主体——因为你们只不过是第二人称和交换中的仿真模式，所以事实上你们不是任何人，"你们"只是支持模式话语的虚构词项。这个"你们"不再是人们与之说话的对象，而是代码重叠的效果，是出现在符号之镜中的幽灵。波德里亚. 象征交换与死亡 [M]. 车槿山，译. 南京：译林出版社，2006：170.

孔子（前551-前479）华夏轴心文化的缔造者和儒家思想奠基人，显然，他的思想魅力和价值意义是超越历史的。尽管黑格尔对孔子充满偏见和误解，中国现代史的政治冲动对其非理性的批判和否定，都无损于他的崇高思想和伟岸人格。孔子以"仁"为核心范畴，建立稳定的价值系统和伦理精神，成为一个民族国家的坚定信仰。孔子思想闪烁着古典主义的主体论哲学的光彩，紧密围绕着"人"展开思维行程。孔子理想的主体形式是"仁爱主体"，以伦理要求为核心。《颜渊》篇："樊迟问仁。子曰：'爱人。'"《论语》中涉及"仁"的地方有一百余处，强调对于人的尊重和敬爱，尤其是尊重人的生命价值和思想自由，表现出古典时期的人道主义精神。孔子的思维方式不是黑格尔所仰慕的纯粹抽象思维，不是简单机械的形式逻辑推演，而是充满诗意的思辨，借助于想象和直觉的方式，展开自己的哲学之思。孔子的思想闪耀着生命哲学和智慧哲学的色彩，当然也是仁爱哲学和美学的光辉折射。

孔子是以仁爱主体为核心，建立理想的主体形式。孔子的仁爱主体思想包含如此内涵：第一，生命与自然交融，人与自然心会。《先进》篇记载孔子赞赏"莫春者，春服既成，冠者五六人，童子六七人，浴于沂，风乎舞雩，咏而归"的审美境界，孔子陶醉于置身自然母体，心会自然，与自然对话的审美生活，从而诞生诗意的生命乐趣。第二，主体从生活世界激发灵感和智慧，获得人生的道德启迪。《雍也》篇云："知者乐水，仁者乐山。知者动，仁者静。"山水给以人智慧和仁爱的体悟，从而使人生诗性化和审美化。第三，仁爱主体必须依赖于文学、伦理、音乐等教育功能，通过阅读文学经典、礼仪制度规训、音乐情感陶冶，达到理想人格的建立。孔子主张以诗歌为中心，培养诗性和道德、美感相统一的主体形式。所以，《泰伯》篇言："兴于《诗》，立于礼，成于乐。"《宪问》篇提倡"志于道，据于德，依于仁，游于艺"。将仁爱主体的内涵和外延进一步丰富和扩大，主张理想的主体应该立志高远兼及天道与人道，能够根据内在德性行事，依赖于仁爱之心极尽发挥道与德，能够通晓六艺之学。第四，仁爱主体必须超越功利主义的态度。《荀子·宥坐》记载孔子观赏流水的言论，主张审美活动应该超越世俗功利的思维，以诗性态度对待自然，和世界万象展开平等的对话。第五，仁爱主体应该禀赋对艺术的酷爱和具备一定的鉴赏能力。《述而》篇云："子在齐闻《韶》，三月不知肉味。曰：不为乐之至于斯也。"《为政》篇云："《诗》三百，一言以蔽之，曰：诗无邪。"孔子对于艺术的挚爱也为诗性主体勾画了一个重要标志：对于艺术的沉醉。同时，他推崇《韶》的尽善尽美和赞赏《诗经》的审美净化功能，都意在表明，仁爱主体应该从艺术获得唯美主义的体验和道德提升的感受。第六，孔子提出的"君子"概念，逻辑地含蕴着诗性主体的内容。孔子希冀主体具有诗性和道德相和谐的人格之美，显然"君子"承担了理想和想象的完美原型。孔子于《雍也》篇云："文质彬彬，然后君子。""君子博学于文，约之以礼，亦可以弗畔矣夫。"在孔子心目中，颜渊符合理想化和想象化的"君子"形象："一箪食，一瓢饮，在陋巷，人不堪其忧，回也不改其乐，贤哉，回也！"① 后世的"孔颜之乐"，既是道德精神，也是诗性精神，两位先贤当然也是诗性主体的象征。

庄子（前 369-前 286），道家哲学的奠基人之一。他丰富和创新了老子开创的道家思想，赋予道家哲学一种诗意的思维和审美的色彩，融哲学、美学、文学为一体。庄子诗意地思和诗意地言，寓言、象征和隐喻是其主要的文本叙述方法，也是其表达思想的工具。

如果说孔子的理想主体关涉仁爱的内涵，而庄子的理想主体更多指向自然的范畴，是以自然为核心建立理想的主体形式。庄子思想中与诗性主体相关联的规定性主要包括如此的内容。第一，自然主体是诗性主体的存在基础和理由。《内篇·应帝王》云："汝游心于淡，合气于漠，顺物自然而无容私焉，而天下治矣。"《外篇·天运》云："夫至乐者，先应之以人事，顺之以天理，行之以五德，应之以自然。"《内篇·德充符》云："吾所谓无情者，言人之不以好恶内伤其身，常因自然而不益生也。"尽管"自然"的内涵不尽相同，既包括客观的自然存在和自然法则，也包含着自然人性、生命需要等因素。但是，它们都表明，顺应自然法则和符合自然的生命状态才是合理的存在方式，老子云："人法地，地法天，天法道，道法自然。"② 显然，"自然"被设定为最高的存在本质，也是最完美的生命状态。庄子承袭了老子的自然概念，将之发挥为自然人性和自然主体，为诗性主体的生成奠基了逻辑起点。第二，自然主体能够"逍遥以游"，一方

---

① 朱熹. 四书章句集注［M］. 中华书局，1983：87.
② 高明. 帛书老子校注［M］. 北京：中华书局，1996：442.

面，获得超越时间和空间之限的自由，另一方面，更瞩目于内在的神游和心游。"北冥有鱼，其名为鲲。鲲之大，不知其几千里也。化而为鸟，其名为鹏。鹏之背，不知其几千里也。怒而飞，其翼若垂天之云。是鸟也，海运则将徙于南冥。南冥者，天池也。""若夫乘天地之正，而御六气之辩，以游无穷者，彼且恶乎待哉！"（《庄子·逍遥游》）庄子以"逍遥以游"的寓言，假设一种超越实证世界的理想主体，不受物理时空的限制，达到对于现象界的想象性否定，使物质和精神获得超越实证知识的绝对自由，使诗意生存和审美人生获得实现。第三，自然主体必须保持心灵的宁静和超然，凭借"悬解""心斋"和"坐忘"等方式，忘却现实世界的烦恼和困顿，守护着内心的澹泊和幸福。这一点类似于古希腊的怀疑论者。第四，自然主体应该超越情欲的诱惑，忘却情感之累，追求"无情"的境界。"惠子谓庄子曰：'人故无情乎？'庄子曰：'然。'惠子曰：'人而无情，何以谓之人？'庄子曰：'道与之貌，天与之形，恶得不谓之人？'惠子曰：'既谓之人，恶得无情？'庄子曰：'是非，吾所谓情也。吾所谓无情者，言人之不以好恶内伤其身，常因自然而不益生也。'"（《庄子·德充符》）庄子否定情感的价值和意义，否定诗意和情感的逻辑关联，他断定情感是人的非本质存在，损害了心灵的自然状态，当然不利于诗性主体的建立，不利于自由和审美的生活状态的形成。第五，自然主体必须保持对语言的警惕，慎用日常语言。因为语言是不可靠的精神工具，它可能破坏诗意和审美的境界。《齐物论》云："大言炎炎，小言詹詹。"《齐物论》云："道隐于小成，言隐于荣华。"《外物》云："言者所以在意，得意而忘言。"《知北游》云："天地有大美而不言，四时有明法而不议，万物有成理而不说。"庄子论证"大美不言"的命题，在他看来，语言成为精神的一种遮蔽，只能作为思想的碎片。所以，诗性主体应该选择"得意而忘言"的存在方式。庄子对语言采取置疑的态度。《易·系辞》中就有"言不尽意，书不尽言"观点，庄子的"大美不言"的命题影响到后来的魏晋玄学。第六，自然主体可能由极少数的"至人""神人""圣人"担当，他们是理想化的精神抽象。"至人无己，神人无功，圣人无名。"（《庄子·逍遥游》）自然主体应该超越自我和消解自我，放弃追求功名利禄，保持外美和内修，寻求内心的洞明和无遮蔽状态，从而达到精神的绝对自由和人格的完美实现。第七，自然主体甚至可以逾越生死之限，追求生命的想象性永恒。"古之真人，不知说生，不知恶死。其出不言斤，其入不距。翛然而往，翛然而来而已矣。"（《庄子·大宗师》）庄子认为"真人"可以抵御死亡，显然属于诗意的假定和审美的期待而非现实性的推论。

庄子思想中的自然主体呈现有意味的悖论，一方面是主张主体的自然无为状态，自然性作为主体的存在基石；另一方面，庄子理想状态的主体却更多是寓言性和审美性的假定，呈现非现实的精神构成，具有超越性和彼岸性的特性。其实，庄子与诗性主体相关联的自然主体的内在规定性在逻辑上是有机统一的，它们都渴慕生命存在的自然与自由、诗意与审美的境界，它是人类共同奢求的理想化生存状态。

二、两汉时期的感应主体和本性主体

两汉时期是古典哲学和美学相对沉寂的时期，也是有关诗性主体思想相对萧条的历史时间。

董仲舒（前 179 年–前 104 年），西汉思想家、今文经学大师。他的著作汇集于《春秋繁露》一书，还有《汉书·董仲舒传》记载的《举贤良对策》。严格意义上，董仲舒没有直接关涉诗性主体的论述，他的天人感应论和人性论间接地和诗性主体这一论题存在着关联。董仲舒认为："天者，百神之君也，王者之所最尊也。"（《春秋繁露·郊义》）"天者，百神之大君也，事天不备，虽百神犹无益也。"（《春秋繁露·郊祭》）"天"成为最高的存在，它构成对主体的宰制力量，也是主体的依附对象，主体必须绝对服从于它。他又认为："仁之美者在于天。天，仁也。"（《天辨在人》）天既然是"仁"与"美"的象征品，只有它才能赋予存在者的"仁"与"美"。因此，主体受到天的意志的决定，而天创造人也就体现天的意志论和目的论。当然，主体的意志和实践活动也可以形成对天的感应和影响。既然"万物统一于五行，五行统一于阴阳，阴阳统一于天"①，天与人之间形成必然性的感应，那么，感应主体主要是天与人之间神秘感应的必然结果，而不是主体仅靠后天努力所能达到的生命境界。然而，《春秋繁露·深察名号》又云："天两，有阴阳之施；身亦两，有贪仁之性。"天存在阴阳二重性，而和天相对应，人性也有贪与仁的两端。因此，董仲舒认为，人性可

---

① 中国哲学史（第二册）［M］. 任继愈，主编. 北京：人民出版社，1996：78.

以生成善，而人情则导致恶，必须以人性制约人情，"损其欲以辍其情以应天"。由此，董仲舒将人性划分为三种形式："圣人之性，不可以名性，斗筲之性，又不可以名性，名性者，中民之性。中民之性，如茧如卵，卵待覆二十日，而后能为雏；茧待缫以涫汤，而后能为丝；性待渐于教训，而后能为善；善，教训之所然也，非质朴之所能至也，故不谓性。"（《春秋繁露·实性》）第一类是"圣人之性"，欲望稀少，并且可以以理性节制，可以不教而善；第二类是"斗筲之性"，欲望过剩，虽然给予教育，也难以使其达到善的境界；第三类是"中民之性"，"天生民性，有善质而未能善"。也就是说，"中民"虽然有趋向善的本性，但是仍存在欲望，摇摆于善恶之间，只有通过教育手段，使其确证和发扬善的天性。因此，"中民之性"才是真正意义上的"人性"，是教育的重要对象。显然，董仲舒将理想主体看成是一部分人垄断和专有的精神，主要来源于天的赋予和部分人克制欲望的受教训的结果。所以，董仲舒给人性划分等级，体现其历史局限性。但是，董仲舒的天人感应理论对探求个体生命中诗性主体的起源和后天重建有着一定的启发。我们悬置天的意志论，对于个体而言，主体的诗性是与生俱来的，是属于主体的本质的东西，并且是可以经过后天教化而得以重建的。也就是说，"斗筲"与"中民"，都可以"性待渐于教训而后能善"，借助于教育和自身的领悟，而使自己获得理想的诗性主体形式成为可能。

王充（27-97）思想保存于《论衡》一书。他提出本性主体的理论，批评传统的人受命于天的理论，提出人来自自然本性的命题。

儒者论曰："天地故生人。"此言妄也。夫天地合气，人偶自生也；犹夫妇合气，子则自生也。夫妇合气，非当时欲得生子；情欲动而合，合而生子矣。且夫妇不故生子，以知天地不故生人也。然则人生於天地也，犹鱼之於渊，饥虱之於人也。因气而生，种类相产，万物生天地之间，皆一实也。传曰：天地不故生人，人偶自生。（《论衡·物势》）

人，物也；物，亦物也。虽贵为王侯，性不异于物。（《论衡·道虚》）

王充认为人首先是生命形态的物质主体，其次是符合于自然法则的本性主体。从本性主体的意义上看，诗性主体也是本性主体的存在形式之一。诗性主体的高贵性在于，它寻求智慧和认识能力的提升，寻求本性主体的自我完善和完美。《论衡·别通》篇云："天地之性人为贵，贵其识知也。"

《论衡·辨祟》篇云："人，物也，万物之中有智慧者也。"智慧可以确证主体的诗性和美感。主体的不断追求智慧和完善的过程，就是诗性主体得以诞生和完满的过程。

王充拓展了先秦道家的自然无为的天道观，认为"天动不欲以生物，而物自生，此则自然也。施气不欲为物，而物自为，此则无为也。谓天自然无为者何？气也。"（《论衡·自然》）"气"作为天道自然的一种起始推动力，对于自然的运动具有积极的功能。但是，王充没有忽视主体对于自然的辅佐作用，"然虽自然，亦须有为辅助"。所以，王充强调主体的能动作用。一方面，生命的感性体验决定主体的认识能力，而客观的生活实践经验尤其重要。《论衡·超奇》篇云："入山见木，长短无所不知；入野见草，大小无所不识。然而不能伐木以作屋室，采草以和方药，此知草木所不能用也。"另一方面，主体的认识方式必须以生理和心理的客观条件为基础，《论衡·书虚》篇云："盖人目之所见，不过十里，过此不见，非所明察，远也。""目不能见百里，则耳亦不能闻也。"因此，诗性主体也必须建立于生命的直接经验，依靠感觉的直接性和丰富性。再一方面，主体应该具有知类和推类的逻辑能力，注重于理论思维的提升。《论衡·知实》篇云："圣人据象兆，原物类，意而得之。其见变名物，博学而识之，巧商而善意，广见而多记，由微见较。"主体的生命体验、生活经验和逻辑推导能力，这些综合的精神因素决定了人的存在的价值与意义，也是诗性主体得以形成的必要条件。因此，诗性主体不取决天的目的和意志，既是主体的本性使然，也是后天的生命经验积累的必然结果。值得关注的是，王充还批判和否定了目的论与命定论的主体观，竭力消解笼罩于主体论之上的虚妄观念，反对天意决定论和鬼神迷信等流俗的社会意识形态，确立一种唯物主义方法论原则，为诗性主体的存在寻找到客观的依据。由此可见，王充合乎逻辑地颠覆了董仲舒所建立的天人感应的主体概念，建立了以物质主体为基础的本性主体观。王充以唯物客观存在论赋予个体以诗性先天论，即诗性来自主体的本性，秉承历史以来的生命智慧和诗性的社会文化，使主体获得自然的精神修炼，因此，以此也可揭示孩童为什么没有通过后天的教育训导就先天地具有"仁"与"美"等诗性气质的原因。

三、魏晋南北朝时期的自由主体和自觉主体

阮籍（210-263）为"竹林七贤"之一。这是一位古典主义的诗性主体，他的人生充满诗意的色彩，是充满苦闷和惆怅的悲剧人生。阮籍的五言抒情诗《咏怀》八十二首寄托着生命的悲剧意识，也浸染诗人有关诗性主体的思想痕迹。《咏怀》系列的抒情诗，是古典诗歌的杰作，也充分展示了阮籍极具诗性主体特质的审美渴求和艺术实践。如果对《咏怀》八十二首进行解读，可以洞见他对于诗性主体的基本规定性，第一，诗性主体必然是心灵自由的主体，而追求自由的主体必然受到历史情境的制约，因此存在着自由和礼法的不可调和的矛盾，必然导致悲剧性的冲突，因此，诗性主体必然地和宿命地成为充满悲伤和惆怅的主体。

> 夜中不能寐，起坐弹鸣琴。
> 薄帷鉴明月，清风吹我襟。
> 孤鸿号外野，翔鸟鸣北林。
> 徘徊将何见，忧思独伤心。
>
> 朝阳不再盛，白日忽西幽。
> 去此若俯仰，如何似九秋。
> 人生若尘露，天道邈悠悠。
> 齐景升牛山，涕泗纷交流。
> 孔圣临长川，惜逝忽若浮。
> 去者余不及，来者吾不留。
> 愿登太华山，上与松子游。
> 渔父知世患，乘流泛轻舟。

从这两首诗看，流露诗人对于生命的悲剧感慨，主体寻找自由的生命存在，必然面临悲剧化的生存，而悲剧化人生就是诗性主体的宿命。第二，诗性主体具有针对现实世界的超越方式，就是脱离现实的是非判断，隐居避祸，效仿古代的渔父"乘流泛轻舟"，获得逃避现实世界的相对自由。第三，诗性主体应该不受浮华的世俗价值的制约，追求身心自由和慰藉，摆脱功名利禄的诱惑，诗人感慨："岂为夸誉名，憔悴使心悲。宁与燕雀翔，

不随黄鹄飞。"第四，诗性主体应该禀赋自然之性。《乐论》云："夫乐者，天地之体，万物之性也。""故八音有本体，五声有自然。"阮籍对于音乐的要求，其实也适合对于诗性主体的要求。诗性主体属于天地之体，万物之性，无需雕琢伪饰，保持纯真的状态就是唯美主义的客观呈现，也是诗性精神的自然流露。第五，诗性主体和音乐存在同一性。阮籍认为音乐的最高审美境界是："和"，必须节制感性欲望的表达而达到纯粹的美感。而作为诗性主体，应该保持和音乐的类似性，体现自然平淡的和谐，一是外在形式的和谐，二是精神内容的和谐，唯有此，才能获得内心的宁静和慰藉。"故孔子在齐闻《韶》，三月不知肉味。言至乐使人无欲，心平气定，不以肉为滋味。以是观之，知圣人之乐，和而已矣。"（《乐论》）阮籍欣赏宁静恬淡的音乐，他以孔子为例说明诗性主体在鉴赏活动中，渴求一种安宁和谐的美感。第六，理想的诗性主体模式是"大人"。他在《大人先生传》设想一种假定性的审美境界："今吾乃飘飘于天地之外，与造化为友，朝餐阳谷，夕饮西海，将变化迁易，与道周始。此之于万物，岂不厚哉！故不通于自然者不足以言道，暗于昭昭者不足与达明，子之谓也。""大人先生"是诗意化的虚构，它象征一种理想化的主体形式，这一主体形式就是诗性主体，尽管不乏理想化和文学意味，但是，它毕竟为生存在乱世里的人们提供一个心灵的慰藉。

嵇康（223-262）生活于魏晋易代之际，社会动荡和杀戮阴影袭扰主体的心灵，他嘲讽司马氏维护专制而倡导的所谓"名教"，在《释私论》里提出"越名教而任自然"和"越名任心"的命题，提倡一种自然和自觉的主体存在方式。卓越的诗人和音乐家的双重身份，还有贵族血统和气质，涵养了嵇康的类同于诗性主体的特性，清朗俊秀，潇洒风雅，言谈举止之间散发一种诗意的情致。面临生命终点，也显露出一种美学的风范。"嵇中散临刑东市，神气不变，索琴弹之，奏《广陵散》。曲终，曰：'袁孝尼常请学此《散》，吾靳固不与，《广陵散》于今绝矣！'（《世说新语·雅量》）诗人"手挥五弦，目送归鸿"的情景状态，是一幅洋溢诗情的画卷，给后世无限的感喟和叹息，留下瞬间而永恒的崇高之美。

嵇康的思想可以直接用以充实诗性主体的内涵，可以归纳为：第一，诗性主体应该符合"越名教而任自然"和"越名任心"的命题，这尽管是一个特定的历史命题，也具有普遍性的象征意义。因为每一个历史语境都可能存在不同的"名教",它们实质是一种虚假的意识形态,是束缚主体的诗性精神的绳索和毁坏审美想象力的陷阱。嵇康的"自然"概念,包含着自觉的主体意识,是诗人有意识的追求生命本真状态,寻找无遮蔽的自我。作为"竹林七贤"之一,嵇康和友人雅集山水不仅仅是寻求一种消闲的生命享受,而是心仪生命自觉和智慧提升的美学境界。第二,诗性主体的理想境界是"至人"和"君子"。《答难养生论》云:"圣人不得已而临天下,以万物为心,在宥群生,由身以道,与天下同于自得。""至人"能够和万物同心,领悟自然之道,接近诗性主体的标准。除此之外,嵇康心目中的"君子"也同样具备诗性主体的特质:

夫称君子者,心无措乎是非,而行不违乎道者也。何以言之?夫气静神虚者,心不存于矜尚;体亮心达者,情不系于所欲。矜尚不存乎心,故能越名教而任自然;情不系所欲,故能审贵贱而通物情。物情通顺,故大道无违;越名任心,故是非无措也。是故言君子,则以无措为主,以通物为美。(《释私论》)

君子和圣人具有类似的精神结构,悬置是非判断,行为符合于自然大道和道德准则。保持心灵的宁静状态,不自我夸耀,内心不沉溺于本能欲望,能够超越虚假的概念和世俗藩篱,脱离官方意识形态的规范,达到自然恬静、淡泊无为的生命境界,和现象界的"物情"相通,合于宇宙之"大道"而超越生活世界中的是非缠绕。第三,诗性主体的本质是"无情"的,审美活动可以摆脱"哀乐"之情的限定。诗性主体的审美感受能够超越情感之哀乐,达到悬置价值、淡看哀乐的、无情无欲的、情感中立的心理状态。《声无哀乐论》云:

寒暑代往,五行以成。章为五色,发为五音。音声之作,其犹臭味在于天地之间,其善与不善,虽遭遇浊乱,其体自若而无变也,岂以爱憎易操,哀乐改度哉!
……
音声有自然之和,而无系于人情。克谐之音,成于金石,至和之声,得于管弦也。

嵇康提出"声无哀乐"的美学命题，一方面，说明音乐在本质上是超越情感限定的，它来源自然之"和"，与情感不存在必然的逻辑联系，是纯粹的自然形式的自律结果。另一方面，也潜在地表现，主体应该超越情感和淡化情感，像圣人和君子那样"气静神虚"，"情不系于所欲"，欣赏音乐只关涉它的音律、节奏、曲调等纯粹形式之美。

四、唐宋时期的宗教主体和良知主体

慧能（636-713）是禅宗的创始人，唐代的佛教哲学家和思想家。禅，天竺语作：Dhyana。音译为禅那，简称禅。包含有静虑、沉思、悟觉的意思。慧能的主体论思想，在本体论意义上，显然属于宗教主体论，或者确切地说是一种佛性主体论。从慧能的禅宗思想里，可以抽绎、提炼和诗性主体相关的内容。第一，诗性主体在本质上是"自性真空"的精神存在形式，它追求心性的虚无，不仅虚空万象，也虚空自我，以此达到心灵绝对洞明清澈的境界。慧能的《坛经》主张："无念为宗，无相为体，无住为本"的生命境界，这种生命境界也就是诗性主体得以可能的理想境界。破除对于现象界和精神界的执迷，超越自我，达到类似于现象学的纯粹意识的状态，由此获得对世界和自我的领悟和直觉，获得知识的道德实现，美感和幸福感的分享。慧能的诗性主体包含着生命智慧的领悟，审美快乐的分享，道德意志的确证，力图实现哲学、美学、伦理学在生活世界的和谐统一，而统一的关键是佛学禅宗。后来的王阳明认为"圣人之学以无我为本"[1]。王阳明的"无我"，是对慧能的"无念为宗，无相为体，无住为本"这一思想的延续和发展。慧能的"无"，不仅是"无我"，还是"无念""无相"和"无住"，是从物质至精神，形式至内容，现象至本体等绝对的"无"，也是全面彻底的"无"。慧能以"无"保障人的精神主体的绝对自由以及美感和幸福，"无"作为获得智慧和确证生命意义的方式，成为获取真理和德性的精神工具。当然，"无"的实现，也是诗性主体得以可能的逻辑前提。第二，诗性主体必然是一种依靠顿悟的方式达到生命智慧的主体。慧能云："善知识，我于忍和尚处，一闻言下大悟，顿见真如本性。是故将此教法流行后代，令学道者顿悟菩提，令自本性顿悟。若不能自悟者，需

---

① 阳明全书：第7卷 ［M］//四部备要本. 北京：中华书局，124.

觅大善知识示道见性。何名大善知识？解最上乘法，直示正路，是大善知识。"[1] 悟有渐悟和顿悟之分，慧能倡导顿悟，"顿悟刹那间"，瞬间体悟直指本心，领会大千世界的真谛和自我生命的意义与价值，寻找一念与佛教教义的相契，从而成佛成圣，因此获得诗性主体的实现。慧能的顿悟，一方面借助于外在的启示和点化，另一方面，更需要自身的心灵直觉和了然洞见，得之精神内部的灵光一闪，获得对于现象和自我的真知了断。第三，诗性主体来源内在的心性和佛性，不依靠外在的修炼。"菩提只向心觅，何劳向外求玄？"（《坛经·疑问品》）"一切般若智，皆从自性而生，不从外入。"（《坛经·般若品》）慧能反对坐禅方式，认为以往的"住心观净"和"长坐不卧"是机械刻板的参禅方法，《坛经》认为"住心观净，是病非禅"。智慧和真知来源于内心的领悟和反思，而非长时间的苦坐冥思；取决于瞬间的灵感，而非依赖繁文缛节的耗费时间和精力的宗教仪式。第四，诗性主体凭借内在的心灵提升，一方面超脱世界的外部表象，另一方面保持内心的安宁和无妄念。慧能说："外离相曰禅，内不乱曰定。"离开事物的表象，以顿悟的智慧运思现象界，反思自我的意识，保证内心驱除妄念，由此肯定存在绝对自由和诗性智慧。所以，慧能的偈语云："菩提本无树，明镜亦非台。佛性常清净，何处惹尘埃？"（《坛经·行由品》）因为佛性清净，所以内蕴佛性的心灵也是清净的，思想与行为没有欲望和功利的"尘埃"。然而，心灵毕竟时常浮现妄念，所以，需要不断地祛除妄念，保持绝对的清净。显然，这是完美主义和绝对主义的准则要求，也是诗性主体的必然条件。

朱熹（1130-1200），南宋时期的思想家和理学大师。朱熹承袭和发展了周敦颐、程颢、程颐的理学，兼采佛家和道家的思想资源，提出自己的理学观。朱熹的"理"，也称道、太极。"总天地万物之理，便是太极。"（《朱子语类》卷九四）理（太极）是世界存在的逻辑依据和起始理由，《太极图说解》云："上天之载，无声无息，而实造化之枢纽，品汇之根柢也。"理（太极）的特性还在于是永恒的存在，它本身没有动静和始终，然而，任何事物的变化和运动都以理（太极）为原因。更重要的是，理（太极）是真善美的象征，体现道德内涵和伦理原则。因此，理（太极）是现

---

[1] 慧能. 坛经 [M]. 郭朋，校释. 北京：中华书局，1983：59.

象界的形而上学的依据，也是事物变化的理由和规律，也作为道德观念和伦理法则的根基。如此看来，在朱熹的哲学意义上，朱熹的理想主体可谓为良知主体。首先，良知主体的第一重规定性必然基于理，因为它是所有主体形式的生成根据。第二，良知主体主要是天命之性。孟子云："性者，人之所得于天之理。"（《孟子·告子上》）朱熹假定，天命之性是先验和至善的。理表现在具体的个人身上，则与气不能分离。这种与气交融的理，就演变为气质之性。因此，主体不仅有天命之性，还有气质之性。但是，天命之性是善的和美的，而气质之性具有后天的差异性。所以，有些气质之性符合良知主体的要求，有些则不能成为良知主体的内涵。由此可见，诗性主体一方面禀赋先验的天命之性，另一方面，也部分来源于气质之性。第三，良知主体必须符合道心而非人心的哲学要求，必须符合"存天理，灭人欲"的伦理原则。朱熹主张天理和人欲的二元对立。他认为道心和人心存在本质差异：道心出于天理和性命之正，禀赋仁义礼智的内在价值，而人心源于形气之私，是本能欲望的产物。所以，必须"存天理，灭人欲"，人心必须服从于道心。于是，良知主体被赋予了形而上学的意义，成为绝对原则的抽象，演变为纯粹的伦理内涵。尽管不乏合理内核，但也不免有机械刻板的特性。第四，良知主体需要格物致知。朱熹云：

> 所谓致知在格物者，言欲致吾之知，在即物而穷其理也。盖人心之灵，莫不有知，而天下之物，莫不有理。惟于理有未穷，故其知有不尽也。是以大学始教，必使学者即凡天下之物，莫不因已知之理而益穷之，以求至乎其极。至于用力之久，而一旦豁然贯通焉，则众物之表里精粗无不到，而吾心之全体大用无不明矣。（《大学章句·补格物传》）

认识是主体的必然功能，认识的方法则在于格物，通过格物的手段达到穷理的目的。但是，不同的事物具有不同的理，格物首先是从具体的事物出发，追究具体之理，其次是"因其已知之理而益穷之，以求至于其极"，从已知的原理再推导出未知的理论。所谓格物就是立足于感性的具体对象，眷注于生活世界的感觉经验。由此可见，作为诗性主体必须重视生命的直接体验，其次是注重理性思维，完善自己的知识和智慧。第五，良知主体随着历史的退化而退化。朱熹《答陈同甫书》言："夫人只是这个人，道只是这个道，岂有三代汉、唐之别？但以儒者之学不传，而尧、舜、禹、汤、文、武以来转相授受之心不明于天下，故汉、唐之君虽或不能无暗合之时，而其全体却只在利欲上。此其所以尧、舜三代自尧、舜三代，汉祖唐宗自汉祖唐宗，终不能合而为一也。"确切地说，上古三代的历史依照天理和道心的指引，所以社会以善为主导。而后来的历史是依照人心和人欲，从而导致历史的退化，主体的品质也越来越退化。由此类推，诗性主体必然随着历史的退化而退化。第六，良知主体的偶像是屈原。"原之为人，其志行虽或过于中庸，而不可以为法，然皆出于忠君爱国之诚心；原之为书，其辞旨虽或流于跌宕怪神怨怼激发，而不可以为训，然皆生于缱绻恻怛，不能自已之至意。虽不知学于北方，以求周公、仲尼之道，而独驰骋于变风、变雅之末流。"① "盖屈子者，穷而呼天，疾痛而呼父母之词也。故今所欲取而使继之者，必其出于幽忧穷蹙怨慕凄凉之意，乃为得其余韵，而宏衍巨丽之观，欢愉快适之语，宜不得而与焉！"② 尽管朱熹站在传统儒家的价值立场，对屈原有所批评和误解，但是，还是承认诗人忠君爱国的精神，浪漫卓荦的情感和审美独创性。从这一点看，我们也可把屈原视为古典时期的诗性主体偶像。

五、明清时期的童心主体和实践主体

李贽（1527-1602）以"童心"作为其哲学、美学的核心概念。童心也是诗性主体的核心结构。童心可谓是诗性主体的代名词，也是真善美的象征品。李贽认为童心即真心，为最纯粹的主体形式，隐喻人生的最高境界。他思考生命的本真，提出"童心说"的美学命题，为我们揭示了诗性主体的真谛。然而，童心显然是理想的假设：

夫童心者，真心者。若以童心为不可，是以真心为不可也。夫童心者，绝假纯真，最初一念之本心也。若失却童心，便失却真心；失却真心，便失却真人。人而非真，全不复有初矣。

童子者，人之初也；童心者，心之初也。夫心之初曷可失也！然童心

---

① 朱熹. 楚辞集注 [M]. 蒋立甫，校点. 上海：上海古籍出版社；合肥：安徽教育出版社，2001：2.

② 朱熹. 楚辞后语目录序（下册）[M] //中国美学史资料选编. 北京大学哲学系美学教研室，编. 北京：中华书局，1981：65.

胡然而遽失也？盖方其始也，有闻见从耳目而入，而以为主于其内而童心失。其长也，有道理从闻见而入，而以为主于其入童心失。其久也，道理闻见日以益多，则所知所觉日以益广，于是焉又知美名之可好也，而务欲以扬之而童心失。知不美之名之可丑也，而务欲以掩之而童心失。夫道理闻见，皆自多读书识义而来也。古之圣人，曷尝不读书哉！然纵不读书，童心固自在也，纵多读书，亦以护此童心而使之勿失焉耳，非若学者反以多读书识义理而反障之也。夫学者既以多读书识义理障其童心矣，圣人又何用多著书立言以障学人为耶？童心既障，于是发而为言语，则言语不由衷；见而为政事，则政事无根柢；著而为文辞，则文辞不能达。

……

天下之至文，未有不出于童心焉者也。苟童心常存，则道理不行，闻见不立，无时不文，无人不文，无一样创制体格文字而非文者。（李贽：《焚书·杂述》）

诗性主体密切关联于童心。从李贽的"童心说"可以直接推导出有关诗性主体的思想内涵。第一，诗性主体是童心的敞开和澄明。童心在逻辑上等同于真心，它的规定性是绝假纯真，为生命原初状态的本心。假若失去童心，就意味失去真心，也就丧失真人的资格，因此，也丧失诗性主体的本质。第二，诗性主体和一般的知识形式、日常生活经验保持着距离，这些道理闻见对于诗性主体而言，属于负面因素和解构性力量。追逐美名和掩盖虚假是背离童心的行为，也是诗性主体所必然否定的对象。第三，诗性主体尽管与书本知识存在矛盾，但是，在守护童心的前提下，广博地读书思考依然可以使诗性主体得以存在。因此，后天的知识积累和生命经验经过童心的筛选和激发，不仅不能妨碍诗性主体的完善，而且有助于诗性主体有意识地生成。第四，诗性主体从事文学艺术的创造活动，必须以童心为主宰。只有童心才能写出至文，才能言由衷和文辞达，从而诞生美感和诗意。第五，诗性主体本于自然，发乎性情，是生命存在的本色，它排斥矫情掩饰和虚假表演的活动。"盖声色之来，发乎情性，由乎自然，是可以牵合矫强而致乎？故自然发于情性，则自然止乎礼义，非情性之外复有礼义可止也。惟矫强乃失之，故以自然之为美耳，又非于情性之外复有所谓自然而然也。故性格清彻者音调自然宣畅，性格舒徐者音调自然舒缓，旷达者自然浩荡，雄迈者自然壮烈，沉郁者自然悲酸，古怪者自然奇绝。有是格，便有是调，皆情性自然之谓也。"（李贽：《焚书·杂述·读律肤说》）诗性主体在情性上呈现差异性，拒绝同一性和模仿性，而在艺术创作上也是如此。诗性主体的自然情性不是刻意地迎合礼义，它们主观无目的而客观上符合礼义的规定，因为它们本源于自然之道。

颜元（1635-1704）是明末清初的思想家。起初他是程朱理学和陆王心学的信奉者，后来成为程朱理学和陆王心学的怀疑者与批判者，甚至对佛道思想也进行彻底的否定和批判。颜元的主体论思想是躬行实践，以直接的生命感受判断事物，主张学以经世致用。所以，他鄙视脱离实际的书本知识，嘲讽佛道的玄言空谈和程朱理学、陆王心学的坐而论道，竭力提倡实学、实习、实行和实用的学术和思想。颜元的哲学思想具有解构性和颠覆性意义，也有积极的理论建构，对后世产生一定的影响。同样，颜元的教育思想在中国教育史上也具有重要的地位。切入主体论的题旨，颜元主张实践主体论，反对主体空谈义理，沉没于空疏的玄言辞章而忘却鲜活的现实世界和感性生命。因此，他决然和程朱理学、陆王心学严格划清界限，标明本质上的差异："彼以其虚，我以其实。"程朱陆王崇尚虚幻义理，颜元笃行生活实践。他敏锐地指出程朱和孔门的对立，认为"孔孟程朱判然两途"，"程朱之道不熄，孔子之道不著"。（《习斋记余·未坠集序》）颜元认为庄子是"人中妖"，而"庄周之文，文中妖"（颜元：《朱子语类评》）。佛道的玄言义理犹如"镜花水月"，充满了虚假意识和梦幻般的妄念空想，只能迷惑欺骗大众。

显然，颜元推崇一种和道家与佛家、理学与心学全然不同的实践主体。它的基本内涵可以归纳为：第一，主体应该躬行实践，不拘泥于书本知识和空洞义理，注重于实行、学习、习行，然后得以致用。他说："以讲读为求道之功，相隔千里也。……以书为道，相隔万里也。"（颜元：《存学编》卷三）颜元的实践主体可以界定为蕴含现实意义的诗性主体，具有实用主义的价值关怀。第二，实践主体建立在生命的感性形式上，奠基于生命的自身。世间不存在一种绝对抽象的至上的义理。如果义理脱离了生命存在，那么它只是虚假意识所设置的空洞概念，因此也必然消解诗性主体的实际意义和价值。"人之所以为万物之灵，也是因为人具有人的气质、形体，而并不是因为人得了什么神秘的'天理'。"① 所以，颜元认为："舍形则无性。"（颜元：《存人编》卷一）诗性主体不能脱离人的生命存在，不能超越身体形体来空谈人性或诗性。颜元认为人性在本质上是善的，由于后天"引蔽习染"的原因，导致人性中存在了恶的尘埃，因为"祸始于引蔽，成于习染"。（《存性论》卷二）所以，祛除了"引蔽习染"，人性的善可以回归。由此可推断，重建诗性主体也就得以可能。诗性主体奠基于生命的感性形式，但是，因为生命的感性形式经常受到污染，所以必须保持恒定的"去蔽"，方能使主体的善或诗性主体得以长久。第三，实践主体不取决于读书，也不取决于著书，而重在于生命的直接体验和身体力行。颜元不无情绪地指出："天下无不弱之书生，无不病之书生，生民之祸，未有甚于此者也。"（颜元：《朱子语类评》）他认为死读书之祸，源于朱熹。甚至认为著书是"空言相续，纸上加纸"（颜元：《大学辨业序》），一个人即使写成新的《四书》《五经》，也只能作为一种书生而存在，而达不到儒的境界。因此，痴迷于故纸堆、写空疏的文章是毫无意义与价值的"纸上加纸"的文字游戏，既远离生命的意义，更谈不上作为诗性主体的意义。第四，实践主体是真情至性，它应该包括男女之间的真挚爱情。颜元认为，人的生命境界无分性别。也就是说，实践主体不存在性别的偏见。女人和男人一样，同样具有生命的权力和意义。诗性主体也理应如此。

　　综上所述，颜元对于佛道和程朱陆王的主体论思想的批判，为他的实践主体思想奠定理论基础。他的主体理论闪烁着躬行实践、生命体验的光辉，和诗性主体存在着一定的逻辑关系，值得我们汲取和深思。

---

　　① 中国哲学史：第四册［M］. 任继愈，主编. 北京：人民出版社，1996：83.

第三章　何为诗性主体

莎士比亚用哈姆雷特的一句台词，赞美人是"宇宙的精华，万物的灵长"，诗意地表达了西方文艺复兴时期社会意识形态对于一种理想状态的主体性确立的渴慕。西方传统哲学和后形而上学一直将主体或主体性作为重要的论题，从不同的理论视域论证本能主体、感性主体、信仰主体、理性主体、道德主体、审美主体的差异性结构，丰富和拓展了人类精神的主体性构建。我们从历史和逻辑相统一的视角，对东西方涉及诗性主体的思想进行了简要的描述和阐释。然而，从总体上考察，对于诗性主体的运思一直处于相对沉寂和缺失的窘境，甚至缺乏一个明确的概念，更没有对诗性主体进行系统和深入的诠释。因此，填补和丰富这份传统哲学与美学遗留的精神空间势必成为一种有意义的理论努力。

第一节 本体论之思

一、追问

对于诗性主体的言说，必须建立在本体论的逻辑前提下，首先获得对于主体这一概念的阐释，其次才是展开对于诗性主体这一概念的论证。

主体是生命存在的结构性可能。它由本能主体、感性主体、信仰主体、理性主体、道德主体、实践主体、审美主体等构成。首先，我们在本体论意义上，将主体划分为本能主体、感性主体、理性主体、道德主体、实践主体等结构。其次，在存在论意义上，将主体划分为认识主体、信仰主体、审美主体、创造主体、消费主体等构成。最后，再从特性与功能意义上，将主体划分为话语主体、知识主体、权力主体、历史主体、政治主体等方面。当然，从具体的逻辑和不同的视角，还可以做出更多的划分。如此划分，基于一个相对和大致的逻辑准则，尽管不是一种严格形态的区别，但是，它们相对构成一个合乎逻辑的序列。

传统形而上学注重于感性主体、理性主体、道德主体和审美主体的描述和阐释，宗教神学沉醉于信仰主体的构造，精神分析理论瞩目于本能主体或欲望主体的探究，现代哲学企图有机地综合各种主体结构，勾画现代主体的全景地图。然而，各种意识形态均遗忘了对诗性主体的具体论述，缺乏在本体论和存在论意义上对诗性主体展开描述、分析、阐释、构建等理论活动。诗性主体理应是人之存在最重要的结构，它既存在于和各种主体相关联的结构之中，但是，又超越和凌驾于它们之上。诗性主体是生命存在最重要的权力和元话语，是保证文化艺术创造和幸福感、美感的最基本要素。现代人类迫切需要建立和完善诗性主体，它是拯救人性异化的重要力量，是克服消费欲望和引导精神走向无限可能性的精神工具，也是保证现代人走向审美超越和艺术化生存的最基本条件。

西方哲学长河，无时不见"主体性"（Subjectivity）的帆影。可以毫不夸饰地说，主体和主体性贯穿西方哲学的全部景观。从逻辑构成考察，西方传统形而上学，关注主体与客体的辩证联结，力图在主体和客观的对话活动或对象化过程中建构自我的主体性。于是，主体和客体就合乎逻辑地成为形而上学的一对稳固范畴，成为哲学之门一对稳固的象征性立柱。西方现代哲学对于主体的求解行走多条不同精神之路，以弗洛伊德为代表的精神分析理论，从心理本能寻找对于主体性的解答，试图确立本能主体的合理性和合法性。以胡塞尔为代表的现象学，重新恢复理性的尊严和价值，凭借生活世界和"交互性"建立"交互主体性"（Intersubjectivity）。以舍勒为代表的哲学人类学，重建现代语境中神学意义的信仰主体和道德主体。以马尔库塞为代表的法兰克福学派综合弗洛伊德的精神分析理论和马克思主义的辩证唯物主义、历史唯物主义的世界观、方法论，力图建立一种能够抗衡资本主义异化现实的"新感性"的理想主体。西方后现代哲学，以福柯为代表的知识考古学、权力谱系学、生存哲学和自身的历史本体论等理论形态，辩证地综合权力、知识、性、道德等因素，从整体性上突显主体的结构性意义。波德里亚的消费文化批判理论，揭示当代社会结构中消费主体的存在事实，深刻分析消费主体的运动特征和内在实质。

遗憾的是，整个西方的形而上学和后形而上学的哲学图景尽管也涉及诗性主体的部分内涵，中国古典哲学中也有与诗性主体相关的思考。然而，它们都没有从本体论意义上，系统深入地论证"诗性主体"这一主体性存在的最重要、最根本的结构。确切地说，诗性主体是贯穿于、潜存于所有主体结构中的整体性有机结构。如果没有诗性主体的综合和提升，那么其他的主体是丧失生命活力和美感、幸福感的单向度的机械存在。尼采和海德格尔是现代西方思想家中对诗性主体予以最切近的相关运思的哲学家，是沉思诗性主体的思想双璧。即便如此，他们的诗性主体之思仍然存在如下遗憾：一方面，诗性主体不属于他们重点关注的哲学问题，另一方面，他们也没有对这一问题展开本体论和审美论的深入探讨。因此，诗性主体是一个西方哲学呈现一定缺失性的理论空间，它留给我们进一步运思的可能性。同时，这一论题蕴含着历史和现实的双重思想意义。所以，对于诗性主体的探究理应成为当今哲学和美学的重要论题之一，甚至成为当今意识形态的一个重要命题。

传统哲学关注"人"的问题，现代哲学关注"存在"或"此在"的问题，构成了人类思维的阿基米德点，卡西尔指出：

认识自我乃是哲学探究的最高目标——这看来是众所公认的。在各种不同哲学流派之间的一切争论中，这个目标始终未被改变和动摇过：它已被证明是阿基米德点，是一切思潮的牢固而不可动摇的中心。即使连最极端的怀疑论思想家也从不否认认识自我的可能性和必要性。他们怀疑一切关于事物本性的普遍原理，但是这种怀疑仅仅意味着去开启一种新的和更可靠的研究方式。在哲学史上，怀疑论往往只是一种坚定的人本主义副本而已。借着否认和摧毁外部世界的客观确实性，怀疑论者希望把人的一切思想都投回到人本身的存在上来。怀疑论者宣称，认识自我乃是实现自我的第一条件。为了欢享真正的自由，我们就必须努力打破把我们与外部世界联结起来的锁链。蒙田写道："世界上最重要的事情就是认识自我。"①

如果说主体和主体性问题构成人类认识自我的阿基米德点，那么，诗性主体则是阿基米德点的核心。传统形而上学关切主体和主体性的问题，但是，对于诗性主体这一将所有主体形式有机统一的核心结构却认识不足，在强调各种主体形式的同时，忽略了诗性主体的应有地位，更缺乏对它的作用和功能的深入理解。因此，这是一个历史性的理论遗憾。

二、历史

从历史的纵向发展考察，苏格拉底、柏拉图、亚里士多德等古希腊哲学家以"逻各斯"和理性确立主体的本体论地位，以认识和知识的辩证连结论证主体的意义和价值。古希腊哲学家，以主体为主导和以客体为对象，确立主体/客体的可能性和现实性。中世纪的宗教神学，以奥古斯丁和托马斯·阿奎那为代表，以神的存在消弭人类的主体性，或者说，以神的主体性代替和涵盖人的主体性，使人的主体性沉沦在神的主体性之中。启蒙哲学力图摆脱神学主体性的宰制，重新恢复人的主体性尊严。以笛卡儿、康德和黑格尔为代表的近代理性主义，从认识能力、知识形式、逻辑范畴等方面界定理性主体。黑格尔在《精神现象学》中写道："绝对知识是在精神形态中认识着它自己的精神，换言之，是（精神对精神自身的）概念式的知识。"② 黑格尔以主观精神、客观精神、绝对精神的辩证发展，确立主体

---

① 卡西尔. 人论［M］. 甘阳，译. 上海：上海译文出版社，1985：3.

② 黑格尔. 精神现象学（下卷）［M］. 贺麟，王玖兴，译. 北京：商务印书馆，1979：266.

的内在结构，使精神实现自身的绝对和无限的本性。在黑格尔的眼界里，理念自身的矛盾运动和发展，也就是绝对精神的异化活动决定了主体的历史性存在和辩证性联结。叔本华的《作为意志和表象的世界》为主体寻找一个"意志"的逻辑支撑，他说："世界是我的表象：这是一个真理。""那认识一切而不为任何事物认识所认识的，就是主体。因此，主体就是这世界的支柱，是一切现象，一切客体一贯的，经常作为前提的条件。"① 显然，主体决定着世界，是一切表象存在的逻辑前提，而主体又是为意志所决定。换言之，主体就是意志的逻辑体现。叔本华的主体论，一方面赋予主体无所不在的存在权力，另一方面，又规定意志对主体的宰制性势能。到了尼采手里，主体终于闪烁出一种诗意的光辉，这是一个伟大的思想转折。在《悲剧的诞生》里，尼采写道："直到最后，由于希腊'意志'的一个形而上的奇迹行为，它们才彼此结合起来，而通过这种结合，终于产生阿提卡悲剧这种既是酒神又是日神的艺术作品。"②

尼采在他的第一部著作《悲剧的诞生》中发挥了两种精神——阿波罗和戴欧尼索士。阿波罗代表古典希腊天才的一面：创造和谐与均衡之美的力量；戴欧尼索士则代表一种冲创力、无穷的生命力，他沉醉狂欢，为破坏一切形式与法则的力量，反抗一切限制，作不休止的奋斗。这两者被尼采视为同等重要。③

显然，在尼采看来，理想的主体存在就是古希腊的悲剧精神，也就是酒神精神和日神精神的统一。在尼采后来的著作中，两者关系趋于平衡和谐，互相调和。最后是"冲创意志"概念进入尼采的思想，成为主体性的重要结构。海德格尔作为尼采思想的传人之一，他发展尼采关于诗性主体的思想。他在诠释荷尔德林文本的时候，提出"人应该诗意地栖居于大地"的口号，以现象学存在论的视野论述有关主体的诗意存在的问题。遗憾的

---

① 叔本华. 作为意志和表象的世界 [M]. 石冲白，译. 北京：商务印书馆，1982：29.

② 尼采. 悲剧的诞生 [M]. 周国平，译. 北京：生活·读书·新知三联书店，1986：2-3.

③ 陈鼓应. 悲剧哲学家尼采 [M]. 北京：生活·读书·新知三联书店，1987：162.

是，尼采和海德格尔有关诗性主体的论述居然成为西方现代哲学的空谷回音，应者寥寥。弗洛伊德的精神分析理论，为主体引入了无意识本能的结构。他的两大发现是：一是心理过程主要是无意识的；二是性本能是人的精神活动的核心。他认为主体的心理结构由"本我"（Id）、"自我"（Ego）、"超我"（Superego）三方面组成。本我就是无意识本能，是"力比多"（Libido）原始的欲望本能冲动，它遵循快乐原则；自我就是意识和自我意识，它是一切感知和理性的基础，它按照现实原则行事；而超我是后天的道德、宗教等社会意识形态所构成的意识。弗洛伊德认为，"本我"作为无意识的欲望冲动构成主体的先验本质，是主体最重要的心理结构。显然，精神分析理论在声称发现主体的无意识结构这一重要心理现象的同时，也确立主体的"力比多"（Libido）本能的先验本质或先天本质。这无疑包含着一种极大的思想危险和精神危机，不仅意味着对于传统主体论的基本意义和价值的怀疑与否定，也是对于理性主体论、道德主体论乃至信仰主体论的挑战与颠覆，更是对于主体存在着单向度和片面性的理解。在经历对于精神分析理论的"无意识"话语的集体狂欢与沉醉之后，当今人类开始意识到这种心理主义所寄寓的对诗性主体彻底解构的理论危险，它潜藏着恐怖的思想利刃，给主体性存在带来了巨大阴影，从另一个层面遮蔽尼采思想所闪耀的诗性主体光芒。因此，我们就不难理解胡塞尔之所以反对心理主义的哲学之思以及他对理性主义的坚定信念。因为现象学意识到，纯粹心理主义的思维方式和以欲望本能为动向的主体论，它可能给人类历史和精神带来双重悲剧与灾难，导致理性主体沉沦和诗性主体被放逐，那样，人就可能成为无家可归的以纯粹本能在黑暗之中踽踽而行的生物。卡西尔不无睿智地说："每一个思想家都给予我们他自己关于人类本性的描述。""尼采公开赞扬权力意志，弗洛伊德突出性欲本能，马克思则推崇经济本能。每一种理论都成了一张普罗克拉斯蒂的铁床，在这张床上，经验事实被削足适履地塞进某一事先想好了的模式之中。"① 显然，主体和主体性在不同的哲学家手中被建构成不同的东西。

---

① 卡西尔. 人论［M］. 甘阳，译. 上海：上海译文出版社，1985：28.

三、重构

值得庆幸的是，西方现代哲学代表之一现象学重建被非理性思潮摧毁的理性大厦，在新的历史语境重建主体性和诗性主体。

胡塞尔为主体性奠定一个逻辑基础，它就是"纯粹意识"，在纯粹意识的逻辑基础之上，他又为主体确立了"交互性"，这样就合乎逻辑地形成了"交互主体性"（Intersubjectivity）的构建。"在我的先验还原了的纯粹的意识生活领域之内，我所经验到的世界连同他人在内，按照经验的意义，可以说，并不是我个人综合的产物，而只是一个外在于我的世界，一个交互主体性的世界，是为每个人在此存在着的世界，是每个人都能理解其客观对象（Objekten）的世界。"① 交互主体性强调在主体之间的交往和对话活动中建设一种理想化和相对完善的认识主体。这样的主体不会成为独断论和话语霸权的主体，不会纯粹以自我为中心和片面地拥有真理形式。结合诗性主体而言，诗性主体一方面是充满自我意识和精神个性的主体，另一方面也必须是能够和他者进行对话和交流的主体，是主体间性的形式，否则，就有可能进入过于以自我为中心的精神危险。从这个意义讲，诗性主体在保持自我的审美独立性和精神差异性的同时，也应该乐于在社会公共空间和大众交往，能够和芸芸众生展开对话和心灵交流，而不应该抽象为一个高高在上，不食人间烟火，对人类缺乏同情心和理解责任的冷漠者。

舍勒的哲学人类学，考察主体与世界、主体与历史、主体与上帝的三重关联，从这三重关联里确立人在宇宙的特殊地位。在肯定人是生命冲动和精神本质的双重结构的基础上，主体被赋予宗教和伦理的深刻内涵，以此重建人类信仰主体和道德主体。在此基础上，主体焕发诗性的和审美的精神，以保证幸福感和超越意志的实现。舍勒重新赋予主体以宗教和伦理的内涵，启发我们为诗性主体的建立寻找到新的历史内容和社会责任。这是对诗性主体在新的历史语境的重建。马尔库塞以"新感性"重新规定主体的内涵。"新感性已成为实践：新感性诞生于反对暴行和压迫的斗争，这场斗争，在根本上正奋力于一种崭新的生活方式和形式；它要否定整个现

---

① 胡塞尔. 生活世界的现象学［M］. 倪梁康，张廷国，译. 上海：上海译文出版社，2002：153.

存体制，否定现存的道德的现存的文化；它认定了建立这样一个社会的权力：在这个新的社会中，由于贫困和劳苦的废除，一个新的天地诞生了，感性、娱乐、安宁和美，在这个新天地中成为生存的诸种形式，因而也成为社会本身的形式。"① 一方面，新感性成为一种政治因素，成为反抗现成制度的一种方式和手段，被植入了否定和反抗的冲动势能，甚至带有社会革命的理想化色彩。新感性抗衡理性压抑的势能，是以感性为主导的理性和感性的本质和谐。马尔库塞吸收弗洛伊德的理论内核，肯定主体的本能权力。另一方面，"新感性"可以为当今存在者建设一种新的生活方式，参与娱乐和审美活动，参加公共空间的游戏活动，提升审美趣味和艺术品位。而审美和艺术的活动，也帮助新感性的建立和不断完善。新感性是马尔库塞重建主体性的设想和策略，带有一定的理论和实践的双重虚构。从某种意义讲，马尔库塞的新感性，是本能主体的一种升华和提升，肯定了感性欲望的合法性和合理性，包含着政治斗争和社会革命的内容，也寄寓着对审美和艺术活动的向往，给诗性主体的重建提供了积极的思考方向。不过，马尔库塞以新感性抗拒异化和现代资本主义制度的设想，显然是一种乌托邦式的理论虚构。西方的主体性哲学在福柯这里受到根本性的批判，批判锋芒主要指向现代人文主义的三个主体性结构：认识或知识的主体、权力运作主体、道德活动主体。和这三种主体形式在逻辑上密切联系的是：说话的主体、劳动的主体和生活的主体。这些主体"也就是使自身通过知识话语的学习和掌握过程而规训成为符合现代资本主义要求的'标准化'的'正常人'"②。"在福柯的人文科学考古学的解剖之后，这些'说话主体''劳动主体'和'生活主体'，都随着话语论述建构和散播过程中知识、道德和权力的相互勾结，而变成为'在沙滩上消失'的虚构的'人'。"③ 显而易见，这些主体都不是福柯理想状态的主体，当然也不符合审美主体和诗性主体的标准。遗憾的是，福柯对于现代主体所做的批判远大于建设，但是，我们依然可以从他自身的生活实践和理论创造活动中寻找到对于诗

---

① 马尔库塞. 审美之维 [M]. 李小兵，译. 北京：生活·读书·新知三联书店，1989：108.

② 冯俊，等. 后现代主义哲学讲演录 [M]. 北京：商务印书馆，2003：461.

③ 冯俊，等. 后现代主义哲学讲演录 [M]. 北京：商务印书馆，2003：463.

性主体的设计和体悟：

福柯始终把思想、创作和生活，当成无止境的艺术创造和审美的游戏活动，试图在其自身的思想活动和理论实践中，不停地寻求生存美的最高自由境界，体现了他的崇高情操和风格。然而，生活本身就是艺术创造的基础、温床和基本表现；唯有把生活本身当成艺术创造和审美的过程，才能彻底领悟生活的意义。使自身的生活变成生存美的展现过程，不但可以不断创造和鉴赏真正的美，而且还可以引导自身深入真理的殿堂，陶冶最美的道德情操，使自己的生活变成不断更新的生命体。①

福柯本身的生存就是一个诗性主体的投影，他力图以自己的生命路程向世人证明，诗性主体在于生命的无限可能性，它每一瞬间面临着向极限、彼岸、冒险、冲突、突围等生命境界的靠拢，无论生命的刻度是长还是短，诗性都是人生最值得守望的珍宝。

从逻辑和历史这两个相互关联的方面，简略勾勒西方传统形而上学和现代后形而上学有关主体的思想轮廓，我们可以清晰地发现诗性主体被其他主体结构所遮蔽和掩盖。思想史上，尽管存在着有关诗性主体的理论线索和轮廓，然而，诗性主体也只能在其他主体的阴影里悲剧化地游荡，成为无家可栖的精神流浪者。

第二节　命题性阐述

一、总体性命题

诗性主体是一个具有丰富规定性的逻辑命题和历史命题，也是一个哲学命题和美学命题。本书首先从总体性意义给予阐释。

命题一：诗性主体是寄居于所有主体形式之中又超越其外的综合主体。因此，也是涵盖于其他所有主体形式之上的超越性主体。

从逻辑的质和判断上，诗性主体是依据于所有主体形式的全称肯定判断，它隐藏于所有主体形式之中又超越所有主体内容之外。遵循以整体性

---

① 高宣扬. 福柯的生存美学 ［M］. 北京：中国人民大学出版社，2005：15.

思维为基础的系统论原则，以整体大于部分之和为逻辑前提，诗性主体作为综合性结构所产生的整合性功能大于各个别主体的功能之和，能够激发各个别主体的正性功能而规避其负性功能。诗性主体，首先决绝地扬弃本能主体，其次是亲近感性主体，再次是有限地接纳信仰主体，第四，它和理性主体、道德主体构成既亲近又疏离的二律背反关系。最后，它和审美主体构成相互交叉渗透的逻辑关系。

命题二：诗性主体是精神无限可能性的存在主体。

海德格尔在《存在与时间》中说："可能性高于现实性。现象学的领悟唯在于把现象学当作可能性来加以掌握。"① 海氏命题所给予的逻辑启示是，诗性主体既是一种现实性存在，但是，更属于一种可能性存在。进一步地言说，它是无限可能性的精神存在。因此，在纯粹概念意义上，诗性主体呈现精神的无限可能性，它潜藏着人类精神无止境的感性冲动、理性冲动和审美冲动，由此共同构成诗性冲动，在时间和空间上趋于无限地追求人类精神文化的丰富性和差异性。

命题三：诗性主体是敞开自由精神和想象力的个体形式，它是体现绝对自由意志和个人思想权力的主体。

从纯粹的量上，诗性主体是单称肯定判断。诗性主体必须是心灵自由和想象力充盈的主体，绝对的自由意志保障诗性主体的基本意义，个人化的思想权力则作为诗性主体区别于其他主体被集体化意识形态所宰制和压抑的特性。从这个逻辑意义说，所有诗性主体必然是差异性和个性化的呈现，它们顽强地拒绝和反抗群体性、整体性、同一性。

命题四：诗性主体是对于现实性存在的审美否定。

和可能性相适应，诗性主体必然性地对于现实性展开批判和否定。而寻求可能性存在的本质冲动，决定诗性主体必然确证理想主义的自我内涵。因此，对于现实性的审美否定构成它的应有之义。所以，诗性主体必然是完美主义的恒定追求者。

命题五：诗性主体是对于本能、功利、概念、逻辑的悬置和存疑。

诗性主体只有展开对其他主体形式的否定性判断，才能获得自己的差

---

① 海德格尔. 存在与时间 [M]. 陈嘉映，王庆节，译. 北京：生活·读书·新知三联书店，1987：48.

异性和确立自己的独特意义和价值。以怀疑论的"悬置"（Epoche）和"存疑"（Epokhe）的方法，诗性主体对于心理本能欲望、世俗功利情绪、客观知识概念、形式逻辑规则、社会意识形态等给予批判性反思，和它们保持一定的精神距离，唯有此，才彰显自己的超越性。

二、具体性命题

诗性主体是一种个人化的存在形式，更多涉及个人的生命体验和精神领悟，是以自我为轴心的主体结构。以下，从具体性层面展开对于诗性主体的论证。

命题六：诗性主体是个体存在的生命智慧和审美信仰的敞开。

诗性主体和知识形式存在或然性关系，然而，和生命智慧存在必然性联结。生命智慧是诗性主体的精神工具，是使之自由飞翔的翅膀。诗性主体依赖智慧获得心灵的澄明和充沛的灵感。其次，审美信仰为诗性主体敞开另一扇精神窗户。如果说生命智慧为诗性主体寻找不断流动的变异性和创新性，那么，审美信仰就为它确立一种不变的彼岸守望。唯有对于审美信仰孜孜不倦地求证和坚持，诗性主体才保证自己的纯粹性和一致性，才令获得完美的承诺得以可能。生命智慧和审美信仰以历时性（Diachronical）与共时性（Synchronical）的和谐统一佐证诗性主体的存在性。

命题七：诗性主体是对于自我的审美求证。

诗性主体是自我的呈现、敞开和澄明，是对于自身的求证过程。毋庸讳言，诗性主体以自我为轴心或以自我存在为基点，放射性地展开自我本质。进一步地言说，诗性主体对于自我的求证不是逻辑和概念的方式，而是审美的方式。它在永不止息地对自我进行追问和解答。诸如：我从何处来？我是谁？我向何处去？我的生命意义何为？我的价值何在？简言之，诗性主体是对于自我的审美提问和求证。

命题八：诗性主体是个体生命对于历史、现实、未来的想象性解答和期待。因此，它徜徉于此岸和彼岸之间。

诗性主体理应承担对于历史、现实、未来的解答责任。然而，这种解答不采取简单的理性与逻辑的方法，也不运用经验和思辨的策略，而是以个体的想象和直觉的精神形式获得对于三种时间形态的感悟、回答和期待。诗性主体的两只眼睛，在时间性上，一只注视过去和现在，另外一只眺望未来。在空间性上，既关注现实性的此岸，也投射目光于遥远的彼岸世界。

命题九：诗性主体一方面必然性地是快乐和幸福的主体形式，体现生命的自信力和幽默感。另一方面，它可能也是充满惆怅、感伤、悲剧化情绪的主体。

诗性主体是承担社会必要义务和责任的生命个体。当然，它可以在社会责任和自我的自由选择之间，寻找到合理性的辩护。因此，诗性主体应该是快乐和幸福的主体形式，在一定境域获得生命存在的自信心、幸福感和幽默感。它的悖论在于，诗性主体也可以是充满哀愁、绝望、虚无等悲剧化情绪的主体，这无妨它自我意义和价值的确立。甚至，悲剧性的情绪更显现诗性主体的独特气质和美感魅力。

命题十：诗性主体属于个体的情感领域，属于空间上纯粹和时间上永恒的主体。

情感是诗性主体重要的心理结构之一。然而，先秦时代的庄子就睿智地意识到情感的虚假和不可靠性，认为它一定程度上妨碍精神自由和遮蔽智慧，是生命之负累。庄子主张："有人之形，无人之情。有人之形，故群于人；无人之情，故是非不得于身。"（《庄子·德充符》）诗性主体的情感结构，首先，否定虚假浮华、矫揉造作的因素，拒绝表演性和夸饰性的外在成分。其次，诗性主体否定集体情感。或者说，社会意识形态所规定的情感应该是它所排斥和拒绝的成分。最后，诗性主体的情感应该是剩余情感和纯粹情感，类似于现象学的"剩余意识"和"纯粹意识"，是清洗和排除社会意识形态等集体规定的情感因素后的剩余物和纯粹物。这样的情感才保证空间的纯粹性和审美性。另一方面，情感由于欲望、功利、道德等因素决定，它们的流动性和变异性、瞬间性和暂时性非常明显。显然，这些情感都是诗性主体必然弃绝的。诗性主体是一种在时间性上可以许诺永恒的情感主体。换言之，无法承诺恒久的情感主体达不到诗性主体的审美要求。

三、综合性命题

诗性主体是社会群体和个体生命的精神融合，是在公共空间交往活动中得以呈现的主体形式，因此，它也是一种综合性命题。

命题十一：诗性主体必然性呈现自我的话语形式和符号象征形式。

正像福柯所指出，现代主体都在官方话语、社会话语、流行话语、集体话语和知识话语的建构、传播和渗透的过程中被塑造、完型、他化，成为集体无意识的话语结构。尽管每个人都在言说，然而所有的言说都表达同一性和基本类似的知识、价值、观念和意义。换言之，所有主体的符号象征形式都存在类似于维特根斯坦所提出的命题："家族相似"的特征。因此，诗性主体一方面遵循基本的语言形式和语法规则，尊重语言逻辑和话语表达习惯。另一方面，诗性主体必然性地反抗集体话语，对集体话语所包含的知识、权力和道德等因素保持警觉。所以，诗性主体必然寻找和发现自我的话语形式，创造审美性的符号象征形式，由此保证自我的独特性、审美性和诗意。

命题十二：诗性主体必然性反对面具生存和生命状态的表演化。

"人是面具"是一种相对真理的陈述。然而，诗性主体必然性地批判和拒绝面具人格，它反对现代语境的面具生存和剧场国家的集体或个人的各种表演。现代社会和后现代的消费社会，由于技术和传媒的利益融合、同盟与勾结，几乎所有的生活世界都充斥表演的成分。表演无处不在，无处不在表演。几乎所有的政治、经济、文化、教育、法律、新闻、科技等领域，几乎所有的国家、地域、民族、政治经济共同体，几乎所有的政治家、官僚、商人、明星，甚至科学家、教育家、宗教神职人员、学者、教授等传统上被尊敬的群体乃至所有大众，都有意识和无意识地成为表演者。诗性主体必然性地对此展开反讽和批判。同时，诗性主体对于大众的集体狂欢和集体场景娱乐保持理性警惕和审美否定，因为它们同样属于虚假意识的集体表演。所以，诗性主体主张追求本真化的生命形态，抗衡现代社会的面具化和表演性。

命题十三：诗性主体追求本真化的生命形态，是童心、童话和神话的综合者和守望者。

诗性主体必然性地综合于童心、童话、神话的审美精神。诗性主体主张生命存在对真实律和自然律保持永久的敬重。诗性主体反对非自然的人工技术制造的非人游戏，如迪斯尼、芭比娃娃、现代游乐场，以及包括波德里亚所批判的形形色色的仿真活动，都是对自然性和诗性的毁灭。它们当然是诗性主体所弃绝的对象。诗性主体是童心、童话和神话的守望者。明代思想家李贽的"童心说"始终是人类必须珍惜的精神遗产。而童话和神话则是人类童心的诗意呈现，诗性主体呼吁对于它们的重新重视和吸纳。

命题十四：诗性主体是主观无目的性客观上符合目的性的主体。

康德在审美分析的第三个契机认为，美是主观无目的而客观合目的性的形式。① 借用康德的这一命题，阐释诗性主体在主观内容上是拒绝任何先验和预设的目的性，而在客观效果上符合一定的审美目的性。所以，诗性主体是不预设目的，不以目的性评价对象，而能够超越目的性达到诗意生成。所以，诗性主体综合着主观无目的和客观合目的性的两种存在形式。

至此，对诗性主体展开逻辑和历史相统一、结构和本体相关联的命题化证明。在此，也可以将之归纳为：诗性主体是以审美活动为核心、以想象和直觉为工具的追求精神超越性的主体结构。

本人力图言说，在生活世界，假如没有诗性主体的保证，所有主体形式都丧失美感和超越性意义，所有主体形式都是破碎的和机械的丧失生命活力的死寂主体。所以，哲学和美学、生活世界和艺术世界，都呼唤诗性主体的回归和重建。

第三节　结构分析和当代重建

一、诗性主体的结构分析

诗性主体是关联于本能主体、感性主体、信仰主体、理性主体、道德主体、审美主体等各个具体特性的主体的综合性结构。本能主体、感性主体、信仰主体、理性主体、道德主体、审美主体等主体结构都是西方形而上学在线性叠加式的思维基础上给予界定的概念，是属于个别的、具体的概念。毋庸置疑，任何个体都是综合多种主体形式的总体性和可能性的结构。为了使这个综合性主体结构达到和谐和完整成为可能，本论题在以整体性思维为基础的系统论框架下提出诗性主体概念。因此，诗性主体是一个整体性和有机性的概念。诗性主体与以上各个具体特性的主体之间是整体与部分的关系。按照系统论关于"整体大于部分之和"的原则，诗性主体范畴大于各个具体主体之和，因为诗性主体渗透于各个具体主体，它所获得的特质是全新的和活性的，是对原有各个具体主体的综合和超越。因

---

① 康德. 判断力批判（上卷）［M］. 宗白华，译. 北京：商务印书馆，1964：59.

此，渗透着新质的诗性主体既是寄寓于各个主体之中又超越于它们之上。所以，我们一方面分别对以上各个特性主体结构予以界定与描述，揭示它们之间的逻辑关系和差异性；另一方面，在对于主体性多重结构的规定性与阐释的基础之上，进一步展开对诗性主体的本体论意义的界定和阐释。

本能主体是主体性构成中最底层的结构，它由个体无意识和集体无意识两个方面组成。在个体意义上，一方面本能主体由本我、自我和超我三个因素构成，形成一个互相联系和制约的心理系列，在其中力比多（Libi-do）发挥主导性作用。另一方面，除了力比多（Libido）之外，生命形式的其他欲望本能同样规定着主体存在的目的和手段。因此，不能将性本能确立为本能主体中的决定性意义。集体无意识规定着本能主体更广阔的存在理由，它由原型（Archetypes）和原始意象（Primordial images）等构成。这些原型、原始意象决定着主体存在的文化心理和性格类型，甚至精神内在的气质。显然，本能主体只能作为主体性存在的潜藏结构，它们绝不能成为弗洛伊德所声称的主体的决定性本质。虽然诗性主体受到本能主体的制约，但是诗性主体必然是超越本能主体的主体形式。诗性主体也只有禀赋对本能主体的否定和超越的能力，才使自我的诗意光辉得以闪耀。

感性主体是高于本能主体的主体形式，也是诗性主体得以可能的前提条件。因为，感觉的丰富性和敏锐性决定诗性主体得以可能的生命基础。马克思在《1844 年经济学—哲学手稿》中写道："只是由于人的本质的客观地展开的丰富性，主体的、人的感性的丰富性，如有音乐感的耳朵、能感受形式美的眼睛，总之，那些能成为人的享受的感觉，即确证自己是人的本质力量的感觉，才一部分发展起来，一部分生产出来。"[①] 感性主体是主体的基础性结构和前提性条件，也是诗性主体的逻辑起点。换言之，没有感觉的丰富性和敏锐性，没有感性主体的保证，诗性主体只是一种空洞的理论抽象。然而，感性主体无法也不可能等同诗性主体，诗性主体是建立在感性主体之上的更为高级的主体形式。诗性主体可以对感性主体进行选择和过滤、提炼和提升、综合和改造等复杂的精神活动，达到精神无限可能性的诗意境界和智慧境界，从而获得诗意性可能。

---

① 马克思恩格斯全集：第 42 卷［M］. 中共中央马克思恩格斯列宁斯大林著作编译局，编译. 北京：人民出版社，1979：96.

　　信仰主体是建立在宗教神学意义的主体形式，康德在《纯粹理性批判》写道："人在哲学之幼稚时代所以之开始者，实为吾人所欲以之为终点者，即以关于神之知识开始。"① 显然，信仰主体是人类理性主体尚未成熟时期的主体结构。福柯说："神学就是一种理性结构的认识方式，它让主体可以——作为，也只是作为理性主体——达到上帝的真理，而无需什么精神条件。"② 信仰主体除了宗教神学的因素之外，还有政治、文化、民族、神话等社会意识形态的内容。信仰主体以情感和意志为动力，确立主体存在的意义和价值。问题的复杂性在于，尽管随着人类认识能力的不断成熟和科技高度发展，信仰主体依然成为于人类主体重要的结构之一。诗性主体在一定程度上依赖于信仰主体的作用，获得自我的可能性。但是，问题还在于，信仰主体在一定程度上对诗性主体构成负面势能，损害诗意存在的生成。诗性主体必须对信仰主体具有否定和扬弃的意味才能保证自我的独立性和差异性。

　　理性主体是主体最重要的主导性结构，它决定和引导着主体存在的目的和手段，赋予主体一定的价值和意义。尽管西方非理性主义思潮一度兴盛，然而，理性作为主体的基本结构和人类应有的尊严与理想是共时性的，就像胡塞尔坚定地说："自信已在乱世之中为一个关系到人类福祉的崇高目标指明了方向，并坚信理性最终战胜非理性。"③ 理性在任何历史时间都是人类高贵的象征，它保证精神向着更完善和更理想的境界前行。理性可以更为精确地划分自然理性、历史理性和意识理性等内容，然而，它们同一性的结构都是主体的意向性体现和本体存在。传统形而上学的思维模式将理性和感性作为二元对立的精神结构，尽管做出艰辛的努力试图调和两者业已存在的逻辑鸿沟，它们之间的裂痕却是显而易见的。一方面，理性主体在一定程度上制约和毁坏诗性主体的生成，理性的严格逻辑和实证主义、实用主义和科学主义等思维特性必然形成对于诗性主体的压抑、宰制、操纵甚至消解。另一方面，正是理性主体在一定意义上保证诗性主体的权力，保障诗性主体在现实存在的合理性和合法性。更重要的，由于理性主体的

---

　　① 康德. 纯粹理性批判［M］. 蓝公武，译. 北京：商务印书馆，1960：577.
　　② 福柯. 主体解释学［M］. 余碧平，译. 上海：上海人民出版社，2005：205.
　　③ 中译者序//胡塞尔. 纯粹现象学通论［M］. 李幼蒸，译. 北京：商务印书馆，1992：1.

知识与智慧强大支撑，诗性主体才可能获得自我的可能和不断丰富。当然，诗性主体绝不臣服于理性主体，它比理性主体享受到更大的心灵自由。如果说理性主体以概念与逻辑作为工具，那么，诗性主体则以直觉、想象和灵感作为自我的创造力量和超越性条件。

道德主体是西方传统形而上学讨论的重要主题之一，亚里士多德的《尼各马可伦理学》，斯宾诺莎的《伦理学》和康德的《纯粹理性批判》代表西方古典哲学为人类绘制的道德本体的图景，它们以理论命题的形式确立的伦理准则迄今为止都是人类的精神财富，甚至是超越历史的普遍价值。凝结于《论语》《孟子》《墨子》等先秦儒家和墨家典籍中的伦理准则，同样构成道德主体的概念内涵，具有共时性的人文价值。道德主体一方面形成对于诗性主体的限制和消解，另一方面也有利于诗性主体的生成和深化。绝对脱离道德主体的诗性主体显然是一种主观的虚构。

审美主体是传统形而上学一直眷注和论述的主体形式。这里必须区分的是，它和诗性主体在逻辑上是部分与整体的关系，是被依托和超越的关系，而不是等同或同一的关系。随着历史发展和生活视域的拓展，有的时候运用审美主体已经不足以阐发某些问题，然而，由于诗性主体涉及生活世界的方方面面，所以有的时候运用诗性主体这一概念显得更为贴切。总之，诗性主体概念的确立是美学理论和审美经验的必然性诉求，既尊重了审美主体原有的独立性又超越了审美主体的内涵与功能。另外，诗性主体的特性决定了主体具有审美需要的内在动力机制，也决定了主体必需依托审美主体通过审美形式穿梭于其他各个具体主体之间，发挥其协调和超越的功能，并且通过审美思维对其他各个具体主体进行综合和反思，从而获得动态的活性的新质。这些新质的集合不再是包括审美主体在内的各个具体主体某些成分的叠加，而是"整体大于部分之和"，这个"整体"便属于诗性主体的范畴。因此，诗性主体是和审美主体具有相通性却存在差异的不同概念。诗性主体是依托于审美主体而在逻辑范围上又大于审美主体的范畴，而审美主体使诗性主体的综合与超越成为可能。

对于主体所展开的逻辑和历史的扼要描述与分析，有助于我们大致厘清关于主体或主体性的基本概念、范畴和命题。马克思在《关于费尔巴哈的提纲》中说："人的本质不是单个人所固有的抽象物，在其现实性上，它是一切社会关系的总和。"① 显然，马克思的主体是全景意义上和主体性的完整版图的视野上综合主体性的结构。从这个意义上推论，诗性主体也是一切社会关系的总和，然而，它更是一种审美意义和诗意特性的总和。所以，本人在以命题阐述的基础之上，还提出一个简要和明确的界定：诗性主体是以审美活动为核心、以想象和直觉为工具的追求精神超越性的主体结构。

二、诗性主体的逻辑分析

诗性主体是主体性之中最重要的因素，既存在于和各种主体相关联的结构之中，又超越和凌驾于它们之上。诗性主体是生命存在最重要的功能结构和元话语，是保证生命存在的创造激情和幸福感、美感和诗意的精神基石。在当代性意义上，现代人类迫切需要重建和完善诗性主体，反思和批判知识、权力、道德给予主体的规训和压抑，抗衡和拒绝社会意识形态所崇尚的只要感性享乐而放弃彼岸承诺的实利主义潮流，守护着自我存在的审美超越性和诗性情怀，由此保证精神文化的创造活力和生命存在的理想性。

海德格尔在对荷尔德林的诗歌阐释中，感喟地运思："如何思考诗意，即它被看作是一种度量的杰出种类。没有明白，因为诗意作为那奇怪尺度的测量，变得更加神秘。而且这样，它必然仍处于神秘之中，如果我们真正准备使我们居于诗意存在的领域。"② 诗意与诗意的生存是人类苦心寻求的精神偶像之一，它处于神秘和实在的缝隙之间，看似可望不可及，其实，它可能性地存在于生活世界的每一处所，寄居在每一个主体的心灵深处。随着人类的知识谱系不断完善和精密，科技高度发展，现代社会的管理制度与统治技巧越来越理性化，以及商品经济和消费社会的结盟越来越紧密。知识、技术、资本、权力、政府、传媒、广告等社会结构在利益原则下的全方位互渗，诗性主体的生存空间和上述因素构成反比例的逻辑关系。因此，在这种后现代的历史语境中，运思诗性主体的当代性意义就不能不是

---

① 马克思恩格斯选集：第1卷［M］. 中共中央马克思恩格斯列宁斯大林著作编译局，编译. 北京：人民出版社，2012：135.

② 海德格尔. 诗·语言·思［M］. 彭富春，译. 北京：文化艺术出版社，1991：195.

一个有意义的事件。

诗性主体是人类的共时性（Synchronically）精神诉求，也是作为"符号的动物"（Animal symbolicum）的一种标志性和根本性的美学特征。在海德格尔的哲学意义上，语言是存在之家园。与此相关，卡西尔认为："人类不可能以抽象的思维或以理性的语言开始。它必须要经过神话和诗歌的象征（Symbolic）语言的时代。"① 显然，这种文化人类学的眼光肯定了人类文化活动的原初的诗性性质。然而，随着现代化和后现代主义滚滚洪流的理性和非理性的共同席卷，人类的诗性主体面临一个"偶像的黄昏"的悲观境遇。因此，对于诗性主体的运思和重建，在现实境域就必然是一个充满意义的话题。

在当代境域重建诗性主体，我们必然面临着艰巨复杂的挑战，因为后现代社会的运行机制，业已使权力、知识、资本、科技、商品、消费、广告、传媒等广泛而密切地形成利益共同体，成为一个系统结构和集约逻辑。这一个强大的社会联盟形成对诗性主体的全面性宰制力量。所以，重建诗性主体是一条布满荆棘的艰难路途。然而，人类精神总是具有绝望抗争的理性勇气，对于彼岸世界的向往和审美乌托邦的沉醉构成了主体的尊严和生命的美感力量，这就是重建诗性主体的逻辑基础和精神理由，也是这个幽暗世界里透露出的理想主义光芒。

诗性主体在结构意义上，必须着重抗衡语言主体、身体主体、消费主体的诱惑和压抑，才能保证自我的意义和价值，呈现主体存在应有的美感、幸福感和自由创造的激情与灵感。福柯划分现代主体为说话的主体、劳动的主体和生活的主体等。在后现代语境，说话的主体运用的语言系统是一种社会化意识形态进行集体意义灌输活动的产物，它消解个人的言语权力和进行诗意话语的原创可能性。公共空间的交往活动中，看上去每个人都在言谈、说话，然而，每个人都不过是重复社会的流行语言，以一种循环逻辑的方式在肯定不属于自我的社会意识形态。"海德格尔特别强调，为了使生存变成富有审美意义的生命创造过程，必须善于使用诗歌语言，因为诗歌语言是纯粹的存在语言，而且是历史的'原语言'，也是历史的原初发动力。只有那些'被遗忘了的和枯竭了的诗歌语词'，才转变成为日常生活

① 卡西尔. 人论 [M]. 甘阳，译. 上海：上海译文出版社，1985：195.

语言；所以，通过日常生活语言是无法呼唤一切可能的事物的，因而就会陷入庸俗的和无所作为的生活旋涡中。"① 索绪尔更早地指出 "集体惰性对一切语言创新的抗拒"② 这一语言学特性。当代的政治、文化、教育、经济等领域，以及生产和消费活动，所有被运用的语言都是日常生活的语言，属于非诗性的语言。它们共同组成对于主体的同一性和规范性的塑造工作，由这些日常语言的规训和教育而来的主体显然远离了诗性主体。这些说话的主体已经是模式化和类似性的语言主体，它们一方面丧失了对于自我话语的寻找，弱化了对于语言原初的诗性意义的追溯能力。另一方面，失落了在能指/所指之间展开语言游戏和话语创新的灵感，也缺乏对于话语的修辞激情和诗性冲动。所以，从语言主体的意义上运思，当代语境中诗性主体的重建首先应该是个体话语的重建。而个体话语的重建，意味着主体焕发精神的原创力和诗意的复活，也表明生命存在的丰富性和差异性的曙光降临，也是纯粹的美感和诗意重新回到这个被消费主宰的欲望世界的幸福时光。

和集体语言对于主体的规训和宰制密切相关，就是 "信息"（Information）这个后现代的幽灵对于诗性主体的消解和毁坏。被普遍褒扬和赞赏的信息社会的确为技术和经济发展提供一个非常重要的动力和工具。然而，信息这个表面上看似纯粹的对象，从来不是纯粹和客观的存在形态。在后现代社会，一方面，所有的信息都是被意识形态进行编纂、选择、过滤、加工、改变、歪曲后的符号化对象，尤其是被大数据全面覆盖的信息化社会，每一个主体在每时每刻获取的信息都不是客观对象的原生态的存在形式。正如波德里亚指出："所有传媒都会用一连串的信息限定、切割接受者样本，而事实上，这些信息是经过选择的问题。"③ 换言之，在一定程度上，我们已经处在一个只能依赖信息去感知现象界的历史时间，信息已经悄然消解了我们以感性的直觉对现实世界的真实性和直接性的感受能力。与此相关，主体也部分地丧失了对于事物的选择、判断、理解的理性能力。另一方面，数字化生存导致绝大多数的信息属于多余信息和垃圾信息，这些

---

① 高宣扬. 福柯的生存美学［M］. 北京：中国人民大学出版社，2005：469.
② 索绪尔. 普通语言学教程［M］. 高名凯，译. 北京：商务印书馆，1980：110.
③ 波德里亚. 象征交换与死亡［M］. 车槿山，译. 南京：译林出版社，2006：91.

信息对于个体的生命存在构不成"意义"（Sense）。对于这些大量的无意义的信息的关注和沉迷，一方面是生命时间的绝对消耗，另一方面是对于审美活动和诗性存在的相对褫夺。可以推论，一个被信息淹没的主体是一个没有意义的悲剧主体，是一种精神被悬空化和美感丧失的主体，当然也是没有诗性的主体。因此，呼唤对诗性主体的重建必然性地与主张当代存在者对信息的抵制和过滤密切关联。我们在惊羡古人的低信息量生存状态的诗意和美感的丰富性的同时，应该反思密集和过剩的信息对诗性主体的客观上的毁坏和侵蚀。

当代社会对自我的关注日益密切和高涨，其中之一是对自我身体的重视被提升到最高的地位。显然，对自身身体的关注和重视，与对权力、知识、经济、本能欲望的追逐活动紧密关联。身体成为这个历史阶段最流行的修辞术，成为炫耀性符号，甚至上升为商业价值和象征性的政治代码。从政治家、商业大亨、金融寡头、体育与文艺明星，到神职人员、科学家、教育家等形形色色的精英阶层，这一长串吸引大众羡慕眼光的职业名片，都是身体主体的象征品和展览品。他们成为电视、晚会、庆典、各种仪式等公共空间的身体偶像而被大众所膜拜和仿效。这个时代的美容、健身、卫生、保健、休闲、娱乐、旅游等一系列的活动，都围绕着身体这个轴心进行运转。身体的运作也就是符号的运作，在身体符号化的系统化运作过程中包含着商品和消费的一系列秘密，包含着政治、经济和文化的统治与控制的一系列秘密。一方面，我们肯定身体的权力，肯定身体主体所寄寓的本能欲望的合理性和合法性，甚至承认身体主体在一定程度上保证诗性主体的存在基础，促进诗性主体得以可能的客观条件。换言之，有些诗性主体是依赖身体主体得以部分呈现的。魏晋时代的阮籍和嵇康等名士，他们的诗性主体在某种境域是借助于潇洒清朗、英俊傥荡的身体风姿得以呈现的。另一方面，我们必须保持对于身体主体的清醒理性。因为，当代社会中身体进入了一个符号标记和时尚象征的阶段。而身体和时装的结合就开辟一条通往审美异化的危险道路："服装受到身体所指的侵蚀，受到作为性行为和自然的身体显露性的侵蚀，丧失了它从原始社会起就一直有的那种神奇的丰富性。服装丧失了纯粹面具的力量，它被那种指示身体的必要性中和了。它迁就了既成事实。"① 尤其是身体和本能欲望的宣泄与张扬形成了菲勒斯体制或菲勒斯偶像，而后者成为商业利润和政治宣传的一种充满张力的因素。在当代社会，被标记的身体和符号化的身体已经损害诗性主体的生存权利，压缩诗性主体的活动空间。因此，我们必须反思和警惕身体主体的标记化和符号化带来的菲勒斯体制的严重事实，必须呼唤诗性主体对于身体主体的控制、调节和超越。

在消费社会，每一个存在者不是在消费中生存，就是在消费中死亡。这有趣的暗合莎士比亚悲剧主人公哈姆雷特的一句著名台词：生存还是毁灭，这是一个问题。（To be or not to be, this is the question.）消费社会中，商品成为一种普遍化的崇拜对象，广告和传媒的结盟，科技和商品转化，加速消费神话的生产和再生产、复制和传播。尼采早就尖锐地批判现代社会："商人是支配现代人类心灵的力量，成了现代人类最令人羡慕的一部分。""这个时代是一个卑鄙的时代，现在已经可以看清这一点了，因为它尊敬以往高贵时代所蔑视的东西。"② "整个消费社会的基本结构，不是以人为中心，而是以受人崇拜的物为中心；整个社会的运作过程，也变成对所有这些物的礼拜仪式作为基本动力的崇拜化过程。"③ 后现代消费活动中的主体是异化的主体，是丧失自我反思能力和想象力停滞的主体，也是缺乏自主性的审美意识的主体，从众和追逐时尚成为消费活动中的屡见不鲜的普遍现象。主体膜拜于眼花缭乱的商品，理智屈从于货币符号，每个人都成为消费的自我，也成为无意识和无组织的自我，对于商品的消费活动不再是考虑它们的消耗和使用价值，不考虑它们在生产过程中消耗的劳动时间，而是主要将它们视为满足欲望和虚荣心的符号体系。消费的象征意义大于实际使用的功能。在消费社会的运作逻辑里，排除诗性的存在，排除纯粹的审美活动，也排除个人自由的幻想和乌托邦的期待，只有主体的欲望叙事。换言之，消费活动以使用价值渗透象征符号的混合方式给主体以本能欲望和虚荣心的满足。因此，在当代消费中，主体的尊严被缺席、诗

---

① 波德里亚. 象征交换与死亡 [M]. 车槿山，译. 南京：译林出版社，2006：142.

② 尼采. 悲剧的诞生 [M]. 周国平，译. 北京：生活·读书·新知三联书店，1986：134-135.

③ 冯俊，等. 后现代主义哲学讲演录 [M]. 北京：商务印书馆，2003：576.

意被放逐，审美活动服从于效用原则。所以，重建诗性主体必然性地面临对于消费社会的理性反思和美学批判。首先，一方面，必须重新调整消费概念和修改消费运作逻辑，建立清醒和智慧的消费理性。另一方面，必须保持对于虚伪的商品概念和夸饰性广告的警惕和拒绝。当然，最重要的策略是，以诗性主体的否定性和超越性势能，对消费活动展开生命智慧和诗意情怀的反讽与嘲笑，以节俭主义和生态伦理主义的立场和观点，保持生活世界的良知，不为流行的社会消费意识所动心，坚守诗性主体的本真性和纯粹性。

诗性主体是生命存在最重要的权力和元话语，是保证文化艺术创造和幸福感、美感的最基本要素。现代人类迫切需要建立和完善诗性主体，它是拯救人性异化的重要力量，是克服消费欲望和引导精神走向无限可能性的精神工具，也是保证现代人走向审美超越和艺术化生存的最基本的条件。

三、诗性主体的当代重建

对于诗性主体的意义和价值的求证，显然是一个艰难的问题。然而，更为艰难的问题是，在当代语境，如何寻找重建诗性主体的方法和途径。换言之，重建诗性主体，如何得以可能？

本书从下列几方面的思考初步呈现"自己"的理论轨迹。

首先，当代诗性主体必须建立自我的话语体系、表达符号和修辞术。社会公共的语言（Language）是应用流行意识形态和日常生活的交流工具，一方面，它是以语音为中心的逻各斯中心主义（Logocentrisme）的果实，是一种被制度化和以固定模式确立的符号系统，它的稳定结构和一成不变的表达方式成为保守和僵死的象征。另一方面，公共语言在时间之轴上充满变异和流动性，各种前卫的、眼花缭乱的时尚词汇和反传统、反语法、反修辞的表达方式，不断涌入公共交往空间，尤其大量出现在互联网以及其他传媒平台上。显然，这样的语言是非诗性的和消解诗性主体的。"和既是社会习惯又是意义系统的语言相对，言语根本是一种选择性的和现实化的个人规则。第一，它由一种'结合'构成，这种'结合'是'讲话主体可以用来表达他个人思想的语言代码的结合'（这种意义引申的言语可以被称为话语），第二，它由'使人们选择出这些结合的心理—生理机能'所构成。"① 罗兰·巴特进一步区分语言、言语和话语的差异，揭示话语（Discourse）对于个人思想权力和风格的重要性。显然，在当代意义上强调诗性主体的重建，主题之一就是重建当代诗性主体的话语体系，作为诗性主体的个体存在者，必须寻找属于自我的表达符号，尤其注重审美的诗意的修辞术。没有修辞的语言和话语就是缺乏诗性的语言和话语，而缺乏修辞能力和技巧的主体就无法达到诗性主体的基本性要求。诗性主体应该沉醉于诗意的审美的言说，努力地寻求属于自我心灵感受和体悟的话语，娴熟地运用修辞术和最终形成独创性的话语表达风格。海德格尔感叹"诗意是居住本源性的承诺"②，诗性主体的本源性承诺之一理应就是诗意的话语得以可能，没有诗意的话语，所谓诗性主体只能是幻想性的理论虚构。

其次，诗性主体的重建，意味着后现代主体必须恢复和重建生命感性。当代主体沉迷于消费生活，依赖于理性工具进行思考和价值选择，享受科技所带来的附会于商品之中的欲望满足。整个社会大众存在着生命感性的麻木迟钝、缺乏对大自然的敏感、更缺乏对大自然敬畏和感恩的情感。马克思在《1844 年经济学—哲学手稿》中说："人不仅通过思维，而且以全部感觉在对象世界中肯定自己。""一方面为了使人的感觉成为人的，另一方面为了创造同人的本质和自然界的本质的全部丰富性相适应的人的感觉，无论从理论方面还是从实践方面来说，人的本质的对象化都是必要的。"③马尔库塞在《审美之维》中说："美学的根基在其感性中。美的东西，首先是感性的，它诉诸于感官，它是具有快感的东西，是尚未升华的冲动的对象。"④ 马克思和马尔库塞共同强调感性和感觉在主体中的重要性地位。显然，丧失对于大自然敏锐感觉和对生活世界缺乏感性的主体不属于诗性主体的范畴。因此，重建诗性主体必须恢复主体对大自然的丰富感觉，主体置身于自然之中，才能获得和领悟诗意和美感。刘勰云："春秋代序，阴阳惨舒，物色之动，心亦摇焉……岁有其物，物有其容；情以物迁，辞以情

---

① 巴特. 符号学美学 [M]. 董学文，王葵，译. 沈阳：辽宁人民出版社，1987：8.

② 海德格尔. 诗·语言·思 [M]. 彭富春，译. 北京：文化艺术出版社，1991：198.

③ 马克思恩格斯全集：第 42 卷 [M]. 中共中央马克思恩格斯列宁斯大林著作编译局，编译. 北京：人民出版社，1972：126.

④ 马尔库塞. 审美之维 [M]. 李小兵，译. 北京：生活·读书·新知三联书店，1989：123.

发。"(《文心雕龙·物色》)心物的对话交流获得审美感受,进而以诗意话语的方式表达于文本。现代人类对大自然缺乏敬畏和感恩,因为对自然的榨取和掠夺成为近代以来的思维方式和价值观。现在,生态伦理主义主张对自然"复魅"的呼声日渐高涨。法国思想家塞尔日·莫斯科维奇(Serge Moscovici,1925—)的《还自然之魅——对生态运动的思考》,主张恢复自然的尊严和神秘感。生态美学主张让神话和童话、诗意和宗教重新进入自然。无疑,这些思考对于当代社会重建诗性主体都呈现一定的积极意义。

再次,诗性主体不是知识主体,它是一种生命的智慧形态。所以,重建诗性主体必然包含对生命智慧的呼唤。知识的特性是积累和重复,借助于概念和逻辑的形式确立自己的存在方式。实用性和权力作用是知识的共同特点,通约性和普遍有效性构成知识的存在基础。一方面,智慧可能建立在知识基础之上,另一方面,智慧更多地超越知识,呈现自由创造和想象力活动的特性。知识需要对于客观对象的符合,需要客观地符合目的性。而智慧则无须考虑和客观之间对象是否建立必然和相符合的关系,它是非重复形态的精神存在,一般没有实用性目的性。在对知识和智慧的差异性理解的前提下,我们强调诗性主体的重建在一定程度上也是生命智慧的重建。与此密切相关,生命智慧的重建必然呼唤自由意志和想象力的重建。当代主体是严重缺乏自由意志的主体,一方面,普遍地服从知识、权力、道德成为社会意识形态的主流;另一方面,沉湎于科技进步、利益分配和消费活动成为集体无意识的诉求。诗性主体必然是体现自由意志的主体,对于自由意志的诉求远远高于对于利益和权力的追逐。只有自由意志才能保证生命存在的尊严、幸福和诗意,才能获得生命的最本真的意义和价值。和自由意志相联系,诗性主体必然是充满想象力的主体。想象力一方面保证了精神自我的自由和智慧,另一方面也为诞生美感和诗意奠定主观基础,再一方面,它也为精神文化的创造提供心理前提。弗洛伊德的"自由联想"概念和胡塞尔"自由想象变换"(Freie Variation in der Phantasie)的方法,希冀借助想象的功能,使不在场的东西达到显现和澄明。"自由想象变换"的方法,胡塞尔之见,可以达到"本质的洞察"(Wesenseinsichten),可以确立若干事物本质之间的本质关系。想象方法,具有形而上的思辨哲学的内涵,并使现象学达到严格科学的目的。诗性主体唯有借助于想象的方法,才能获得生命智慧和自由意志的实现,也才能获得美感和精神文化的创造性灵感和动力。

第四，诗性主体也是意识主体和情感主体。然而，诗性主体领域内的意识主体和情感主体绝对不等于一般意义上的意识主体和情感主体。这里，我们移植现象学的"纯粹意识"来加以阐释。"尽管'排除'了整个自然界的这个心理物理世界，仍给我们留下了某种东西：即绝对意识的整个领域。……我们使把握的和理论上探索的目光指向在其自身绝对独特存在中的纯意识。这就是所探索的余留下来的'现象学剩余'。"① 纯粹意识是指清洗掉所有社会意识形态之后的主体意识，它等同于先验意识。唯有这种纯粹意识才能保证主体超越全部知识构成而达到自我存在的纯粹和透明，才能保证诗性主体的生成和纯粹性。换言之，如果不排除"一切自然科学和文化科学，以及它们的全部知识组成"，诗性主体必然沾染知识的尘埃和承载社会意识形态的种种偏见，无法获得自我的自由意志和理解活动的公正性，势必丧失自我存在的超越性以及幸福感和美感。和纯粹意识一样，作为诗性主体的情感主体也必须获得自我的纯粹性和本真性，才能使自我存在获得应有意义和价值。情感（Feeling）和情绪（Emotion）包含一定的心理欲望、道德观念和理智情感等方面的因素，因此，它很难达到理论上的纯粹性。而在后现代语境里，一方面，情感越来越多地呈现为集体性、同一性和社会意识形态色彩；另一方面，由于消费社会的强大诱惑力量和知识、信息传播的密集和迅捷，以及权力逻辑和话语规范的作用，情感越来越趋向于集体表演的娱乐化和游戏化。如果说柏拉图早已发现"剧场国家"的政治表演性，那么，后现代的所有政治、经济、科学、文化、教育、宗教、体育、军事等社会活动领域都不同程度呈现"表演"特征，而娱乐化和游戏化成为其中的有机结构。显然，这些情感都属于非纯粹情感，是非本真的或虚假和矫饰的情感，它们和诗性主体存在本质的差异。诗性主体的情感应该是纯粹情感，类似于李贽所推崇的"童心"。这是一种拒绝表演的个体情感，它不被集体意识所役使，也不服从于功利主义和本能欲望，不等同于一般的道德感和理智感。诗性主体的纯粹情感，崇尚生命的自然本真的心理状态，保存童心无染的纯净，它追求自我的宁静和幸福、诗意和美感，呈现时间的历时性和恒定性，期许终极和彼岸，因此是一种理想主义

① 胡塞尔. 纯粹现象学通论［M］. 李幼蒸，译. 北京：商务印书馆，1992：136.

和完美主义的情感形式。

第五，诗性主体在当代的重建必须守护自我的审美原型和乌托邦的理想彼岸。荣格认为，原型意象（Archetypal image）"它所表现的，是有意识的心灵沉潜到无意识深层这一内向心理机制。非个人的心理内容、神话特征，或者换言之原型，正是来自这些深层无意识，因此，我把它们叫作非个人的无意识或集体无意识。"① 诗性主体一方面保留着这些集体无意识的原型，另一方面，更重要的是，作为生命的或心理的个体，诗性主体守护着自我个体的审美原型。这些审美原型可能来源于童蒙时期的记忆和想象、幻觉和直觉、感知和体验等心理活动，也可能来源于成长过程中的阅读经验和自由想象，它们保存和延续在整个生命历程的记忆图册，成为一种诗意和审美的原型意象，一种完美的偶像和精神化的图腾，其中一部分有可能上升和演变为诗歌和艺术形象。这些审美原型决定着诗性主体的生成和完善、丰富和发展，它们是诗性主体守望的彼岸世界和不能舍弃的永恒意义，成为生命中无法割断的精神纽带。这些审美原型表现到艺术领域，影响到其他诗性主体的形成和强化。屈原的"香草美人"审美原型和陶渊明的"桃花源"审美原型，进入诗歌文本之后，给予后世的深刻影响，客观上造就了无数诗性主体的生成。而"桃花源"甚至成为中国古典文人的审美情结和理想主义的象征世界，它本身已经成为一种诗性化结构。

最后，诗性主体的当代重建，必须重建自我的意义（Sense）和价值（Value）系统。在现象学的理论意义上，意义总是意向性的呈现，意义处于理解和阐释的意识流动中，因此，没有纯粹客观的意义。而价值和意义密切关系，没有绝对和纯然的客观价值，所有价值都是主观的设定和理解的产物。从意义和价值的逻辑关联上，我们重建诗性主体就意味着，守护主体存在的核心、意义与价值。1. 恢复对大自然的敬畏和感恩，重新获得对自然界的热情和敏感的直觉，以感性去领悟自然的纯粹之美，理解生命的自由和尊严，反对逻各斯中心主义，以平等和慈爱的眼光看待万象众生。确立自然是最高意义与价值的知识和信念。2. 恢复对历史传统的敬畏和对祖先的感恩。我们必须反思和反省对传统的非理性颠覆和解构，不仅以批

---

① 荣格. 分析心理学的理论与实践 [M]. 成穷，王作虹，译. 北京：生活·读书·新知三联书店，1991：38.

判的态度对待历史，而且以谦卑和宁静的姿态学会倾听历史的回声，建立对传统的信仰和守护的情感，学会对祖先感恩和缅怀，不要总是自负今人的知识和技术高于前人，而遗忘古人的智慧、道德和诗意远远高于我们。由此意识到，历史和传统是恒定的意义与价值，也是最高的最普遍的意义与价值。3. 建立社会交往活动的对话意识和主体间性（Intersubjectivity）。后现代语境，每个人更注重自我的言说，而忽略了倾听对方的声音。诗性主体应该学会倾听别人的诉说，理解他人的意义。在确立自我意义和价值的同时，对他者的尊重和理解也是生命存在的意义与价值的构成之一。4. 保持对教育体制和知识模式的理性反思，尽管教育和知识是保证每一个存在主体的理性健全和认识完善的重要基础，它构成生存世界的基本意义和价值，然而，它们和诗性主体之间存在着精神鸿沟。诗性主体只有保持对教育和知识两方面的不断地扬弃和批判，并且警惕技术主义和工具理性的危险，才能获得自我的存在意义和价值。5. 在信息时代，信息对于主体构成一定的意义和价值。然而，必须对信息进行一定的过滤和筛选、悬置和排斥，才能获得主体的纯粹意义和价值。绝对不能让主体的意义和价值服从信息的意义和价值。

我们从以上几方面陈述诗性主体重建的方法和途径，对于这一论题的思考还存在一定的空间。诗意地生存是人类永不放弃的美学目标，也是主体徜徉的此岸和彼岸。在后现代的历史语境，我们迫切呼唤诗性主体的回归和重建，这是人类精神的宿命和崇高的信念，也是我们对于心灵家园的蓦然回首和深情乡愁。

第四章　诗性主体的特性与功能

诗性主体是主体性之中最重要的因素，既存在于和各种主体相关联的结构之中，又超越和凌驾于它们之上。诗性主体是生命存在最重要的功能结构和元话语，是保证生命存在的创造激情和幸福感、美感和诗意的精神基石。诗性主体呈现非本能、非概念、非功利等特性，从功能意义上，诗性主体体现话语主体、交往主体、情感主体、消费主体、历史主体、实践主体、价值主体等结构性功能。在当代性意义上，现代人类迫切需要重建和完善诗性主体，反思和批判知识、权力、道德给予主体的规训和压抑，抗衡和拒绝社会意识形态所崇尚的只要感性享乐而放弃彼岸承诺的实利主义潮流，守护着自我存在的审美超越性和诗性情怀，由此保证精神文化的创造活力和生命存在的理想性。

第一节　诗性主体的特性分析

一、总体特性

主体性是生命存在的结构性可能。传统形而上学眷注于感性主体、信仰主体、理性主体、道德主体、审美主体等描述和阐释，遗忘了对诗性主体的追问和探究。而现代社会意识形态沉醉于对本能主体和消费主体的逻辑肯定和价值张扬，导致对诗性主体进一步地宰制与消解。因此，诗性主体在当代历史境域的知识谱系和理论境域中的缺席成为知识的悲剧。与此相关，生活世界缺乏诗性主体的存在，必然造成存在者单向度地沉湎于权力、知识、技术、资本、商品的欲望化生存和工具理性追求。因此，在理论沉思和生活世界的两个方面，都迫切呼唤诗性主体的降临。换言之，对于诗性主体的运思和探究以及对于它当代性意义的追问都构成美学必然性逻辑选择。

卡西尔在《人论》卷首，开宗明义地指出："认识自我乃是哲学探究的最高目标——这看来是众所公认的。在各种不同哲学流派之间的一切争论中，这个目标始终未被改变和动摇过：它已被证明是阿基米德点，是一切思潮的牢固而不可动摇的中心。"① 对于主体和主体性的认识和探究显然就是哲学和美学乃至整个思想文化的共同阿基米德点。在传统形而上学的视界里，主体和客体构成一对辩证联结的逻辑范畴。"主体和客体是对立的，又是统一的。离开客体，无所谓主体，离开主体，也无所谓客体。"② 这一理解，一方面以辩证法的表象掩盖了精神存在的意向性，也遮蔽了纯粹意识和主体性的主导势能，忽略对于存在者的无限可能性的把握。另一方面，旧形而上学的主体/客体的范畴，也狭隘地规定主体和客体之间的逻辑关联主要是实践关系和认识关系。显然，这一诠释是传统思维的洞穴幻影之呈

---

① 卡西尔. 人论 ［M］. 甘阳，译. 上海：上海译文出版社，1985：3.
② 中国大百科全书·哲学卷：第 2 卷 ［M］. 北京：中国大百科全书出版社，1987：1241.

现和逻各斯中心主义的产物。

古希腊的亚里士多德以"主体"一词表示存在属性、状态、功能、承担者。笛卡儿建立起主体意识和客观世界的二元对立结构，到了康德的哲学时代，力图凭借理性范畴在两者之间建立联系的桥梁。随后的黑格尔抽象地发展主体的能动性，凭借实践理念的中介作用，从而将主体/客体形成辩证联结的范畴。尔后的费尔巴哈批判黑格尔将主体理解为精神或意识的存在，主张主体是实在和完整的人，从而提出主体同时也是客体的概念。显然，传统哲学是以主体和客体相互关联的思维模式获得对主体和主体性的诠释。

在现象学意义上，主体是纯粹意识的意向性构造。现象即本质，所有呈现为客体的现象界都不过是纯粹意识的意向活动的精神果实。因此，所有超越主体之外的客体存在都不过是第一哲学的虚假预设。在现象学一元论主体性概念的前提下，我们获得对主体的本体论（Ontology）一般性界定：诗性主体是寄居于所有主体形式之中又超越其外的综合主体。因此，也是涵盖于其他所有主体形式之上的超越性主体。其次，我们对于诗性主体给予具体界定：诗性主体是以审美活动为核心、以想象和直觉为工具的追求精神超越性的主体结构。它们构成诗性主体的总体特性。

由这命题而给予的其他规定是，诗性主体属于精神无限可能性的形式，是对于自我存在的审美求证。与此相关，诗性主体是对于现实存在的审美否定。所以，它是追求不断自我完善和理想化的主体，禀赋彼岸性和终极性的信仰承诺。在文化人类学意义上，诗性主体与人类的符号活动和精神文化生成、创造存在密切的逻辑联系。在文化哲学视野里，诗性主体是人类的符号活动产生的必然性结果。卡西尔曾说，所有这些文化形式都是符号形式。因此，我们应当把人定义为符号的动物（Animal symbolicum）来取代把人定义为理性的动物。其实，我们也可以在一定意义上把人定义为"诗性的动物"。从文化人类学视角考察，诗性主体与人类的符号活动，以及与文化生成、创造活动密切关联，是一种互为因果的辩证关系。一方面，人类的符号活动和文化活动为诗性主体的形成和丰富确立一个逻辑起点，构成一个客观的原因。另一方面，诗性主体为人类符号活动进一步复杂深邃提供精神保证，为文化类型和精神产品的多元化多样化奠定主体性基础。维柯的《新科学》、列维·布留尔的《原始思维》、列维·斯特劳斯的《野性的思维》和《结构人类学》、卡西尔的《神话思维》和《语言与神话》等文化哲学著述，以丰富翔实的例证和令人钦佩的逻辑推论证明了诗性主体起源于语言、神话、宗教、文学等文化符号活动。遗憾的是，传统形而上学只关注对感性主体、信仰主体、理性主体、道德主体、审美主体的诠释和求解，而现代思潮转向于本能主体或欲望主体、消费主体的论述，而缺席了对诗性主体的阐释和论证。因此，我们面临着诗性主体在理论空间和生活世界的双重匮乏。

可以毫不夸饰地推论，诗性主体是生命存在最重要的功能结构和元话语，是保证生命存在的创造激情和幸福感、美感和诗意的精神基石。现在，我们从形式逻辑的否定和肯定这两个相互联系环节，进一步论证诗性主体的具体存在特性，从而揭示其与其他主体形式的差异性。

二、差异性

在否定性意义上，清理诗性主体和其他主体结构的差异性存在。

（一）诗性主体的非欲望化特质，相应地规定诗性主体必然是对本能主体的逻辑否定。弗洛伊德的精神分析理论揭示无意识本能冲动是人类最重要的本质，而力比多（Libido）构成无意识的最重要的因素。我们这里无意评价精神分析理论的真理和谬误的是非意义，仅从诗性主体的层面，考量诗性主体和本能主体的本质性差异。显然，本能主体以欲望原则决定自我意志和行动，而诗性主体以超越原则、理想主义、唯美主义等作为自我意识与行为的指南。本能主体属于无意识的范畴，而诗性主体主要由自我意识和纯粹意识组成，它们之间存在着精神鸿沟。换言之，不能超越本能的主体绝对不能提升和演进为诗性主体。

（二）诗性主体的非概念与非逻辑的特征，决定着诗性主体在一定程度上否定理性主体。福柯说："以笛卡儿为标志（当然，这是一系列复杂变迁的结果），出现了一个主体能够达到真理的时期。……因此，主体是不必改变自己的。只要主体在认识上获得通向真理的途径（而且真理之路是通过主体自身的结构向他敞开的），就可以了。"① 显然，这是福柯对于笛卡尔的主体和真理的相互关联理论一种批判性描述。笛卡儿的主体和真理的逻辑

---

① 福柯. 主体解释学 ［M］. 佘碧平，译. 上海：上海人民出版社，2005：205.

关联所确立的必然是理性主体，理性主体体现认识活动以逻辑和概念方式达到客体和主体的相互符合，因此获得对于真理的明证。诗性主体却拒绝以纯粹概念的方式达到对于真理的认识，也放弃借助逻辑工具获得正确的知识形式。因为，诗性主体在一定的限度上，必须保持与知识、真理适度的距离，诗性主体不等同也不接近于知识和真理。而概念和逻辑作为知识和真理的工具形式，显然和诗性主体存在一定的差异。所以，诗性主体具有非概念非逻辑的精神特征。问题复杂性在于，尽管诗性主体在一定程度上否定理性主体，却不意味着对理性主体绝对和全盘的否定，因为在一定程度和境域，理性主体保证诗性主体的审美活动和超越原则得以可能。可以推断，一个完全丧失理性的主体，很难保持诗性精神的完善实现。

（三）诗性主体的非功利倾向，表明它对道德主体的逻辑否定。诚如克罗齐所言："艺术并不是起于意志；善良的意志能造就一个诚实的人，却不见得能造就一个艺术家。既然艺术并不是意志活动的结果，所以艺术便避开了一切道德的区分，倒不是因为艺术有什么豁免权，而是因为道德的区分根本就不能用于艺术。一个审美的意象显现出一个道德上可褒或可贬的行为，但是这个意象本身在道德上是无所谓褒贬的。"① 他又补充说，把幻想中虚构的意象押到道德的审判席前毫无意思。道德总是历时性实践意志的结果，它和功利主义倾向存在必然的联系。一方面，诗性主体排斥实用主义和工具理性的功利主义倾向，另一方面，和道德主体保持适度的精神距离。问题的关键还在于，诗性主体对于道德主体的逻辑否定也是有限度的，不同于对本能主体的基本否定。因为一个相对完善的道德主体可能有利于诗性主体的生成和丰富。

三、具体规定性

在肯定性意义上，寻求诗性主体的具体规定性。

（一）诗性主体是感觉敏锐和丰富的主体形式。一方面，诗性主体和感性主体存在密切联系。诗性主体在生命形态上，必然禀赋敏锐的感觉力。这种感觉力首先表现在对大自然直接和真实、敏锐和丰富的感觉上。其次

---

① 克罗齐. 美学原理·美学纲要 [M]. 朱光潜，译. 北京：人民文学出版社，1983：213.

是对现实的社会生活的深入了解和洞察领悟。最后，是对文本的话语感受，它保证诗性主体的敏锐的历史感。这三方面的感觉能力是决定一个人能否成为诗性主体的前提条件。另一方面，感性主体在逻辑上并不等同于诗性主体。只有存储审美悟性的感性主体才可能成为诗性主体。马克思在《1844 年经济学—哲学手稿》中说："人不仅通过思维，而且以全部感觉在对象世界中肯定自己。"① 显然，马克思心目中理想状态的人，也应该是充满丰富感觉的诗性主体。

（二）诗性主体是依赖直觉和想象的方法获得自我存在的可能性。克罗齐非常强调直觉在心灵活动尤其在艺术创造和审美活动中的重要作用："我们已经坦白地把直觉的（即表现的）知识和审美的（即艺术的）事实看成统一，用艺术作品做直觉的知识的实例，把直觉的特性都付与艺术作品，也把艺术作品的特性都付与直觉。"② 显然，没有直觉，就没有艺术和审美的可能性。诗性主体应该是潜藏艺术灵感和审美感受力的主体。因此，诗性主体必然是富有敏锐直觉的主体。想象是人类诗性思维和诗意生存的重要形式，也是救赎存在者醉心于身体欲望和消费欲望的心灵工具。直觉和想象一道开启精神无限可能性的空间，指引主体走向心灵绝对自由的审美活动，使艺术活动和其他精神文化创造成为可能。因此，诗性主体必然是充满直觉和想象力的主体。没有丰富直觉和想象力的主体肯定达不到诗性主体的境界。

（三）诗性主体是敞开童心的主体，它为童话和神话的存在提供历史和逻辑的充足律理由。明代思想家李贽说："夫童心者，真心也，若以童心为不可，是以真心为不可也。夫童心者，绝假纯真，最初一念之本心也。若失却童心，便失却真心；失却真心，便失却真人。人而非真，全不复有初矣。""天下之至文，未有不出于童心焉者也。"（李贽：《李氏焚书·卷三》)李贽所赞赏的童心在逻辑上部分等同于我们论述的诗性主体。童心的有无是衡量诗性主体的精神条件和标准之一。童心的存在相应地呼唤童话

① 马克思恩格斯全集：第 42 卷［M］. 中共中央马克思恩格斯列宁斯大林著作编译局，编译. 北京：人民出版社，1979：96.

② 克罗齐. 美学原理·美学纲要［M］. 朱光潜，译. 北京：人民文学出版社，1983：17.

和神话这两种相互联系的文化形式复活和回归于当代生活世界，使当代存在主体汲取生命原初的本真动力以获得生命的灵感和激情成为可能。所以，诗性主体是守望着童心、童话和神话的精神主体。

（四）诗性主体呈现纯粹意识的信念和编织理想完美的梦幻，是审美乌托邦和审美超越的精神形式。因此，它和信仰主体、审美主体之间存在必然关系。诗性主体不是宗教信仰的主体，而是审美信仰的主体。它的审美意识是过滤掉形形色色社会意识形态之后的纯粹意识和剩余意识，它在内心世界许诺理想的彼岸，成为唯美主义的象征品。诗性主体必然属于共时性（Synchronically）的精神结构，超越时间和空间。

海德格尔在阐释荷尔德林的诗歌时所言"人应该诗意地栖居于大地上"。显然，这一话语的所指就是"诗性主体"。我们在以逻辑的肯定和否定的对立形态的描述与分析的过程，力图获得对诗性主体的求证和解答。

第二节　诗性主体的功能分析

一、主要功能

福柯认为："现代主体性意味着现代人在整个社会法规体系中的归并化和'标准化'；人的主体化过程导致了人的主体性自身的真正消失。所谓'主体化'和'主体性'，并不是人本身的自然本性的直接生存表现形态，而是现代社会制度所需要的标准化过程的历史结果。"① 福柯将现代主体划分为：说话的主体、劳动的主体、生活的主体。这三种主体显然体现了现代主体的主要功能。从功能意义上，对于主体还可以做出进一步细致的逻辑区分，以便深入地理解主体以及诗性主体的本体论意义。从一般意义的主体功能上考察，可以划分为话语主体、交往主体、情感主体、消费主体、历史主体、实践主体、价值主体、身体主体等，它们分别体现在公共空间的各自的社会实践性功能。然而，就诗性主体的主要功能而言，一方面，它主要发挥话语、情感、历史、价值等作用。另一方面，在公共空间它也一定程度上呈现交往、消费、实践等次要的社会功能。然而，它在体现这

---

① 高宣扬. 福柯的生存美学 [M]. 北京：中国人民大学出版社，2005：214.

些功能的同时，也以自我的独特方式反抗和超越这些功能，以表达和其他主体的差异性。再一方面，诗性主体还有一个特殊性的存在，就是身体主体或生命主体，一方面，它承载和汇聚各种功能，体现整体的结构性；另一方面，它作为生命的感性符号，以"身体"的形式展示生命的诗性。因此，它是最珍贵最唯美的诗性形式之一，也是最原始的和最基础的诗性符号，闪耀着诗性的光芒。身体主体是审美功能和感性功能高度集中的融合与体现。

　　首先，阐释诗性主体的主要功能。诗性主体的第一个功能是话语功能，作为话语主体，它是"说话的主体"一个感性和个性的呈现。然而，一方面，现代主体的几乎所有话语都是公共空间的流行话语，是被主流意识形态和传播工具所制造、定型、控制、撒播后的规范化、程式化、僵死的语言符号，基本丧失了语言的感性色彩和原初状态的生命活力。另一方面，现代话语成为被现代知识、科技、消费、商品、广告等充斥、垄断、统治的被污染的符号系统，正像当代悲剧性诗人顾城所言，语言像一张钞票，是流通和传递的过程被污染。因此，"说话的主体"已经广泛地和基本上瓦解了诗性话语的可能性。诗性主体作为话语主体，它必须体现话语功能。而体现诗性的话语功能，一方面需要抵制和克服公共话语、主流意识形态话语、流行话语、知识话语、权力话语等等的同化、制约和熏染，保持自我的话语独立性，寻找感性和诗意的话语修辞形式。话语是一种柔性的暴力和思维的暴力，它无处不在地渗透公众的集体无意识，主体最终被话语征服也就是思想和价值被同化，最后是语言意义的普遍化和单一化，和生活世界的平面性。当这个世界，语言或话语成为全部以科学、实用、普遍、同一、数字性呈现的时刻，也就是诗性话语和诗性主体彻底消亡的时刻。那样，也就是黑格尔预言的艺术消亡和尼采担忧的诗意终结的黑暗降临。另一方面，以原创的话语及其修辞方式获得诗性的话语实现。福柯说："借用语言及其运用技巧以实现生存美的目标，是从尼采和马拉美以来的作家和思想家们所总结出来的宝贵经验。""在语言运用方面，尼采等人都试图突破语言本身的限制，不仅超出语言运用的规则，而且尽可能打破语言的局限，借助于语言，却又超出语言，用类似语言和反语言的形式表达出一般语言所无法呈现的生存美。"① 显然，那些思想和艺术天才们的话语创造是诗性主体所共有的也是值得借鉴的精神遗产。

诗性主体的第二个功能是情感功能。无疑，诗性主体也是情感主体，在社会的公共空间体现情感的功能。显然，诗性主体的情感不能等同于一般的社会情感。正如先秦时期的庄子所敏锐意识到的那样："是非，吾所谓情也。吾所谓无情者，言人之不以好恶内伤其身，常因自然而不益生也。""有人之形，无人之情。有人之形，故群于人；无人之情，故是非不得于身。"（《庄子·德充符》）情感呈现虚假、表演、夸饰、做作等因素，它还和欲望、功利、道德、理智感等交织在一起。尤其是由社会意识形态规定的集体情感，诸如政治情感、阶级情感、国家情感、民族情感、性别情感和宗教情感等，在不乏合理性和合法性的因素之外，其负面性也是显而易见的。公共空间的情感往往呈现程序化与仪式化、表演性与功利性等内容，因此更具有虚假性、欺骗性和强制性的色彩，显然和诗性主体存在一定的价值距离。所以庄子"安时而处顺，哀乐不能入"（《庄子·大宗师》）的自然无情的态度，保持智慧、自由和审美状态。诗性主体的情感应该是顺应自然的个性化情感，呈现真实无华和自由淋漓的特性，具有自我尊重和尊重它者的情感，这种情感不仅是对待人类，也是对待自然万象和世界众生的。诗性主体是在空间上纯粹和时间上永恒的情感。所谓空间上纯粹，是指这种情感排除和清洗掉社会意识形态的集体情感所保持自我和自然的纯粹性；时间上的永恒性，则意味着诗性主体必须具有恒定的情感信念，可以承诺爱与美的永恒性。唯有此，才能符合诗性主体的精神尺度。

诗性主体的第三个功能是历史诠释的功能。诗性主体有时候以历史主体的方式呈现，获得历史性的功能。诗性主体不能绝对地脱离历史和超越历史，诗性主体存在于历史之中。换言之，在对历史的领悟和阐释的过程中，历史主体有可能上升和演进为诗性主体。卡西尔在《人论》中指出："历史学与诗歌乃是我们认识自我的一种研究方法，是建筑我们人类世界的一个必不可少的工具。"② 新历史主义代表人物之一海登·怀特（Hayden White，1928—）提出"元历史"（Metahistory）的概念，主张对历史展开想

---

① 高宣扬. 福柯的生存美学 [M]. 北京：中国人民大学出版社，2005：472-473.
② 卡西尔. 人论 [M]. 甘阳，译. 上海：上海译文出版社，1985：262.

象性的阐释和理解，将历史理解为叙述、语言、想象等综合活动的聚合物，可以被诠释者重新赋予审美和道德的意义结构。他在《作为文学虚构的历史本文》中认为："当我们正确对待历史时，历史就不应该是它所报导的事件的毫无暧昧的符号。相反，历史是象征结构、扩展了的隐喻，它把所报导的事件同我们在我们的文学和文化中已经很熟悉的模式串联起来。"① 诗性主体应该担负对历史文本和历史事件进行重新理解和创新性诠释的责任，具有对历史富于洞见和想象性的诗意与审美的理解，诗性主体应当具备对历史意义产生新的发现和探索求证历史正义的义务，尤其揭示历史潜藏的美感和浪漫精神，提供现代心灵对于历史的景仰或批判、赞叹或悲悼、沉醉或超越的美学精神。

　　诗性主体的第四个功能是价值判断功能。诗性主体是"价值"（Value）主体，它要在生活世界的社会活动中体现出对于各种价值的判断、批判和选择能力。这里的价值不包括在经济学意义的使用价值、价值和交换价值等范畴之中，它主要是指抽象意义的精神文化价值。诗性主体在公共空间的社会交往活动中，必须有担当价值评价、批判、选择和创造的能力。一方面，尼采推崇的"价值重估"活动，理应由诗性主体来承担，另一方面，更重要的是，诗性主体必须能够在自己的历史语境，创造新的价值概念和价值标准，为充满利益纷争和文化冲突的世界提供一些可资借鉴和遵循的精神准则，哪怕主导一种健康、自然和幸福的风尚也难能可贵。

二、次要功能

　　交往功能构成诗性主体的次要功能中第一种功能形式。显然，诗性主体也是交往主体，它希冀在社会活动中体现自己的交往功能。胡塞尔提出"交互主体性"（Intersubjectivity）的概念，意在强调多个先验自我之间共体化的精神形式。诗性主体应该体现交互主体性的理论内涵，强调不同个体之间的对话和相互倾听。但是，在交往活动中，诗性主体无论怎么注意倾听别人的经验和心声，最终还是需要确立自我的意向性。"在意向性中，他人的存在就成了为我的存在，并且按照它的合法内容，它在其充实的内容

---

① 新历史主义与文学批评 [M]. 张京媛，主编. 北京：北京大学出版社，1993：171.

中就得到了解释。"① 诗性主体在交往活动中必须始终确立自我的意义,意向性是自己始终必须把握的逻辑前提。尽管诗性主体不是独断论意义的主体,但它必须坚持自我的独立存在的合理性。

消费功能成为诗性主体的次要功能中的第二种功能结构。在现代消费社会,所有存在主体都逃逸不出消费的陷阱,消费像一个巨大的海洋淹没所有主体,消费带来的本能欲望的满足和符号性炫耀的快感,像一个无边的阴影遮蔽了芸芸众生中的每一个人。处于当代消费社会,诗性主体显然无法超越自己的历史语境,但是,诗性主体体现的消费功能是以自然性和审美性为原则,它应该拒绝、鄙视、冷漠那些纯粹符号意义的消费形式以及炫耀性和浪费性消费,诗性主体绝不在消费中消解自己的诗意,也不会沉醉在纯粹的物质消费活动,从而沦落为在消费中死亡的消费主体。诗性主体也对现代的仿象或仿真保持高度的感性警惕。正如波德里亚所言:"仿象是另外的东西,恰恰是仿象抛弃了我们,同时也抛弃了历史。"② 诗性主体抗衡消费活动中仿象和仿真的消费对象,追求自然和符合人性原则、符合生态伦理原则的消费方式。

实践功能是诗性主体的次要功能中的第三种功能表现。福柯所说的"劳动的主体"部分地重叠于实践主体。实践主体以功利性和目的性作为自己的实践活动的出发点与归宿,理性主义和工具主义必然成为实践活动的方法与手段,像对消费功能保持清醒和警觉一样,诗性主体对实践活动的功能同样保持自己的超越性和适度的距离。诗性主体一方面担负每个主体必须承担的实践义务和劳动责任,另一方面,它必须在实践活动或劳动生活中不断地体现诗意的快乐和创造的美感。黑格尔在《美学》中以赞赏的态度描绘古希腊时代的劳动场面,认为那里寄寓着美感和创造热情。"到处可见新发明所产生的最初欢乐,占领事物的新鲜感觉和欣赏事物的胜利感觉,一切都是家常的,在一切上面人都可以看出他的筋力,他的双手伶巧,他的心灵的智慧或英勇的结果。"③ 在黑格尔的描述里,这里的实践主体寄

① 胡塞尔. 生活世界的现象学 [M]. 倪梁康,张廷国,译. 上海:上海译文出版社,2002:153.
② 波德里亚. 象征交换与死亡 [M]. 车槿山,译. 南京:译林出版社,2006:51.
③ 黑格尔. 美学(第1卷)[M]. 朱光潜,译. 北京:商务印书馆,1979:323.

居着诗性主体的内涵。如何在实践活动中寻求和保持诗性主体的存在显然是当代人以至后代人长久思考的问题。

三、特殊功能

最后，初步分析作为诗性主体的特殊性构成的身体主体。毋庸讳言，所有的主体结构都凝聚于身体主体之中。尽管身体主体不能作为诗性主体的第一性构成，但是，它至少在一定程度上呈现诗性主体的生命形式和感性象征。所以，身体主体蕴藏着对于诗性主体而言的特殊功能。

中国先秦时期，对于身体的崇拜就有生动的记载。屈原的《楚辞》写香草美人，对于异性的美丽身体充满迷恋和沉醉、激情和幻想。这种迷恋显然属于审美的和诗意的崇拜，至少是诗歌文本中消解本能欲望的成分。到了魏晋时期，扩展到对男性身体的崇拜和赞美。《世说新语》以空灵潇洒的修辞术品藻众多男性人物清秀俊逸的身体外貌和气质风度，可以说是身体美学的一个标志性文本。遗憾的是，它所崇尚的身体主体，有时沦为富家子弟借助"五石散"等药物获得的欲望主体，亦不属于诗性主体范畴。身体主体所具有的先验的生命规定性是我们根本无法改变的自然现实，它和人种、民族和遗传等先验的生物性因素密切相关。尽管我们后天可以对身体运用现代科技方法进行美容和整形，以及一系列复杂的化妆、服饰、装饰等技术处理和文化修辞的美化活动，然而，这种对身体的美化技术和修辞活动都必须以不损伤生命本性和不违背自然法则为限度，以不破坏生命伦理和人生尊严为准则。

遗憾的是，当代人过于崇尚对身体的修辞术，对身体的美化活动。这些活动已经成为一种日益高涨的消费活动，甚至成为一种知识、医学、商业、广告等结为同盟的利益阴谋。波德里亚一针见血地指出："身体的全部当代史就是它的分界史，标记和符号的网络覆盖身体，分割身体，在差异性和基本二重性中否定身体，以便仿照物体领域，把身体组织成交换/符号的结构材料，把身体的游戏潜在性（这还不是性欲）化解为性欲，这种性欲被当成了决定性体制——完全围绕着菲勒斯偶像化组织起来的作为一般等价物的菲勒斯体制。"[1] 现代和后现代历史语境中的身体主体，已经运离

---

[1] 波德里亚. 象征交换与死亡［M］. 车槿山，译. 南京：译林出版社，2006：149.

诗性主体的审美国度，成为人们不断追逐商业利益和社会分配的有利地位的砝码，健康姣好、英俊潇洒的身体成为博取社会权力、有利地位的重要工具。对于明星而言，身体的菲勒斯偶像已经成为自己商业利润的自动取款机。对于大众而言，身体虽然不能直接和便捷为自己获得社会地位的改变，不能直接和权力、分配联系起来，但是，至少可以成为一种符号化的象征活动，成为一种社会地位、等级、品位的象征品。显然，现代和后现代社会越来越重视身体的修辞术，身体甚至成为消费活动的对象。对此，波德里亚有尖锐的分析。"在消费社会中唯一成为最美、最珍贵和最光辉的物品，唯一具有最深不可测的意涵的物品就是人的肉体。""一方面把肉体当作资本，另一方面又把肉体当作崇拜物或消费的对象。肉体被纳入物体的符号系统中去，不是因为肉体确实成为各种物体的符号系列中最珍贵的一种，而是由于肉体可以成为符号系列中最有潜力的资本和崇拜物。"① 这种对于当代身体主体的反思和批判显然是深刻和富有启发性的。

当代的身体主体的修辞术距离诗性主体越来越远，因为这种无论是技术还是文化的身体修辞术，都背离生命的自然本性，单向度地注重身体的生物性因素，而忽略身体主体的精神气质和智慧神韵修炼，忽略话语修辞等心灵性的结构。身体主体成为消费对象和商业策略的一个逻辑环节，无疑是人类尊严的丧失和审美的悲哀。显然，重建诗性主体视野下的身体主体，还是一个沉重和有趣的话题，也是路途遥远和时间漫长的美学思考的对象。

对于诗性主体的特性和功能的分析，令我们确信，在当代性语境，现代人类迫切需要重建和完善诗性主体，反思和批判知识、权力、道德给予主体的规训和压抑，抗衡和拒绝流俗的社会意识所崇尚的只要感性享乐而放弃彼岸承诺的实利主义潮流，警觉身体主体的欲望沉沦和消费主体的感官诱惑，守护着诗性主体的审美情怀和超越势能，由此保证精神文化的创造活力和生命存在的理想性。以下，我们着重从身体主体、消费主体和诗性主体的逻辑关联上，进一步深入论述它们的复杂结构，从而强调诗性主体对身体主体和消费主体的超越性意义与价值。

---

① 冯俊，等. 后现代主义哲学讲演录 [M]. 北京：商务印书馆，2003：577-578.

第三节　逻辑关联

一、身体主体

海德格尔的忧思之一，就是现代人诗性主体的沉落。他在阐释荷尔德林的诗歌，提出著名的"人应该诗意地栖居于大地"的美学口号。后现代存在者沉湎于身体主体和消费主体，遗忘诗性主体的应有权力和生命意义，构成现实性的悲剧。美学必须主张克服身体主体和消费主体的双重宰制，重建现实语境中的诗性主体，这样才能保证生命存在的自由与美感和求证人生的价值与意义。

诗性主体是一个综合性的精神结构，各种具体结构有机统一而形成一个主导性的存在，不同的主体形式对于诗性主体形成积极或消极的作用。这里，我们着重探究身体主体和消费主体这两个主体结构对于诗性主体的宰制和消解，以及诗性主体如何克服这种宰制和消解为自我存在获得合理性存在，为自己的重建开辟道路。

"身体"被重视不是一个现代性话题，而属于一种古老的人文传统。古希腊时期的哲学家深刻地运思过这一问题，中世纪的基督教美学家，从近代哲学始祖笛卡儿到现代思想家尼采，以及后来的众多理论家，如福柯、波德里亚等人都有精湛独到的论述。20世纪90年代，美国美学家舒斯特曼（Richard Shusterman）提出"身体美学"（Somaesthetics）的概念，主张建立"身体美学"分支学科。这些思想家在确立身体主体存在的合法性和合理性的前提之下，肯定身体存在的应有权力和审美价值，无疑为当今的身体主体多元化指出一条闪耀理想主义光芒的美学之路。

然而，后现代主义的历史语境，身体主体却被更多赋予本能主义的内涵和享乐主义的因素。追溯身体主体的本能主义内涵，显然不能不指涉弗洛伊德的精神分析理论。客观地说，弗洛伊德的两大发现客观地影响了身体主体的理论与实践，一是无意识冲动构成心理结构的基础，二是"力比多"性本能构筑人的精神活动的核心。我们无意在这里分析和评价精神分析理论这两个发现的历史功过，只是依据现象学的哲学信念进行自我的理论言说。在本体论意义上，人是理性的动物，尽管非理性的本能具有强大的心理势能和存在的应有权力，但是，它绝对不能成为生命存在的主宰和基础。胡塞尔坚信在历史的逻辑过程中，尽管非理性一度甚嚣尘上，但是，理性必然战胜非理性并且最终引导和决定人类的未来命运。遵循现象学的运思之路，我们还认为，除了理性主体，诗性主体也必然构成人类未来社会和生命存在的合理性基础。而诗性主体的建立和完善，意味着对身体主体和本能主义的克服和超越。

后现代社会的身体主体被赋予更多本能冲动的内涵，身体享乐主义成为世俗社会的潮流，身体欲望的放纵竟然成为大众文化的一种时尚。然而，尼采指出："真正的生命即通过生殖、通过性的神秘而延续的总体生命。所以，对希腊人来说，性的象征本身是可敬的象征，是全部古代虔诚所包含的真正深刻意义。生殖、怀孕和生育行为中的每个细节都唤起最崇高、最庄严的情感。"① 显然，尼采对于古希腊文化的分析，呈现这样的事实，身体主体应该服从于崇高庄严的情感，欲望权力必须限定在合理与合情的逻辑前提之下。福柯认为："人的身体不只是生物学上的物质单位，而且，更重要的是一个具有社会生命和文化生命的基本单位。人的身体都是在特定的社会关系网络和生命脉络中存在和运动着，因此身体的有形的物质状况及其活动方式，是在特定的社会文化条件下形成，也是在同样的社会文化环境中不断地变化和活动。所以，身体的各个部位的功能及其运作过程，都是在很大程度上受到社会文化环境的影响和限定，而其活动方式和行动效果也直接在社会文化环境中呈现出来。"② 福柯揭示现代社会对于身体的规训和压抑的现实，以及控诉"文明秩序"对于身体权力的限制和消解，并不意味着他主张对于身体本能的全面肯定。事实上，福柯对于西方的两类身体理论，一类是对于身体主体的性的言论与行为进行约束和规范化的理论，一类是放纵或解放性的言论和行为的理论，都进行了无情地批判。第二类理论以法兰克福派的莱斯（Wilhelm Reich，1897-1957）为代表，他"进一步发展了弗洛伊德的精神分析学潜意识理论，强调近现代社会各种制

---

① 尼采. 悲剧的诞生［M］. 周国平，译. 北京：生活·读书·新知三联书店，1986：334.
② 高宣扬. 当代法国思想五十年（上卷）［M］. 北京：中国人民大学出版社，2005：293.

度对于性的压抑而造成的人性异化现象，并提倡青少年一代的性解放作为改造社会的基本途径"①。莱斯的观点显然走向消极的身体主体的欲望叙事，一种放纵的身体美学不可能消除异化也无助于人类社会的理想图景的描绘。后现代社会的大众文化或流行文化，一个显著的特征就是身体主体的张扬和无节制的欲望肯定。波德里亚以反讽的语调写道："全部时尚和广告就这样绘制了一张自我色情的'爱情国地图'及其勘探路线：你们负责自己的身体，你们应该开发它，你们应该向它投资——不是根据享乐的命令投资，而是根据大众模式反映的符号的命令投资，根据某种魅力流程图投资，等等。"② 他进而指出，身体通过菲勒斯崇拜的一般等价物成为由模式赋序的符号总系统，如同资本通过金钱的一般等价物成为交换价值的总系统。经济全球化浪潮加速了身体主体的欲望叙事，波德里亚所陈述和分析的身体美学现象在当今中国已经出现和泛滥。我们对于身体主体和本能主体已经丧失抵御和批判的能力，已经丧失对于它们的反思和判断的理论力量，所有的抗衡手段也只有拿出陈旧的道德谱系，显然这远远不够。因此，重建诗性主体是抗衡身体主体和本能主体的重要选择之一，也唯有诗性主体的确立才使人类的自由和尊严、美感和幸福感得以可能。

马尔库塞认为："美作为一个可欲的对象，它原初的本能相关，即同爱欲和死欲相关的领域。这两个对立的东西，在神话中，通过快慰与恐惧的表现而连接在一起。"③ 显然，这一阐释只能包含局部的合理性。审美活动不排除带有部分的欲望因素，但是，美感必须是对欲望和本能的否定和超越，无论是爱欲和死欲都不能代表审美主体的基本结构，更不能决定审美主体的精神价值与意义。显然，诗性主体只有对本能欲望进行疏离和否定，它才可能在审美活动中求证自我的意义和获得无限可能性，追寻自我存在的自由和尊严、浪漫和唯美。诗性主体唯有处于否定、批判、超越身体主体的精神活动的过程，才能获得自我的确证。现在，无论是大众文化和流行文化，还是主张日常生活的审美化的理论努力，都难以逃脱身体主体论

① 冯俊，等. 后现代主义哲学讲演录 [M]. 北京：商务印书馆，2003：505.
② 波德里亚. 象征交换与死亡 [M]. 车槿山，译. 南京：译林出版社，2006：169.
③ 马尔库塞. 审美之维 [M]. 李小兵，译. 北京：生活·读书·新知三联书店，1989：109.

或本能主体决定论的窠臼，将人类的精神价值和意义等同于欲望叙事，降低主体的尊严和权力，消解主体的审美活动的诗性要求，只能导致如此的悲剧性后果。一方面，日常活动中，身体主体被更多地赋予商品和资本的象征符号，身体成为获取社会地位和知识话语的重要标签之一，身体越来越表演化和装饰性，成为展示的对象和暴露的对象，成为政治、知识、权力、金钱等等的象征品。身体既成为消费对象也成为被消费对象，成为广告、商品、技术、资本等一系列经济运作活动的中心，成为后现代社会的叙事主体以及生产与消费的中枢。所有个体的身体都成为社会和文化的集体身体，成为被观看或主动表演的演员和道具，传统的身体私密性让位于身体的公开性和展示欲，身体是属于社会公共空间的结构，不再是传统意义的私人化权力显示，也不再是藏匿着的个别生命单位。后现代社会已经开始了身体主体的狂欢节和庆典仪式，为身体主体和财富、权力、知识、体育、传媒、演艺、广告等等的广泛结盟和利益同谋而弹冠相庆，几乎所有的政客、资本家、广告商、金融家、投资者、明星、冒险家，甚至知识精英、宗教僧侣、慈善家等等无一例外地成为身体主体的沉迷者、赞赏者和表演者。身体既成为这个世俗世界最现实和最强大的逻辑力量，也成为芸芸众生的乌托邦式的审美理想。另一方面，身体主体广泛和喧嚣地进入表现文学活动和艺术活动领域，带来新的美学景观。文学中的身体写作或躯体写作，本能欲望的放纵写实成为竞相仿效的模本，美感被身体的生理快乐所取代，诗意服于于欲望原则，文学沦落为无意识心理本能的画廊。作家在消解历史道德的同时，也颠覆了人类共时性的基本良知。其他艺术形式，尤其主宰大众观赏活动的影视艺术，担当身体主体之表现的先锋。作为以视听为媒介的综合艺术，影视艺术显然具有自己的强大优势，图像和音响的高度结合，加上高科技的传播手段，使它们拥有最普遍最众多的接受群体。它们热衷于以身体主体的欲望叙事去吸引、迷惑、征服观众的同时，也赋予一种普遍的价值理念：身体的权力是人生的最大最重要的权力，它需要被展览、表演、观看，从而获得一种象征符号的功能，而这种象征符号的功能又逻辑地关联着权力、货币、等级、知识、话语、名誉等一系列的利益对象，它们形成强大而紧密的市场链条，推动整个社会的经济机器的运行。因此，无论是日常生活还是艺术文本，身体主体的狂欢已经挤兑诗性主体的存在，后现代世界业已变得极端世俗化，功利主义盛行。

身体主体的欲望叙事和功利主义的普遍价值取向，并不能带来生命存在的美感提升和诗意呈现，主体并不意味着历史的进步和完善，恰恰可能上演着现实性的人性悲剧。这绝不是一种杞人忧天的理论玄思，而是对于实践意志所面临的严峻现实的美学分析。

对于诗性主体的呼唤，是理论和实践的双重诉求，是历史与现实赋予的一种崇高的和重要的责任。只有重建诗性主体和抗衡身体主体的诱惑，只有将人类的诗意精神作为重建文明基础的一个重要结构加以确立，我们才能瞥见理想主义的曙光，才不至于沉沦在本能主义、工具理性、商品崇拜、权力游戏、货币拜物教的心理泥潭。在后现代社会，诗性主体的重建也许是一剂医治社会痼疾的良药。

二、消费主体

消费社会的强大逻辑像一张无人不被包罗的网，每一个存在者又都是消费社会这个棋盘上的一粒盲目的棋子，遵从着消费社会的游戏规则。从这个意义上说，每一个主体都属于消费主体。换言之，消费主体成为这个社会的主要的和基础性的主体结构。然而，这并不意味着必须允许消费主体成为历史发展的动力，也不意味着消费主体成为人类精神重建的主导性力量。恰恰相反，我们必须保持对消费主体的理性警惕和冷静反思，必须给予一定的限定与制约。

消费主体一方面沉湎于商品的使用价值，物的属性构成对主体的第一性诱惑。现代商品生产密切联系着科技进步，商品的更新节奏以加速度提高，不间断地刺激消费者的消费欲望。商品更新和消费欲望形成经济活动的正比例关系，商品刺激消费，而消费也反过来推动商品的产生。两者形成近乎狂热的竞赛逻辑，而且这种竞赛由于消费欲望和生产利润的双重驱动，呈现出时间上永不停顿和心理上永无终止的趋势。消费主体另一方面依赖于商品的符号价值。商品超越于使用价值的符号价值构成对消费主体的第二性诱惑，而且这种诱惑力量远大于第一性诱惑。诚如戴阿宝所论："物的消费首先成为一种夸示性的展示差异的过程，消费中的物成为确定人的社会存在的'物证'，这种物证既具有群体的意义，又有个体的意义。物不是在有用性的意义上起作用，而是通过有用性的展示和消耗表现个人身份和社会结构。物的符号价值通过物品之间的差异被生产出来，同时也通过物与人的联系被生产出来。"① 消费主体拥有的消费符号作为自我的社会地位和阶层身份的象征形式，从而说明他的社会立场和意识形态乃至审美趣味。从这个意义上考察，商品不仅仅作为需求满足的焦点，而是社会声誉和个人身份的一种符号象征，体现出的是一种社会价值，属于浮华和炫耀的载体，当然也是消费主体表明自我差异性的一种方式和途径，当然选择这种方式与途径必须以金钱和权力作为前提。

消费社会的运作逻辑之一，是商品和科技的结盟、使用价值和符号价值的同谋、广告和传媒的合伙。它们形成公开与隐蔽的利益共同体，这种网状的经济关系构成后现代社会的整体景象，共同地构筑对诗性主体的压抑和消解的势能。波德里亚指出："消费主体，尤其身体消费的主体，这既不是'自我'，也不是潜意识主体，而是你们，是广告中的你们，即主导模式所遮挡、粉碎并重建的主体，是在交换/符号中被当作赌注的'个体化'主体——因为你们只不过是第二人称和交换中的仿真模式，所以事实上你们不是任何人，'你们'只是支持模式话语的虚构词项。这个'你们'不再是人们与之说话的对象，而是代码重叠的效果，是出现在符号之镜中的幽灵。"② 消费主体在一定程度上是异化了的非自我的主体，属于他者的主体。因此，诗性主体必须对它保持理性的戒备和冷静的批判。

诗性主体在后现代的消费社会，面临着对消费社会两个方面的克服。

首先，诗性主体必须克服物的第一性诱惑。消费社会以丰盛的物形态形成对消费主体的物质诱惑。琳琅满目的商品用以满足不同的消费需要，满足形形色色的消费欲望。科技和商品的高度结合，辅佐广告的夸张修辞和公共空间的流行话语的推波助澜，这一切都不断高涨地刺激消费主体的消费神经。作为诗性主体面对这样一个消费社会，一方面应该肯定消费活动的合理性和生命存在的消费权力，另一方面，必须抗衡消费品的物的诱惑。人不应该作为使用价值的附属品，对于物的欲望始终是低级形态的需要，消费活动只是保证主体的物质形态的需要，尽管物的需要也一定程度上附加着精神目的和审美诉求，但是，物的需要无法超越精神需要和纯粹审美性的追求。物的需要永远是被动满足的需要，而达不到主动的创造性

---

① 戴阿宝. 终结的力量［M］. 北京：中国社会科学出版社，2006：58.
② 波德里亚. 象征交换与死亡［M］. 车槿山，译. 南京：译林出版社，2006：170.

和审美性的快乐，达不到自由意志的实现和想象力的高度发挥。消费活动中，消费主体在常态下只有有限的被动性消费知识，只能被动性选择消费，消费心理一般被广告和传媒的宣传以及其他消费者所引导，因此，个人独立的主体意识和智慧被遮蔽和缺席，诗意情怀和审美精神被迫服从于消费原则和欲望叙事。物的意识占领和充斥主体意识，诗性主体成为一种萎缩和退让的主体。消费社会的诗性主体应该是理性和智慧的主体，不能被物的欲望所压倒，不能臣服于物质事实，消费活动中应该保持理性和充分考虑量入为出。它应该意识到物的使用价值永远是有限的存在对象，而精神性的需求才是超越性的对象。

其次，诗性主体必须克服物的第二性诱惑。波德里亚指出，消费本身就是一种神话，消费社会唯一真实的存在，就是消费观念的存在和它的影响张力。它们构成社会公共常识的逻辑力量。"由各种符号所构成的系统演变成为各种'当代神话'的可能性。如果说，原始的神话是原始人用最简单的语音符号表示他们的各种意义系统的话，那么现代神话就是有浓厚的控制意向的各阶层权力集团表达他们的欲望和控制社会的策略的符号系统。"[1] 显然，消费社会中的商品成为担当这样责能的符号系统。商品在当代社会以符号论运作而发挥自己的强大功能，对任何一个消费主体都施加符号价值的影响。消费主体一方面服从商品的物的使用价值，另一方面更服帖地顺从商品的符号价值。消费者既被物的欲望所操纵又被物的符号的象征意义所迷惑。与其说是在消费一种物的使用属性，还不如说是在消费物的符号价值。商品在公共空间的展览、销售和消费，被赋予神话般的色彩和意义，它们已经高度符号化和象征化，它们已经同社会意识形态、人的本性、文化模式、心理原型、宗教信仰、生活习惯等等社会学因素复杂地交织在一起而无法剥离。一般消费主体很难超越这种商品的物的符号系统施加给心理的巨大影响，他们只能折服于当代社会的商品神话的吊诡，沉迷于符号逻辑的强大魅力之中。波德里亚将商品看作"虚幻的对象，当作呈现魔术一样诱惑力的花神和色魔"[2]诗性主体必须具备藐视商品的物的象征符号系统的能力，禀赋一种天然地对商品的物的符号价值的淡漠和

---

① 冯俊，等. 后现代主义哲学讲演录 [M]. 北京：商务印书馆，2003：573.
② Baudrillard, J., Le système des objects. Paris：Gallimard, 1968：7.

超然的心态，以一种宁静智慧的眼光看待琳琅满目、五光十色的商品的符号世界，不为这些"虚幻的符号"和"浮华的象征"所打动，透过物的象征系统而窥视到它们虚假的符号泡沫，嘲笑和反讽这些商品外表所掩盖的虚假叙事，对于符号象征的等级、身份、阶层等等虚伪的意识形态给予冷静的批判和反思。简言之，诗性主体能够粉碎当代商品神话构筑的精神壁垒，能够断裂由社会系统精心建立起来的商品的物的意识形态锁链。唯有此，才呈现诗性主体的超越性和生命智慧，闪烁着特立独行的诗意光辉和富有创造力的思维色彩。

最后，诗性主体必须克服消费主体的心理疾病。炫耀、奢侈和浪费已经成为当代消费社会和消费主体的痼疾，成为流行的社会心理疾病。浪费成为消费社会一个策略，一种无法回避的人所共知的阴谋诡计。没有浪费的消费不是当代社会意义的消费，就像节俭的消费是古典主义的消费方式一样，浪费构成当代消费的一个本质性特征。广告和传媒联盟性地促使社会进行浪费游戏，浪费隐蔽地成为一种政治、经济、文化的身份与名片，权力、财富、荣誉构成浪费的社会资格。因为，浪费促进了生产，促进经济循环，也促进经济繁荣。浪费永不停歇地创造着商品的死亡，而在死亡的创造里刺激新的生产和新的商品的诞生。换言之，经济在商品的浪费和死亡过程中完成自己的生生不息的繁荣。然而，如此下去，人类必然在浪费中死亡，文化创造必然在浪费中畏缩自己的想象力和生命力。诗性主体必然是抗衡浪费的主体，必然是诊断、克服、医治消费社会和消费主体的心理疾病的主体。诗性主体主张新节俭主义的消费方式，坚持对环境负责的环境伦理学立场，顽强地反对浪费和批判浪费。诗性主体坚信，浪费不会建立一个理想的、完善的和审美的神话世界，只有节俭主义和对环境的伦理责任才能创造一个充满美感和诗意、和谐和自由的物质世界与精神王国。

总而言之，诗性主体必须抗衡消费主体，制约消费主体对于世界的宰制和垄断，为人类的诗意的栖居创造精神的条件。如果从此这个世界完全充斥着消费主体而诗性主体却绝迹而去，那么，这就是世界历史的最大悲剧之一。但是，人类精神的尊严和自由，绝对不可能允许这种悲剧的降临，诗性主体是顽强而绝望地抗衡消费社会和消费主体的重要力量甚至是唯一性力量。

第五章　诗性主体与审美需要

置身于后现代历史语境，人们既深陷于社会意识形态化的逻辑规范，又沉迷于消费社会的交换价值和符号价值，从而产生心理的物化需要，追逐奢侈的欲望和沉醉于知识、商品、名利、权力等现实性对象，导致审美物化的结果。主体因此丧失了审美判断力，成为感官、技术和理论的奴隶，丧失了审美信仰和终极渴望。在这种历史和心理的双重情境下，美学期望重建诗性主体，抗衡生命存在的物化需要，节制消费冲动、感官欲望和权力情结，引领精神走向诗意存在的无限可能性，追求一种真实化的审美人生。诗性主体必须发挥主导性的结构功能，一方面抗衡虚假和庸俗的审美需要，恢复和加强真实性的审美需要的心理动机，使心灵得到净化和升华；另一方面，使诗性主体和审美需要产生密切的逻辑关联，让诗性主体引领审美需要进入一种相对理想化的心灵境域。

第一节　审美需要：诗性主体的内在动机

一、内在动机

诗性主体是将本能主体和感性主体、理性主体和知识主体、实践主体和道德主体等各个主体有机组合起来，成为灵动运转的综合性结构，也是超越于各单一性的主体之上的功能性主体结构。诗性主体可以让充满诗性的生命形式在各个主体之间自由飞翔，成就审美与诗意的自我。因此，诗性主体的目的论决定了审美需要是诗性主体的功能性结构的内在动机，审美需要是诗性主体内在的本质化的规定。我们主要从发生、内涵、价值等方面，考察诗性主体和审美需要两者之间内在契合性和有机包容性，阐释诗性主体和审美需要的本质化关联，考察审美需要启动诗性主体的功能性结构的过程。

从审美需要的性质及其发生机制看，审美需要与诗性主体具有本质化关联，应然成为诗性主体功能性结构的内在动机。驱力理论（Drive theory）认为，生命本能的需要是有机体一切行为的动机和动力之源。人与动物的区别之一就在于：动物只有单纯求生的需要，而人的需要具有多层次性和丰富性。"人之所以为人的一个本质规定，就在于他的需要是一种摆脱了动物式直接单一性的超越性需要。人类的审美需要，即是这种超越性需要。它是人类摆脱单纯动物性的重要标志。"① 因此，以人的内在审美需要为动因的审美活动是人类充分展现自在自为生命力的精神—实践活动。但是，审美需要的超越性并不能彻底摆脱本能需要。以往有关审美理论认为，人类的审美活动来自性本能需要，审美需要是人类释放性本能欲望的具有装饰性的曲折表达。由于人不能彻底地摆脱动物性，依然具有生存、性等本能需要，所以，审美需要必将与本能性的基本需要一起贯穿人生始终，并随着社会生产的发展和人际交流的增进，与其他各种需要相生相随。由此可见，审美需要兼具伴生性和超越性，且两者是互为条件的。它们决定了

---

① 蒋培坤. 论审美需要 [J]. 湖北大学学报，1991，1：9.

本能需要和审美需要之间的关系，即是原始性关联和发展性超越的谐和统一，是自行封闭与无限敞开的争执统一，是消耗解除和补给成长的快乐统一。显然，审美需要包含着生命本能的因素，是生命主体对生存施以多层面状态或在其发展过程中多样化的感性表达，然而，它必然是审美化和诗意性的升华冲动的逻辑结果。如果从人类的文明史也就是摆脱动物性的发展史这一角度来看，人类在满足生存本能需要之后发展而来的各种需要（包括审美需要），还应该是对本能需要的疏离、克服和超越而不是依附。人类之所以能实现对动物性的超越，重要条件之一就在于审美需要对生存本能（包括繁衍本能）的引领和克服，获得精神享受和诗意生成。生命一旦成其为主体性的存在，生存需要伴随着审美需要并接受其引领，通过梦和醉的境界获得盈余生命力的审美表达，在生活世界进入审美和诗意的境界，由此获得智慧和悟性，敞开自我进行创造性活动。这即是人类自在自为的存在方式，也是克服死亡恐惧之后的快乐与幸福的存在方式。因此，关涉于生命冲动的审美需要，也来自满足主体的幸福需要的终极性生存目的。所以，审美需要是主体对生存状态的诗性表达的幸福需求。它必然构成诗性主体的内在动机，为这综合性主体结构发挥功能性的作用。

二、价值和意义

由于审美内涵的历史性演进和逐渐丰富，审美活动在现实生活中逐渐获得了独立价值和超越意义。所以，审美需要成为主体一种主观无目的而客观符合目的性的诗意生存方式的内在动机。"'审美'这个词之最初的（古希腊的）涵义——感官上（凭视觉与听觉）所接受的。近几百年以来，这个词被用来指称人对现实的一种独特的情感评价上的掌握。"[①] 这表明，经历一定的历史时间之后，人们关注审美的目光从对象、客观、表象的层面上转移到了主观的层面上来——康德关于审美判断力批判是一个转折点。此后，主体心理的审美研究经历了一个显著的变迁过程。从康德到黑格尔，呈现出从形式到内容的演变，在主体性、认识论、知识论方面肯定了审美情感的价值意义。再往后，不仅纵向演进了审美的精神意义和心理结构，意识到审美活动体现人类生存的深层基础，关联着主体的存在价值和根本

---

① 哈利泽夫. 文学学导论［M］. 周启超，等，译. 北京：北京大学出版社，2006：10.

性的幸福追求，并且横向拓展了审美视域，主体可以审美观照任何一个与人有关联的物象，对现象界展开普遍的意向性审美活动。20世纪出现新传统主义，强调"审美情感乃是指向对象的有内涵的形式，而且是对所感知所接受之物在精神上的一种关切：主体与客体之间存在着内在的亲缘与有机的联系，被观照被认知的东西审美上并不是与人格格不入的且同人在本质上相距甚远的"①。意在阐述审美活动是体现人的本质力量的动态过程，审美活动在主体的价值序列中占据重要的地位。诚如尼采所言："只有作为审美现象，世界的生存才是有充分理由的。"② 由此可见，主体可以从审美视角对无限的现实世界进行情感体验和诗性观照，从而进入健康心境，体悟到快乐与幸福感，获得创造性的智慧和势能。因此，能够普世性地充满热情地亲近万象和关爱人类，在混乱无序世界之中瞥见和谐、秩序、完美的生活世界图景，追求永恒的诗性精神和生存自由，审美活动奏响诗性主体的主旋律，历史性地令审美需要和诗性主体在内涵和目的论方面达到契合。

　　当下生活世界在理性主义、科学主义和媒体宰制之下，诗性主体和古典主义的审美价值观被摒弃或被束之高阁。因此，必须呼唤审美需要出场，必须重建诗性主体。从现实需要考察，完善主体的功能性结构和整体性结构应当是精神发展的历史性和必然性诉求，作为具有拯救与升华的功能的存在主体，它内含着审美诉求，不应当单向度地倾心于物化需要和现实功利的诉求，不应当沉湎于对无限的细微事物的单纯技巧的审美追求，以至于流于对日常生活的具体细节的平庸化审美观照，而应该和享乐主义和功利主义相区别，应该维护古典主义的审美准则，以一定的生命智慧、诗意情怀和宁静超然的心理去观照世界。总而言之，要以建立一种诗性主体，以一种真实的审美需要为基点，抗衡理性主义、技术主义和流行的意识形态，恢复审美人类的审美本性，激发生命的本质力量，敞开自由与创造的势能。

---

① 哈利泽夫. 文学学导论 [M]. 周启超，等，译. 北京：北京大学出版社，2006：26.
② 尼采. 悲剧的诞生 [M]. 杨恒达，译. 南京：译林出版社，2007：7.

三、关联性和协调性

审美主体活动与其他主体活动的关联性和协调性，促进诗性主体的功能性结构的逐渐和谐。因此，诗性主体在功能和结构方面都呈现一定的审美需要性。纵观审美活动的历史发展，在体现其自身价值性的同时，"并未失去它同人类意识的另一些领域——美学之外的那些领域之密切的联系。审美情感还同一些生理感觉相关联，同人在社会上的自我肯定相关联，同个性之间的交流沟通相关联。换言之，审美总是要'加入'那十分广阔的、丰富多样关联之中——同另一类经验的关联之中"①。审美主体凭借审美活动和其他活动的关联性，联系着并协调着诗性主体这一综合性结构中的其他活动的各个构成（本能主体、感性主体、信仰主体、理性主体、道德主体、实践主体等），共同组成诗性主体的有机结构，有助于诗性主体结构各功能的完善发挥。因此，审美活动的关联性和综合性是其他主体活动所不可比及的独特显现，它使审美主体成为诗性主体的综合性结构中一个举足轻重的存在形式。

在诗性主体结构中，审美主体与其他主体相互关联，唯有实现审美活动，主体才可能获得升华和超越，才能充分发挥诗性主体的超越功能和净化功能，才能敞开生命智慧和诗意。换言之，审美主体凭借关联和超越的潜功能，在与其他主体相互作用的同时，能够灵动地协调各个主体边界关系，直至和谐。这样不仅超越各个主体（包括审美主体自身）独立存在时不可避免的负功能，而且通过各个主体的整合，发挥主体结构系统的正功能，由此可以超脱年龄、性别等分界，形成无限性灌注生气于自身的诗性主体结构，成就完善与诗意的自我。审美需要是诗性主体这一综合性结构达成"整体大于部分之和"命题的阿基米德点。诗性主体借助审美活动在生活世界"确证自己的本质力量"和"客观地展开"（马克思语）自己的发展性、丰富性和创造性，借助审美活动维持均衡、有序、整合的主体结构，呈现个体生命的美学意义。由此，只有在诗性主体的系统结构中，审美主体才获得潜在功能的释放和高度自由地发展，以消解各个主体形式间的制约，使不同的主体的功能性结构达到交响乐式的和谐统一。如果说诗

---

① 哈利泽夫. 文学学导论［M］. 周启超，等，译. 北京：北京大学出版社，2006：28.

性主体是人性中普遍和实在的心灵形式，是现实化和超越性相统一的审美诉求；那么，诗性主体的和谐性和超越性的美学本质决定其最真实和基本的需要是审美需要，诗性主体的功能性结构和内在动机决定审美需要的逻辑生成，而由诗性主体规定的审美需要又是对诗性主体的自我求证。

第二节　诗性主体：真实的审美需要

一、真实的需要

人本主义心理学家马斯洛（Abraham Haload Maslow，1908-1970）以健康人的人格发展为研究对象，提出了"需要层次论"（Need-hierarchy theory）。他认为，按性质由低到高可将人的需要分为七个层次：（1）生理需要；（2）安全需要；（3）归属和爱的需要；（4）自尊需要；（5）求知的需要；（6）审美的需要；（7）自我实现需要。其中，前四层是较低的需要，称之为基本需要；而后三层是较高的需要，称之为成长需要。基本需求是由于生理或心理上缺失而产生，一旦满足，其需求强度就会降低；成长需求则不同，其需求不但不随其满足而减弱，反而因获得满足而增强。必须指出的是，审美需要是在主体满足了基本需要的基础上发展起来的高级需要范畴。它既受到基本需要的制约同时又是对基本需要的超越，并且是接近自我实现需要的前一层次的准备，既是对较低需要层次的枢纽性指导也是成就自我实现的必要条件。因此，审美需要在诗性主体的综合性结构中占据举足轻重的地位。

然而，人们生活在繁荣奢华的"物"的时代，大多数人在已经满足了基本需要的情况下，仍乐此不疲地热衷于物质消费。从表面来看，当下现象是对传统需要理论的解构。波德里亚认为，传统的"需要和满足理论"无法解释丰盛时代疯狂膨胀的消费需求，只有运用"消费理论"才能揭示拜物教或永不衰竭购物欲的社会性原因。他认为，人们之所以沉沦于光怪陆离的繁华炫目的商品世界，主要是由于随着物质经济大幅度增长，人们日益沉陷于商品的重重包围，品牌标签、华丽包装的诱惑以及煽情广告的宣传暗示等等，大众传媒的诱导驯化成为人们无意识自觉，成就其购物的无意识和自动化，促使人们通过物的拥有，对传媒形象的模仿来拯救自己的等级地位，获得虚拟的安全感和尊重感，从一系列抽象的幸福符号的积累中，获得极大的满足，对商品的强烈希盼延续着平庸的日常生活。事实上，人们不是注重商品的实用价值（使用价值）而是商品的交换价值，给商品以身份地位等的赋值（符号价值）。商品在广告传媒和社会意识形态的共谋下，虚拟地整合了或者混同了人们的各种需要——基本需要和高级需要、虚假需要和真实需要等。表面上调和了社会现实的各种矛盾，实际上，让人们混淆各种需要的性质层次区分，衍生出无止境的物化需要：将自我的成长性需要通过对基本需要的满足来实现，促使大众无餍地追逐附加在基本需要之上的地位区分、符号象征等赋值。实质上，这仅是加强了基本需要的量的积累。而那些大大超出了真实需要（实际所需要的）的部分就变成了多余的基本需要。而这些多余的基本需要假以成长性需要之美名，充分呈现其低俗欲望之本性，暴露其虚假性和虚幻性。

二、抵抗诱惑

后现代社会之所以沉迷于流行文化消费，热心于符号消费的满足，是因为在大众传媒的商业运作和经济操纵下，形成一种社会意识形态：文化成为商品的装饰附加物，作为商品的赋值被消费，和其他如安全、归属和爱、尊重和求知等心理需要一样，被笼罩在纷繁错杂、喧嚣混沌的商品世界，成为被商品经济所利用的虚假性的审美需要，促成了当今社会成长性需要的庸俗化、虚假化成为普遍现象和必然趋势。从美学上分析，后现代文化擅于运用夸张、幻想、篡改、煽情等技法，以隐喻性、奇异性、多样性为依托，怪诞而丰富地呈现出它的巨大势能，给人以审美需要的虚假性满足。实质上，这些策略属于技术范畴，而不能属于艺术范畴的审美形式。譬如，审美形式的夸张和建立在商品经济利益上的流行娱乐文艺所采用的奇异怪诞的夸张就有着本质的不同。后者是凭借符号化的夸张活动达到庸俗的娱乐效果，在内容上是现实商品的附庸。它在形式上进行词语的随意拼接，以行为和话语的搞笑作怪、矫情做作甚至不惜对人类身体功能的倒错歪曲来引逗大众，无视于生命尊严和普世的伦理原则，依靠一种固定的模式效应——以滥用想象力和移用庸俗的语言游戏互为作用，将粗俗当成朴实、矫情变为艺术、诱惑替代同情，用蓄意布置陷阱当成助人发泄排遣的笑料，制造"灰色幽默"（Grey humour）的喜剧效果，绘就一幅语言和欲望的狂欢图景，给大众带来捧腹大笑——这只能"创造一种与内容不相关的技法，或者没有内容的技法"，以博得大众紧张压力的瞬间解除，"即使以否定的形式，也是对现实存在的歌功颂德"。① 其本质是凭借夸张的技术作为一种经济运作策略来收获越来越大的市场空间和最大利益的价值实现，必然使接受心理得不到净化和升华，理想之光被遮蔽，诗性主体和审美活动被迫沉沦。在物化需要的文化系统中，被物隔离孤立的人们暂时获得了归属与爱、自尊、知识、审美和自我实现等虚拟的心理需要，由此产生了错误的信念，演变为一系列需求方面的社会惰性，构筑不断膨胀的虚假的审美需要，并逐渐潜化为人们"内在固有的需要"，甚至演化为神经症或病态的审美需要，追求表面的审美符号而在实质上沉迷于物化需要，而这种物化需要满足于商品的符号价值。如果说"追求和满足高级需要代表了一种普遍的健康趋势，一种脱离心理病态的趋势"②。那么，后现代历史语境的大众追求虚假的审美需要，让主体逐渐陷入心理病态的泥淖。

波德里亚的消费理论对马斯洛需要层次论发展以来的日益复杂社会背景做了鞭辟入里的具体分析，揭示了现实生活需要被缠绕社会复杂性，符号价值被赋予了虚假性的需要满足。由此可见，将地位区分和审美活动附着在物化需要上，引诱大众对商品的无理智的消费，满足于物质的符号价值，是造就虚假需要或虚假的成长性需要的根本社会原因。那些游离于商品实用价值之外的审美需要的赋值，令消费者营造了一种可以用来满足自我需要的符号幻象。实质上，消费者在为之投掷了大量金钱的同时也抛弃了或混淆了真实的审美动机。于是，在消费的社会区分逻辑前提下，人们根据商品不断更新换代的节奏，无休止地追逐繁华炫目的审美符号，幻想"个性化"的审美消费，沦落为物化需要的奴隶，产生新的商品拜物教。诚如马尔库塞所论："对于任何意识和良心，对于任何不把流行的社会利益作为思想和行为的最高准则的经验，已确立的各种需要和满足都应以它是真实的还是虚假的这一尺度来加以检验。"③ 那么，区分真实需要和物化需要，

---

① 马尔库塞. 审美之维 [M]. 李小兵，译. 桂林：广西师范大学出版社，2001：217.

② 马斯洛. 自我实现的人 [M]. 许金声，刘峰，等，译. 北京：生活·读书·新知三联书店，1987：162.

③ 马尔库塞. 单向度的人——发达工业社会意识形态研究 [M]. 刘继，译. 上海：上海译文出版社，2008：6.

是当下主体的自我拯救的必要前提，也是诗性主体判断真实的审美需要和虚假的审美需要的必要前提。

三、审美判断力

诗性主体作为自由独立的主体存在，具备不会受外界控制而处于自由状态的精神势能。作为诗性主体，必须具有对真假需要的辨别力。而对于真假需要的辨别，在生活世界，又必须从两个层次区分：一方面，努力将商品的符号赋值从物品上剥离，注重商品的使用价值，将餍足的物化需要剔除，获得基本需要层面的真实需要，并在真实的基本需要获得满足之后，将生命活力投入到更高级的成长性需要中去。另一方面，对真实性审美需要给予准确判断，从而走向主体的"高峰体验"的环节，追求诗意与智慧的生成、良知与心性的开启、想象力的激发和灵感的培育。只有主体能够把握真实性的审美需要，发挥其升华和超越的潜能，才能成就和谐统一的诗性主体结构，并在一定程度上超越基本需要和物化需要，追求精神的自我实现和生命的终极意义。反之，如果主体缺少辩证理性而趋向于物化需要或虚假的审美需要，那么主体必然跌入低层次的匮乏性需要之中，无休止地追求以物化需要为前提的虚假的审美需要，一味耽溺于单维度的物质对象和符号价值，从而更丧失将各种主体（本能主体、知识主体、实践主体和道德主体等）达到和谐综合的结构性功能，破坏了主体间的有机结构。

在高科技为主导的、全方位信息传播的时代，传媒工具在一定程度上控制知识、话语和思想，主体往往丧失分辨真实的审美需要的能力。从存在论意义上看，生命个体能够领悟真实的审美需要，需要敏锐的感觉力、发达的想象力和健全的理性与智慧。显然，诗性主体具有如此的精神资格和生命机能。诗性主体决定了审美活动在这个综合的功能性结构中的关键地位。所以，只有把握了真实性的审美需要，才能建构主体的"诗性家园"。由此，诗性主体的审美需要即是真实的审美需要，而真实性的审美需要必然地构成诗性主体的内在动机。

第三节　升华与超越：审美需要的内在尺度

一、批判和否定

如何识别审美需要的真实性，在于如何把握审美活动的特性。诗性主体的审美特性就是升华和超越，这是诗性主体的基本功能，也是审美需要的真实性的逻辑基础和内在尺度。后现代的物化需要弥漫于生活世界，诗性主体只有借助审美活动的升华和超越的功能，借助于对现实存在的反思和批判，鄙弃知识、权力、技术等给予主体的规训和压抑，抗衡社会意识形态所崇尚的只要感性享乐而放弃彼岸承诺的实利主义潮流，守护着自我存在的审美超越性和诗性情怀，由此保证守护生命的尊严、权力和主体存在的理想性、精神文化的创造激情和活力。由此可见，是否能通过升华和超越的内在机能，实现对主体自身和外在实在的超越，从而回归生命的终极价值，是判断审美需要的真实性和判断其是否符合诗性主体的必然需要的重要尺度。

从诗性主体和审美需要的逻辑关联考察，诗性主体必须跳出单向度现实存在的窠臼，而拓展其审美之维。主体以直觉体验或纯粹直观的方式，以升华和超越的审美视角直面生活世界，展开否定性的审美判断，通过审美眼光领悟现象界的构成。在审美活动中，不依赖知识、性别、地位、政治、地域、民族等区分进行审美判断，而以现象学的"纯粹意识"直观现象界，以意向性活动展开和历史、世界的对话与交流，从而呈现主体的智慧和诗意，敞开真实的审美需要。反之，如果主体从现实性某一侧面切入，从意识形态的主观概念和功利主义出发进行审美活动，那么，必然遮蔽了审美的本质，其审美动因必然沦落为虚假的审美需要。因此，理想状态的诗性主体，应该超越国家民族、阶级地位、性别角色、时间空间、历史文化、主体客体等各方面的区分，以摆脱成见的思维方式和日常经验，拒绝本能快感的诱惑，赋予对象以普适性的审美观照，取消话语霸权和独断论思维，敏锐地展开对审美对象的诗性直觉和体验。唯有此，诗性主体才能超越狭隘单一的现实性审美维度，克服拘泥于管状视角而造成审美活动沉溺于表象而迷失诗意和智慧的后果。因此，诗性主体不应该将自我囿樊于

147

阶级地位、性别角色、知识结构、主体客体等多元结构的任何一元来进行审美判断，不应该将主体归属到特定的国家民族、时间空间、历史语境等狭隘范畴进行审美活动。如果诗性主体偏执任何一方，一方面必然跌入纷繁的现象世界，被物化需要遮蔽审美视界，迷失诗性主体所应有的反思批判的精神气质。另一方面，致使审美主体陷入地理学、历史学、社会学、政治经济学等其他概念系统，落入杂然并陈的"诠释框架"（Interpretation frames）（查尔斯·伯恩斯坦语）中，漠视审美活动的特殊性。倘若主体仅仅从物质经济关系出发，从特定的社会意识形态和阶级利益角度去感受和体验现象之美，必然剥夺了审美的升华与超越、存疑与否定的功能，损伤诗性主体的审美结构。按照传统美学的观点，阶级社会必然会产生贵族美人和农村少女的审美区分，但是，它显然制约了审美否定的逻辑功能。在阶级社会里，只有被蒙蔽的、逆来顺受的农村少女审美标准才是"强壮结实的体格"。显然，这是不合理的异化的社会制度造成的非自由状态的审美概念。而在物质化审美的逻辑驱遣下，那些没有被蒙蔽的农村少女是不甘顺从于经济分工不平等和财富分配不均的社会地位的，贵妇美人也许是她们的审美期待和审美理想。因此，除了激进的农村少女具有超越社会身份的审美能力，被愚化的农村少女和贵族美人都不可能完成对现存的审美否定和审美超越。然而，即使农村少女对自身现状的审美超越，也只是否定自身走向对立面——贵族夫人的审美标准。因此，无论是农村少女，还是贵族美人，只有当她们建构了超越阶级身份的诗性主体，才可能获得对阶级身份和物化需要的审美超越，恢复审美的自由特质和诗意品格，以无目的合目的性，展开相对完善的审美活动。

二、升华和超越

诗性主体要摆脱虚假需要的审美模式，就必须回归审美活动的纯粹性，守护升华和超越的原则，从而获得相对完善的审美结构。为此，诗性主体的审美活动需要把握审美结构中的普遍本质。如同胡塞尔所论："对于每个可能的生活世界来说，都存在一个普遍和本质的结构，无论它在地理、历史和文化上有多大差异。并且，尽管这个普遍性实际上并不保证跨历史的和文化间的理解，但至少正是它使其成为可能。"① 因此，在森罗万象的生活世界，也同样存在普遍和本质的审美结构，存在着"审美的普遍性"（康德术语：Gemeingültigkeit）。"在漫长的艺术史中，撇开那些审美趣味上的变化不论，总存在着一个恒常不变的标准。这个标准不仅使我们能够区分出'高雅的'与'低俗的'文学作品，区分出正歌剧与轻歌剧，区分出喜剧与杂耍，而且在这些艺术形式中，还能进一步区分出好的和坏的艺术。"② 从上述的理论意义看，诗性主体在审美活动中应该有一个共时性的趣味标准，它规定和把握着审美活动的普遍性本质，能够进行理解活动和艺术诠释，使人类在审美层面上进行超越时空的沟通交流。这一普遍性的标准，在一定程度是古典主义和唯美主义的标准。在诗性主体这一综合性结构之内，审美主体独立存在于其他主体之外，在实现了升华和超越功能的同时，应该表现出对整体结构的尊重，对作为认识的自我（Ego cogito）的理性主体的尊重。因此，作为诗性主体的审美需要，还必须真实地反映主体的内在性目的，启动个体意识的特殊内容（个体本身的意识和下意识、直觉与体验等），激发主体的情感和想象，而不屈从于某种集体意识，最大限度地强调个体意识和发挥主体的自由潜能，由此影响理性主体、实践主体、知识主体、物质主体等主体形式。所以，诗性主体的审美需要并不要求绝对地脱离现实，退却到纯粹虚拟的幻想世界和完全想象的王国。诗性主体要以变革社会意识形态、推进社会进步为目的，必须植根于生活世界，关注实然生活（现象界）的真理、经验和必然性，给予审美提问和审美预示，从而呈现精神存在的无限可能性。

三、普遍性原则

由于阶级、区域、性别、历史和文化等多元因素决定了个体对审美对象判断的差异性。所以，诗性主体在坚持以审美普遍性原则，以自我思维的方式从事审美活动的过程中，不排斥主体置身于他者的角度和立场，以扩展的思维方式，从不同的角度整合、调整对生活世界充斥着的形形色色的审美对象的审美判断。真实的审美需要要求诗性主体坚持主体间性，在

---

① 扎哈维. 胡塞尔现象学 [M]. 李忠伟，译. 上海：上海译文出版社，2007：142.
② 马尔库塞. 审美之维 [M]. 李小兵，译. 桂林：广西师范大学出版社，2001：190.

不同主体之间展开对话和交流，保持和不同主体的逻辑关联。一方面保持自我的审美体验，另一方面尊重他者的审美感受，并促进自我反思和获得自我充实。换言之，诗性主体在自我审美经验和他者审美经验的统觉视域中，力求以全视角的直观方式，感受审美对象的鲜活性和生动性，对审美对象给予开放性的不同视域的理解。即便是对于自然界，人类也应该避免以人为中心的逻各斯主义将自然视为客体，而应该建立主体间性的审美关照。唯有如此，诗性主体的审美活动才能正确合理地把握对他者经验的同化和顺应过程，才不至于让主体走向独断主义，也不至于趋于世俗趋势和恪守常态模式而失去了自我升华和超越、直觉和体验的能力。所以，建立在普遍本质的审美结构基础之上的、以自我思维为主要形式的审美需要，不仅不妨碍诗性主体对审美对象的个性化领悟，而且更加彰显诗性主体的审美判断超越常态经验的美学特征，它应该是生命智慧和诗意情怀对于现象界的永不间断的求证，这也决定着升华和超越的内在原则是诗性主体的共时性原则。

第六章　诗性主体与审美形式

审美形式是审美活动的必要构成之一，其内涵随着审美活动的历史演进和逻辑发展逐渐丰富起来的时候，它的功能已不再局限于艺术领域，而是由伴生性状态发展为关系人类整个精神界的存在对象。借助于审美形式，审美主体发挥自己的能动作用，协调感性主体、理性主体、道德主体、信仰主体、实践主体等各主体之间的关系，维护主体系统的平衡和谐，使构建诗性主体以恢复人性的完整性成为可能，从而满足抵抗人性异化和人性分裂的历史需要。

第一节　审美形式概念的流变

一、形式概念的正反合

从审美形式的角度探索美的本质，是中西方美学的历史传统和逻辑起点之一。在西方美学理论发展史中，审美形式论清晰地呈现出两轮"正—反—合"的逻辑演变和螺旋上升，经历了由静态地考察审美客体、审美主体的形式特征，发展到动态地审视审美主体与客体之间逻辑联系的流变过程，经历了客观形式、主观形式、主客统一形式等由静止的审美形式向动态的审美形式转变的过程。

自古希腊至17、18世纪，审美形式一般指审美对象的客观形式。古希腊的毕达哥拉斯从感性事物中抽象出合乎比例和秩序的"数理形式"，从而发现美的本质——美是数的和谐。这里的审美形式是抽象的客体存在。柏拉图则认为美的本质不在于审美对象的物质形式，而是被生活"模仿"之后再被艺术"模仿"的美的绝对"理式"。这种客观唯心主义的审美诠释，让审美形式超越了审美主体和审美对象本身，使之成为不以人的意志转移的绝对化精神形式而客观地存在。亚里士多德则抛开绝对"理式"，直接将主体与客体联系起来考察"形式"，提出"四因说"——质料因、形式因、动力因和目的因。亚里士多德的审美形式虽然依然立足于客体对象，却不是单纯机械地追求审美对象"数的和谐"，而是将客体形式与主体内在目的有机融合，关注于主体的审美情感和心理动力，因而丰富了审美形式的精神意蕴，强化了形式的创造性。

毕达哥拉斯、柏拉图、亚里士多德古希腊三大美学巨匠关于审美形式的理论有着天壤之别，但是，他们一同铸就了古典的客观形式美论传统。如果将古典客观的形式美论设定为审美形式的正题的话，那么，在亚里士多德联系主体（内在目的性）的形式本体论以及古罗马时期的新柏拉图主义者普洛丁（Plotinus，204-270）的形式美论（否定了审美物质对象自身的美，而强调了主体的心灵形式——美在于审美对象分享了主体心灵的美的形式）中已经暗含着由审美形式的正题（客观形式美论）转向审美形的反题（主观形式美论）的萌芽，直至 17、18 世纪，以英国经验主义美学和德国浪漫主义美学为代表的主观形式论才使审美形式论走上了反题。英国经验主义美学家夏夫兹博里强调美"决不能在物体本身，而在形式或是赋予形式的力量"①。这种"内在感官说"强调了先天的"内形式"对于审美客体的作用。德国浪漫主义美学家完全剔除了审美客观对象，鼓吹"唯我独尊"的"主体万能论"。18 世纪末，康德"哥白尼式"的哲学革命，建立主体性先验批判的逻辑体系，提出了由审美的先验形式所决定的"审美判断"，以调和现象和本体、感性和理性两大对峙世界，似乎实现了西方形式美学传统的融合和重建。但是，由于"康德的'先验形式'概念是对柏拉图和亚里士多德的辩证综合"，"一方面是先验的、先天的，但不是外在的、客观的，而是内在的、主观的，即先天地存在于人类头脑中的范型；一方面含有主体创造活动的主动性、目的性，但不是客观事物的现实存在，而是人的认识之所以可能的先验条件"②。所以，康德的主观唯心主义形式论依然没有使审美主体和客体达到真正的融合，仍然归属于主观形式论。直至黑格尔运用辩证法和历史主义思想，推崇以经验观点和理念观点相统一方法论来认识美本身，将康德的主观唯心主义改造为客观唯心主义，才建立了完整的、严谨的美学体系。"美就是理念的感性显现。"③ 审美形式在心灵和现实之间、审美主体和审美客体之间架起了审美沟通的桥梁，将感性和理性融合在一起并获得情感上的审美张力，从而完成了客观审美形式论和主观审美形式论的合题。

二、心理形式

以上形式论研究是以"自上而下"的哲学演绎方法，通过认知模式来研究人类的审美对象的审美形式，演绎了一轮"正—反—合题"的逻辑轨迹。到了 19 世纪中叶，随着心理学研究的异军突起，一大批美学家"抛弃了对审美之谜的哲学沉思，把美学研究的注意力从研究审美对象以确定美

---

① 夏夫兹博里. 道德家们：第三部分第二节 ［M］∥朱光潜. 西方美学史. 北京：人民文学出版社，1979：211.

② 赵宪章，张辉，王雄. 西方形式美学 ［M］. 南京：南京大学出版社，2008：117 –118.

③ 黑格尔. 美学：第 1 卷 ［M］. 朱光潜，译. 北京：商务印书馆，1979：142.

的本体，转移到研究审美主体的心理反应——审美经验上来了"①。这预示着另一轮的"正—反—合"的逻辑演绎。如果以上一轮的合题——黑格尔的形式论为新一轮逻辑轨迹的正题起点的话，那么，西方现代美学掀起了反叛传统形式论的高潮，走向了审美形式论的反题，传统审美形式中的"主体理念"与"感性显现的审美对象"在这里都被抽象或消解，历史也同时在这里梳理出新一轮逻辑轨迹的合题走向。

20世纪西方美学走向了多元化，既注重审美主体的心理体验研究又注重艺术本体论的研究，精彩纷呈，相生相抵。借鉴这一时期惯用的"自下而上"经验归纳法，我们先从视觉艺术的领域出发，沿着西方现代绘画艺术的实践轨迹，考察西方现代审美形式的多样性及其本质特征。一方面，印象主义艺术思潮随着印象派绘画叩开20世纪艺术大门，将绘画从客观自然再现转向了主观精神表现，即走向了形式主义艺术。后印象画派将形式主义艺术发挥到极致——在艺术表现上，几乎不顾及任何题材和内容，用作者的主观感情去改造客观物象，表现出"主观化了的客观"形式。这里的"主观"已经不再是传统审美形式中的主观"理念"，而是指形式所唤起的"共相"情感；这里的"客观形式"已经不再像传统审美形式那样忠实于自然的客体形式（具体物态的或客观抽象的），而是主观抽象和物态变形。另一方面，西方形式主义美学理论派生出的达达派，却提倡反对一切艺术形式，比如以不规则、不对称等抽象形式对抗古典的艺术形式，甚至以反艺术或消解形式的形式来表现虚无主义，以此反映第一次世界大战给青年带来心理上的苦闷和精神上的空虚。现代的抽象艺术将抽象化的符号形式演绎到极致——其形式对象已不再是现实事物或者拘泥于客观的物态形式，而是没有表现的对象，或者是非写实图形的自由组合，纯粹是审美情绪的表达，"抽象冲动"紧张的解除。科学派美学家沃林格认为，这种"抽象冲动"是人的一种无意识、非理性的甚至还具有超验现象的精神本能。而在这种"抽象冲动"驱使下的审美形式所展现的是一种"碎裂的、混乱的、没有恒量的、永远变动不止的、对人是敌视的、而人身上的一切

___

① 霍桂桓.《艺术的意味》之序——方法比结论更重要// 盖格尔. 艺术的意味[M]. 艾彦，译. 北京：华夏出版社，1999：3.

也是不可靠的、脆弱的"① 现实世界图景，与古典主义审美形式所追求的"统一的、井然有序的、和谐的、具有牢固的恒量与意义的"② 理想世界图景截然相反。因此，20 世纪西方审美形式论，无论是后印象派绘画的"有意味的形式"（Significant form）还是达达派绘画的"反艺术"（Anti-art）形式；无论是俄国形式主义和英美新批评为代表的"语言形式"，还是结构主义文艺理论的"结构形式"；无论是符号美学的"符号形式"还是格式塔美学的"非心非物"③ 审美心理关照等诸多审美形式，都放弃了对审美对象的客观形式的感性观照，在"抽象冲动"的驱使下走向了抽象化的符号形式，"抽离了现实的抽象"④ 不仅"搁置"了主体的存在本身，也瓦解了"和谐整一"的古典审美理念，告别了历史。以上各种形式论是对传统经典的美学观念——"美是理念的感性显现"的彻底反叛。这种"反古典主义"的审美形式走向了新一轮审美形式的反题。

三、形式的综合

20 世纪西方现代形式论浩繁芜杂，在冲突中并存。在特定的历史境域里，反题和合题几乎是同时构建，也即构成传统形式论的反题的同时，也蕴含着合题的走势。因此，我们撇开历史顺序，从逻辑形态的角度而言，新古典主义形式论成就了古典形式论和现代反古典主义形式论的合题。西方马克思主义美学流派中，以卢卡契、马尔库塞为代表的形式观一方面继承黑格尔关于"主客观统一"的美学理念；另一方面又汲取了 20 世纪西方美学的形式观念。结合 20 世纪西方政治经济发展状况，他们通过对以上两方面对立异质的超越和扬弃，而整合成为自己形式观的特质和旨趣：遵循前者，必然反对"为艺术而艺术"和空虚的形式主义，既关注精神主体（审美意识）又观照现实和历史；借鉴后者，一反古典美学以内容为核心的"内容—形式"二分法模式，必然强调形式的主体性，强调形式对社会素材的批判功能或对既定现实的超越。正如法兰克福学派代表人物赫伯特·马尔

---

① 哈利泽夫. 文学学导论［M］. 周启超，等，译. 北京：北京大学出版社，2006：20.
② 哈利泽夫. 文学学导论［M］. 周启超，等，译. 北京：北京大学出版社，2006：19.
③ 高觉敷. 心理学史［M］. 北京：中国大百科全书出版社，1985：42.
④ 卢卡契. 文学论文集（二）［M］. 北京：中国社会科学出版社，1981：13.

库塞在《审美之维》中所界定的那样，审美形式是通过"语言、感知和理解的重组"，"把一种给定的内容（即现实的或历史的、个体的或社会的事实）变形为一个自足整体（如诗歌、戏剧、小说等）所得到的结果"。其中，作为"认识和控诉的手段"的审美变形不仅再现现实和谴责现实，显示审美形式的批判和升华功能，而且揭示"人和自然被压抑的潜能"，从而使人们获得自由和幸福。① 由此可见，马尔库塞立足于当代社会的总体文化背景中既扬弃地借鉴了古典审美形式"升华机制"，又张扬了审美形式的主体功能。同时，以"审美变形"的概念，还昭示着"艺术形式不仅是艺术品最终的存在形态，本身还是一个动力学概念，它指示着把内容转化为形式的全部过程和机制"，② 也是赋予社会历史或现实以精神形式的动态过程。

　　纵观审美形式的历史发展和"正—反—合题"的逻辑演变，西方美学家们先后从科学分析到哲学思辨再到心理学三个角度，分别围绕着物理客体、主体精神、历史现实三体以及三者关系来阐释审美形式的内涵。它历经了从客体考察的物态形式到主观判断的理性形式，由主客体同一的审美形式到搁置主体和割断历史的"反艺术"形式，再到观照历史现实、恢复主体性的审美思维等流变过程，最终，审美形式由局限于审美活动封闭式的自我规训发展到了向世界现象敞开的动态变形的动力学诠释。至此，审美形式完全可以从审美活动中被解放出来，拓展至生活的各个领域，参入与观照整个历史生命，强化其社会功能发挥协调作用，为诗性主体的重建寻找到理论依据和实践的有效途径。

第二节　辩证关联

一、形式和历史

　　诗性主体表征着生命存在的结构性可能，它以审美和诗意这两个重要功能综合与协调各种主体形式，保持人性的完整性，以想象、直觉和智慧

---

　　① 马尔库塞. 审美之维 ［M］. 李小兵，译. 桂林：广西师范大学出版社，2001：196-197.

　　② 赵宪章，张辉，王雄. 西方形式美学 ［M］. 南京：南京大学出版社，2008；342.

作为内在的精神张力发挥着主体的创造潜能，使实践意志能够克服现实维度的各种困难，保证主体在生活世界的信仰、自由和幸福，从而实现生命的价值和意义。因此，诗性主体的自由、和谐和超越的美学本质决定了其基本需要是真实的审美需要。无论从美学的历史和逻辑相统一的角度来推论，还是从形式论发展史来考察，审美形式应是满足诗性主体的审美需要的必然承担者，进而成为诗性主体和其他主体形式的联系桥梁，也是诗性主体和社会历史、现实生活建立审美联系的途径之一，是诗性主体进行自我求证，实现审美观念与方法相统一的载体和途径。

在此之前，遵循历史和逻辑的统一，大致勾勒出西方审美形式的发展脉络。由此见证审美形式这一概念逐渐丰富和完善的历史过程。历史发展而来的审美形式不仅是各种艺术的具体表现形式，发挥着操作性和技能性的功能，而且还担当具有普遍意义的审美思维方式和结构功能的双重责任，体现着主客体相互联结的功能。基于以上多层次的意义与价值，审美形式为诗性主体的结构功能的生成和完善提供了基本的思维依据，呈现一定的启发意义。同时，我们也发现，诗性主体与审美形式之间存在着密切联系：一方面，在观照生活世界的过程中，只有诗性主体才能使审美形式达到现象与本质、主观和客观的统一成为可能；另一方面，在审美形式的历史发展长河中，可以看到诗性主体呈现出自我超越和自我求证的能动性。它们两者的关系，是辩证统一、相辅相成、互为因果的逻辑关系。

然而，不是每个历史阶段的审美形式都能契合诗性主体的本质特性和内在要求的。在与社会历史和现实生活发生关联的动态过程中，诗性主体和审美形式相互间呈现出圆融和疏离的两种逻辑运动状态。因此，诗性主体在历史中的自我求证和传承过程，也是一个在历史变迁的动态过程中寻找契合自己的审美形式的过程。换言之，诗性主体所期待的审美形式应该是对历史发展起来的形式概念的不断扬弃，既有历史的继承性和共通性，又有诗性主体所追求的独特性和理想性。因此，在诗性主体和审美形式与社会历史、现实生活的关系中把握它们的逻辑运作，寻找它们在相互作用过程中的契合点，是探究诗性主体和审美形式的关键和重要途径。我们遵循着历史观点和美学观点相统一的方法论原则，进一步探索诗性主体和审美形式的逻辑关联。

从西方形式论的发展轮廓来看，自亚里士多德起，审美形式与社会历

史、生活世界的逻辑联系已经隐现于形式论的发展过程中。追溯到古希腊
亚里士多德的"形式"概念，其内涵已经呈现出系统性和深刻性、多层次
性和丰富性：一方面既是使质料形式化的动态过程，也是和现实个体相对
而言的观念存在，蕴含了"内容与形式相统一"的理念；另一方面"既在
本质论的意义上规定了艺术和美的现实存在，又在创作论的意义上涵括着
艺术和审美的主体能动性，还在目的论的意义上涉及艺术和审美活动的功
用和价值"①。将审美形式与人的目的和生存价值联系起来。亚里士多德的
"形式"概念已经孕育着当代审美形式的雏形，涵盖诗性主体所期待的审美
形式的基本要素。如果从艺术史考察，古希腊雕塑是达到黑格尔的艺术理
想（理性与感性完美统一）的古典型艺术形式，古希腊史诗在卢卡奇（G.
Lukacs）眼中代表古希腊艺术的最高成就，古希腊审美形式在后代诸多美学
大家的眼里达到了艺术的完美形态。如果从审美形式与古希腊生存世界的
关系来看，古希腊秩序、匀称、明确的审美形式和完整、和谐、自由的古
希腊人的审美理想是吻合的，因为没有太过繁杂的社会分工以及感官与精
神的区别对立，所以他们"既有丰满的形式，又有丰富的内容；既能从事
哲学思考，又能创作艺术；既温柔又充满力量"②。正如卢卡奇所认为那样，
古希腊时代是"人和世界、灵魂和行动浑然一体的和谐时代"，因此，"必
然产生植根于这一和谐社会和文化整体的艺术形式"，而"这一形式本身就
是这整体一部分"③。由此可见，古希腊的审美形式不仅具备了诗性主体所
期待的审美形式的基本素质，而且也为主体描画出诗意栖居和回归本真的
精神家园。

　　然而，西方世界经过中世纪和文艺复兴运动之后，社会意识形态日益
丰富，现实世界矛盾不断尖锐，审美形式必须走出世外桃花源，肩负历史
重任，直面自身的内在矛盾以及与生活世界的外在矛盾。直至19世纪，康
德在现象与本体、感性与理性两大对峙世界之间架起"审美判断"桥梁，
黑格尔运用辩证法消除审美主体与审美对象、内容与形式、倾向性与真实
性的分离和对立，从康德主观抽象的"先验形式"走向内容与形式的统一

① 赵宪章，张辉，王雄. 西方形式美学 [M]. 南京：南京大学出版社，2008：43.
② 席勒. 美育书简 [M]. 徐恒醇，译. 北京：中国文联出版公司，1984：49.
③ 赵宪章，张辉，王雄. 西方形式美学 [M]. 南京：南京大学出版社，2008：339.

论，真正肯定了客观事物的现实存在，构建了"美是理念的感性显现"形式美论。但是，"由于客观唯心主义哲学系统的限制，由于他的辩证逻辑不彻底，由于当时德国文化中庸俗市民倾向，……他把艺术的黄金时代摆在过去，对艺术未来的远景存在着悲观，把自然和艺术的演变都看成精神逐渐克服物质的演变"[①]。让"绝对理念"吞噬了审美主体，理智高于一切。最终，在黑格尔的逻辑结构里艺术走向消亡，宗教与哲理取而代之。综上所述，康德与黑格尔两位哲人肯定了艺术及其形式的作用，并触及艺术形式的内部矛盾而且为问题的解决做出了伟大的贡献，但是，他们都回避社会现实问题，只局限在纯粹的精神领域谈论形式问题。由此可见，黑格尔在运用最富有想象力的形式美论阐释古希腊艺术魅力之后，将艺术之花留在古希腊艺术世界的诗性家园，却没有伴随着历史发展去观照现实世界并从中获得成长，最终将诗意的种子扼杀在理性的精神大厦里。随着无产阶级与资产阶级矛盾发展成为社会主要矛盾，马克思主义者们将审美形式深深地扎根在现实主义土壤里，让审美形式从审美活动范畴走出来参与现实社会，这似乎是历史的进步。但是，在"经济基础—上层建筑"的思维框架里，艺术作为意识形态的一部分，只是以物质为基础的现实实在的反映形式，这样"就发生了对整个主体领域的低估，它不仅低估了作为认识的自我（Ego cogito）的理性主体，而且低估了内在性、情感以及想象；个体本身的意识和下意识愈发被消解在阶级意识之中"[②]，从根本上取消了艺术存在的合法性，沉落于物质主义还原论的泥淖里，失去了自由飞翔的翅膀。

二、形式和主体

黑格尔以降，西方审美形式理论大都是在二元论的思维框架下建立的，必然导致狭隘的历史理性，过于强调历史的客观规律和自然秩序，必然扼杀诗性主体的创造性和审美性。况且，二元论本来是整体世界分裂的必然产物，是主观逻辑的强制性划分，以此达到不同历史语境下的人性之完整纯属一种无实质性意义的心理虚构。因此，诗性主体所期盼的审美形式要

---

① 朱光潜. 西方美学史 [M]. 北京：人民文学出版社，1979：485.
② 马尔库塞. 审美之维 [M]. 李小兵，译. 桂林：广西师范大学出版社，2001：193-194.

在历史批判和理性反思的前提下汲取美学史上多元化的思想资源，既要避免被历史表象所遮蔽，又要避免被历史理性所制约，在保持人性完整性的前提下有所创新和改造，寻求无限可能的差异性和确证自身的自由意志，保证主体世界的审美超越和诗意化生存。

为了适应西方社会政治经济的发展要求，卢卡契、马尔库塞、阿多尔诺等西方马克思主义者对马克思主义理论进行了反思与创新，宣扬一种新的、革命性的文化策略，将人类文化创造的活力和思想的自由向度放在首位。西方马克思主义流派，门户林立，理论形态庞杂繁复、歧见纷呈。由于篇幅的限制，这里把它们作为一个相对整体而论，只将诗性主体和审美形式这一论题能够从中借鉴的各种美学思想整合起来进行论述。主要表现在以下两个方面：一方面，马尔库塞、阿多尔诺等人强调审美形式的主体性和审美个体的自由意志，紧密联系社会历史与现实实践，审美形式担负着批判现实的实践功能和超越现实的升华功能，从而实现它的社会功能；另一方面他们强调审美主体的意识建构，主张审美形式是主体干预意识的具体承担者，在美与丑、肯定与否定、和谐与无序、整一与杂乱之间建立一种"动态的平衡"（阿多尔诺）。由此可见，以马尔库塞、阿多尔诺为代表的西方马克思主义者，既是运用历史的眼光坚守审美形式的本质特征和经典内涵，保持对诗性的和谐家园的憧憬，又运用发展的眼光与时共进，在动力学概念的基础上指引着审美形式的现代性价值和意义，这一理论充分阐释了诗性主体的自由和谐而又超越升华的美学本质，表达了对重建完美人性的强烈愿望。因此，它基本表达了既定历史情境下诗性主体所渴望的审美形式的基本内涵及其时代特征，同时也为审美形式成为彰显诗性主体的本质特征的重要载体，以及构建诗性主体的综合功能奠定了坚实的理论基础和寻找到一个重要途径。然而，如若像马尔库塞预言，美学将成为一门"社会的政治科学"，西方马克思主义者们则不可避免有矫枉过正之嫌，对社会质料施以过度暴力，过于强调社会变革、政治经济等因素对于诗性主体和审美形式的干预作用，必将损伤诗性主体自由和谐的特质，也导致审美形式丧失其独立性和自主性。而这些，恰恰是诗性主体和审美形式对于西方马克思主义形式美论所要规避的地方。

诗性主体与审美形式随着历史长河的波涛起伏呈现圆融或疏离的动态过程，同时也是一种观念与方法的逻辑运动。诗性主体借助审美形式在历史发展中也曾表征出完美形态，但常常被历史表象所遮蔽和掩盖。况且，历史不可能停留在诸如古希腊时代，诗性主体也不可能凝固停滞于古希腊时代，诗性主体必须随着历史的发展而不断获得重建和完善。此外，西方美论大都是从理智的角度运用人类的认识活动的模式来研究审美形式，必然忽略审美形式的诗性的本质特征，从而造成诗性主体的遮蔽和遗失。所以，诗性主体必须运用崇尚"天人合一"的东方文化思维以及强调主客体统一的现象学方法，秉持历史发展观，把审美形式当作不断展现不断敞开的范畴来把握，并且借助历史的感性和审美的偶然性来考察和选择契合自己的审美形式。

三、形式新释

我们在扬弃地吸收西方形式美论的基础上，主要汲取中国传统文化的"道""自然"等元美学的概念和艺术精神之精髓，结合现象学观念和方法，探索与诗性主体相契合的审美形式。

首先，运用老、庄之"道"阐释诗性主体与审美形式的必然联系。"'道'是中国哲学的元范畴，也是中国文论的元范畴。""'道'在中华文化中的含义丰富深邃，包罗万象，成为中国传统思维方式、价值观念、学术思想的渊源。"① 老、庄之"道"，"与一个艺术家所呈现的最高艺术精神，在本质上是完全相同"②，它们都蕴涵着中华文化所呈现出的诗性精神和自然意识。因此，老、庄之"道"，与诗性主体在本质上也是完全相同的。"道"之"有无相生"（《老子·二章》）的特点，就非常合理地阐释了诗性主体与审美形式之间相辅相成、相互依存的关系：诗性精神便是"无"，审美形式便是"有"。诗性精神乃是"无状之状，无物之象"（《老子·十四章》），是"视之不见""听之不闻""搏之不得"（《老子·十四章》）的超越时空的存在，需要通过有形有名的审美形式呈现出来；而有形有名的审美形式又潜藏着无形无名的诗性精神。作为连接诗性主体与审美物象之思维形式，审美形式既是无中生有的得道追求的动态过程，又是排除概念、排除利害观念和超越经验的万物通灵之境、无我诗意之乡。

---

① 赖力行. 中国古代文论史［M］. 长沙：湖南师范大学出版社，2009：29.
② 徐复观. 中国艺术精神［M］. 天津：春风文艺出版社，1987：41.

　　道家有关"道"的描述性说明——"齐物我、反认知、重解悟、亲自然、寻超越"等特性，既体现了诗性主体"心斋""坐忘"等思维活动的最高境界，又表征了审美形式的"游"的自由思维过程。儒道兼修的刘勰有关审美境界的描述——"思理为妙，神与物游"，能够具体地阐释了诗性精神与审美形式之间必然的联系形式，也即在"神"（诗性精神）与"物"（包括主体在内的万物）之间存在有意无意地游移、流动的审美过程或审美思维形态（"游"）。诗性主体与审美形式之间这种"游"的形式营造了"心境相得，见相交融"的境界。郑板桥所主张的"身与竹化"的艺术化境，也说明了只有通过诗性精神才能使身与竹之间（物我之间）失去界限，交融为一，通达"游"之化境。由此可见，诗性主体与审美形式是人自身与宇宙在自然本性上的合二为一，是观念和形式的统一，统一在老、庄之"道"的范畴。

　　老、庄之"道"对古代文论以及后世文人的审美思想的形成发展，起到了深远的影响，且为诗性主体有关审美形式的探索提供了理论源泉。但是，由于它很少直接谈论审美问题，而受之影响的古、近代文论大都运用描述性语言传达精神内涵和创作思路，所触及之处恢弘阔大，所理解之意歧见丛生，令人无法准确把握。所以，借助西方文论探索诗性主体和审美形式的关系，是历史与美学的必然诉求。胡塞尔"现象即本质"的现象学方法论，作为悬搁以往哲学二元论的思维形态，不仅迎合了探索诗性主体和审美形式关系的理论需要，同时也符合其方法论要求。现象学认为，现实本身不存在任何"绝对本质"，事物都是意向性的呈现，被意识者在意识中被表象着和显现着。他否认在纯粹意识的现象之外还存在着一种主观假定的客观本质。他指出："我们使把握的和理论上探索的目光指向在其自身绝对独特存在中的纯意识。这就是所探索的余留下来的'现象学剩余'，虽然我们已'排除'了包含一切物、生物、人、我们自己在内的整个世界。严格说，我们并未失去任何东西，而只是得到了整个绝对存在，如果我们正确理解的话，它在自身内包含着、'构成着'一切世界的超验存在。"① 这种"超验存在"与老、庄之"道"似乎一脉相承。这种"排除"的方法和观念，允许纯粹意识作为主体的唯一性存在，斥拒现实化和世俗化的实在

---

　　① 胡塞尔. 纯粹现象学通论［M］. 李幼蒸，译. 北京：商务印书馆，1992：150.

对象，消解各种社会意识形态沾染于美学的感性/理性，知识/道德，政治/经济等观念性尘埃，这种方法和观念，与老、庄之"道"的观念和"坐忘""心斋"的方法，也有着一致性。按照"无有相生"之原则，胡塞尔的"纯粹意识"作为排除了观念尘埃之后的唯一性存在——"有"，与老、庄之"道"——"物我两忘"的"无"，有着异曲同工之妙。借鉴现象学方法，有些美学家认为，"美虽然不依赖于个别主体那偶然多变的本性，但是它却依赖于主体性本身：它是一种超验的主体性。这样一种超验的主体性是与美所具有的广泛无边的意味相一致的"。① 从以上论述中，我们可以发现主体与审美形式之间存在的内在联系，诗性的纯粹意识—超验的主体性是审美形式得以生成的前提。如果说"美是依赖于主体的现象"，那么这个主体就是"诗性主体"。也就是说，诗性主体所守护的"纯粹意识"也意味着等同于审美主体呈现出来的"纯粹意识"或"诗性意识"，它们是对于现实性的各种意识形态的排斥与疏离、逃避与冷漠、拒绝与绝望的态度立场。现象学悬置旧形而上学二元论观念以及排除"心理的和心理物理世界"② 的思维方法，启迪我们应该放弃以往的心理成见，以纯粹意识为阐释视角，理解诗性主体和审美形式之间的必然联系，使主体获得超越世俗的诗意自由和生命愉悦，为取得真正意义上的幸福感和美感奠定精神基础，让审美活动得以澄明和去蔽，确立自我精神的意义和价值。

有鉴于老、庄之道与现象学给予当代美学以观念、方法的启迪，一方面，应该领悟到，审美形式既是帮助诗性主体实现美和自由的手段，也是目的；既是一种思维方法，也是审美观念；既是审美过程，也是审美结果。另一方面，必须看到，诗性主体视野下的审美形式，通过主体的审美活动，从而呈现自我特征和意义。具体地说，对于诗性主体视野下的审美形式的理解，应该破除主体与物之间的界限，将之阐释为诗性主体的纯粹意识所展开的审美直观，并促进主体与物之间的交互游动，自然地偕同主体气质或个性与事物所亲自呈现出来的审美表象一起，以整合性的姿态充分展现出自我的审美价值。这里的审美价值既是一般的也是特殊的；既有表层的也有深层的；既是普遍有效又是具体的。我们不能像心理科学那样，只依

---

① 盖格尔. 艺术的意味 [M]. 艾彦，译. 北京：华夏出版社，1999：85.
② 胡塞尔. 纯粹现象学通论 [M]. 李幼蒸，译. 北京：商务印书馆，1992：150.

据审美对象和个体的偶然联系，根据个人的感觉经验来判断该审美形式的具体意义。诗性主体的纯粹意识，也不是像自然科学的抽象概念那样，可以把它还原成一种客观的结构加以领会和掌握，也不能将审美形式所特有的意义和价值，还原成一般性的概念——比如自由、和谐等来归纳。审美意义和审美价值的独特性、不可重复性，决定了审美形式没有固定的法则和固定的创造模式。否则，主体将陷入僵化的思维模式，而审美形式也成为其他科学的附庸。

老子说："道常无名。"(《老子·三十二章》)。一言以蔽之，是以否定性方法来诠释对象。在此，借用否定性方法，通过具体例证阐释诗性主体和审美形式的相关问题。《庄子·养生主》中庖丁解牛的寓言，隐喻着"技"中见"道"的道理。这里的审美意义不是展现庖丁通过长期经验积累的耐力和认识牛的天然结构或自然规律的智慧，而是在于"莫不中音，合于桑林之舞，乃中经首之会"。这种审美意义不是技术自身的实用价值、实用效果——"动刀甚微，然已解，如土委地"所能体现的，也不是由"提刀而立，为之四顾，为之踌躇满志"心理享受所能代替的，而是诗性主体通过审美形式以"游"的审美形态呈现出诗性意识而达到的深层审美价值，并由此引起"踌躇满志"的心理效果。因此，"游刃有余"之"游"不仅仅体现庖丁解牛技艺之娴熟，而且体现了"神与物游"之至高审美境界。审美形式所包含的深层审美价值通过其他价值(实用价值、能力价值、心理效果等)的介入得到了丰富和充实。另外，庖丁解牛的审美形式所呈现的审美价值是唯一的和特殊的。因为，其中的诗性主体的纯粹意识犹如无形无名的大道，一旦与有形有名的现象或者特定的"场"交融为一，那么它所呈现出的物态形式也就与其他形式迥然不同。比如，解牛的审美形式与"桑林之舞""经首之会"的审美形式之间，虽然能够以"合"与"中"通过打比方、通感的修辞方法将它们联系起来，形象地描述了解牛这一审美形式的特征，但是，从物态形式方面和审美意味而言，两者显然不同，这是不辨自明的。总之，诗性主体视野下的每种审美形式都具有与众不同的审美意义和价值。

诗性主体通过审美形式敞开生命智慧和诗性精神，承载着纯粹意识对自然/社会、历史/未来、自我/群体等现象界的直觉和体验、提问和求证，通过存疑与理解、肯定与否定、意愿与拒绝、感觉与想象等方法，使主体摆脱纯粹认识论与知识论、真理论与实践论、情感论与心理论等社会意识形态的规范，赢得自我的诗意和智慧，使审美活动得以展开。

第三节　审美形式的辩证分析

一、直观和分析

审美形式既是诗性主体的一种思维对象，也寄寓着诗性主体的思维方式。本人认为，直观与分析是审美形式和诗性主体的思维形式的一对逻辑构成。

诗性主体视野下的审美对象不是客观实在的外貌或感官的幻相，也不是"各种印象的联合和混合的统一"及其所引起的心理效果，而是把它当作一种现象或意象来考虑，这种现象具有一定的自明性，以感性表象和理智表象原初地、直接地、亲自地向主体呈现的东西。正如康德所认为，审美判断"不是建立在概念之上，乃至于以概念为目的的"。① 因此，诗性主体视野下的审美形式既不通过演绎，也不能通过归纳，而是采取"涤除玄鉴"，"至虚极，守静笃"（《老子·十六章》）方法，一切从现象出发，只在直观体验中领会审美对象的意义与价值。具体地说，诗性主体在对个别审美对象的把握过程中，拒绝运用主客观二分法的思维方式认识事物，不是通过获取事物表象去认识客体，而是在悬置各种"前见"因素的基础上，启动直觉活动，促使自我充分地敞开，以纯粹意识的意向性为主导，审美对象向主体呈现它所有现象的条件，从而把握审美形式，使审美活动得以展开。

现象学明确地指出："直观不必然地是感性的、素朴的、或者非推理的，而仅只是非意指的。"② 这种直观说，从方法论上阐明了诗性主体对待自身与对象的关系问题，即主体性仅仅是现象向我显现和展现的可能性条件，而不是显现和展现的原因，因为"主体性并不导致或者创造意义和对

---

① 康德. 判断力批判 [M]. 邓晓芒，译. 杨祖陶，校. 北京：人民出版社，2002：44.

② 扎哈维. 胡塞尔现象学 [M]. 李忠伟，译. 上海：上海译文出版社，2007：33.

象"①。所以，诗性主体希望通过审美形式与审美对象构成主体间性达到
"万物并作，吾以观复"（《老子·十六章》）无我之境。从这种直观说来看，
审美形式在促使主体静观对象的同时，也需要经历一个动态的过程，并在
对象的所有侧面，陆续被直观地给予的同时，不排除对审美对象进行描述
性分析，只有经过长期的努力才可以分析出该现象的基本特性。这种分析
与理性和经验的分析不同，它不是关于对象的实在性的分析也不是只关注
对象的分析，而是自发地对原初表象以及对这个意识活动进行描述性的分
析，也即需要通过悬置、排除等方法，穿越各种社会意识形态、物质的实
际存在，借助直觉透视的方法，直接地观看到现象以确定的方式直接呈现
给我的东西，感受美的现象或领悟美的本质，并且达到自我与所思之物的
通融之境。

由此可见，直观或直觉思维不与感官感受及理性思维相对立，却是对
感性和理性的超越，以及对日常经验和知识经验的超越。正如胡塞尔所说：
"如果我们完全清晰地看到一个对象，如果我们纯粹地以观看为基础并且在
实际观看时所抓住的东西的范围内完成了辨别和概念理解的过程，如果我
们因而看到了……这种对象是如何存在的，那么，忠实地表达这些观看的
陈述便因而具有其合法性。"② 因此，对于审美形式下的分析是一种还原性
和忠实性描述，直观是一种透视和顿悟，两者相辅相成地统一在审美形式
的动态过程中。从这个意义上说，审美形式的审美特性也体现了直观和分
析的融合。

审美直观另一个重要特征是追求顿悟。严羽也在《沧浪诗话·诗辨》
中做了相关论述："大抵禅道惟在妙悟，诗道亦在妙悟。""惟悟乃为当行，
乃为本色。然悟有浅深，有分限，有透彻之悟，有但得一知半解之悟。"也
就是说，领会诗歌之美要靠"妙悟"，要得"透彻之悟"，必需靠长期潜心
欣赏经验的积累。从现象学直观论来看："胡塞尔所理解的最佳的被给予性
是，那种能够带有更多的信息，并且以尽可能地多样的方式给我们提供出
来的被给予性。"③ 然而，对象在特定的时间空间内总是以一个侧面向主体

①　扎哈维. 胡塞尔现象学 [M]. 李忠伟，译. 上海：上海译文出版社，2007：39.
②　梅欧. 胡塞尔 [M]. 杨福斌，译. 北京：中华书局，2003：73.
③　扎哈维. 胡塞尔现象学 [M]. 李忠伟，译. 上海：上海译文出版社，2007：32.

的感官展开呈现，不可能穷尽所有的现象同时向主体展现出来。但是，对象的所有侧面都能够被直观超越时空而把握，使现象的呈现和敞开达到顶点，从而激发主体产生顿悟。所以，只有在直观的前提下，才可能领悟和生产出审美形式。当然，对于审美形式的概念完善，也需要一个陆续积累、充实、综合的动态过程，也需要不断分析和综合的精神活动。直观的审美思维和艺术思维，不仅要求人们"停下手来静观对象"，而且"要求人们具有综合性的信息，做好广泛的准备工作"。① 简而言之，直观的前提是广泛积累；积累的过程包含分析；分析的效果是产生顿悟。因此，对于审美形式的把握而言，一方面，诗性主体需要长期的积累，通过丰富的经验分析，才能够理解它的特性和真谛。另一方面，诗性主体凭借直觉思维的灵感和顿悟，它虽然是一瞬间的思维火花，却是长期积累的升华，是思维过程的高度简化和浓缩，是能够把握审美形式的丰富内涵并且不断生成和发展审美形式的概念。总而言之，诗性主体视野下的审美活动，不是靠知识学问确立自我的审美价值，而是要悬置知识概念、道德戒律、日常经验、理性思考等通常的客观要求，通过直观把握审美对象的纯粹形式，从而达到一定的审美境界。

二、一般和个别

诗性主体视野下的审美形式体现了一般和个别、整体和部分、抽象和具体的辩证统一。现象学认为："当我们感知一个对象时，我们同时具有两种直观：经验直观和本质直观。通过经验直观，个别被原初地给予，通过本质直观，艾多斯或本质也被原初地给予。"② 这两种直观构成相辅相成、相互依存、缺一不可的辩证关系。在诗性主体视野下的审美形式的动态过程中，一方面，主体从审美角度感知主体外部的事物，通过经验直观（也即感性直观）观察某个事物的审美现象所特有的东西；另一方面，主体通过本质直观把握该事物直接地、亲自地呈现于纯粹意识之中，同时也把握主体自我的诗性本质。如老子所言："以身观身，以家观家，以乡观乡，以邦观邦，以天下观天下。"（《老子·五十四章》）以观道之法，直观万物之共

---

① 盖格尔. 艺术的意味［M］. 艾彦，译. 北京：华夏出版社，1999：11-12.
② 梅欧. 胡塞尔［M］. 杨福斌，译. 北京：中华书局，2003：59.

相。值得关注的是，诗性本质虽是万物共相之一，但是诗性主体的本质显然不同于其他艺术现象共同具有的诸如和谐、真实、深刻等一般性概念范畴，而是通过审美形式体现了个别和一般的统一，它让事物的感性外在与审美现象统一在该事物向我呈现出的审美意识之中，并一起构成该事物所特有的不同于其他事物的存在意义或特有的审美价值。所以，诗性主体通过经验直观和本质直观的两种方式，以达到审美形式的个别与一般的统一。

诗性主体视野下的审美形式就是在直观活动中，明鉴通过意向性指称每一对象形式时所获得的各种不同的审美意象的动态过程，而且这个对象形式所引起的诸多个别审美意义的集合起来的整体审美意义总是大过于它们之和。换言之，诗性主体尽管是在赋予意义或意义充实的审美形式中呈现出精神活动的共相，但是浸渍于每一个具体现象时却也呈现出特殊的审美价值或审美殊相。也就是说，诗性主体借助审美形式这一意向性活动平台得以充分地敞开，获得了具体化、多样化、诗性化的动态阐释。诗性主体犹如道家所说的无形无名的大道一样，通过审美形式，得以澄明繁复多样的审美现象，或者通过现实的现象自明地直接地展现自我。因此，审美形式的共相和殊相，以一般和个别、抽象与具体的辩证关系，交互地统一在每一个审美直觉的动态过程，使诗性主体获得自由与和谐。正因如此，面对整体化的审美世界，诗性主体才能避免科学只"追求系统化的强烈冲动"，避免追求审美形式的固定化模式，不至于"蒙住了人们的眼睛，使他们看不到各种价值和各种审美形式那五彩缤纷的本质。"① 鉴此，审美形式一方面通过动态的意向性活动，追求审美活动的个性化和丰富性，另一方面在审美活动的系统化过程中，除从每一个历史事件或每一个自然领域中找出那些价值特性及其基本形式，关涉每一种艺术形式或每一种个体现象，从中寻找出美的独特性，更需要关涉每一个现象或形式的共相——主体性的纯粹意识和诗性意识，确立美的一般性和普遍性。

三、想象和专注

想象和专注是直觉思维过程中两个重要环节。它们之间是否有着相辅相成的协同作用的关系，是决定着诗性主体是否能寻找到理想审美形式的

---

① 盖格尔. 艺术的意味 [M]. 艾彦，译. 北京：华夏出版社，1999：17.

重要标志。胡塞尔提出"自由想象变换"（Freie Variation in der Phantasie）的术语，力图借助想象的功能和方法，获得对于不在场事物的洞悉，或者获得对事物"本质的洞察"（Wesenseinsichten），从而能够确立若干本质之间的本质关系。比如，当主体意向性指向一个时空性对象（物理对象）时，主体总是超越物理对象被有角度地直接给予的局限（对象的有些侧面总会不被直观地给予），并通过想象把握对象本身或者现象整体，然后，再通过丰富的想象和敏锐的直觉思维迅速把握审美对象所亲自呈现出来的纯粹意识。虽然想象为直觉提供广阔的视域和信息，但是"保持注意力高度集中对培养直觉至关重要"①。只有专注才能把理性的、分析性的思维从大脑中转移出去，有助于直觉的产生。想象和专注在文学创作实践中的具体运用以及它们呈现出来的关系，刘勰在《文心雕龙》中的《神思》篇里做了生动具体的描述：首先，非常形象地描述了想象的状态和妙用——"'古人云：形在江海之上，心存魏阙之下。'神思之谓也。"接着，说明了想象驰骋的必要条件——"寂然凝虑"，且"志气统其关键"。也就是说，想象需要"聚精会神去思考"，"意志和体气掌握着它活动的机关"。② 显而易见，意志和体气是否能够集中并发（即专注），是决定能否驰骋想象的关键。如果"关键将塞，则神有遁心"，从而无法获得丰富想象和奇妙构思了。那么，如何保持活跃的想象和高度的专注力呢？《庄子·天道》篇说："虚则静，静则动，动则得矣。"意为清除人头脑中的私心杂念、主观愿望，使心胸变得沉静清明，笃守清净，内心才能活跃，自然就有所得了。"虚静"一方面可以使主体保持心灵与精神的自由和敞开，必然引发自由想象；一方面可以使主体"守其神，专其一"（张彦远语），必然专注于核心事物。由此可见，想象和专注作为必然结果统一于"虚静"的审美状态中，是体悟美的真谛，创造美的作品的必要环节。

　　诗性主体视野下的审美形式，不能只局限于审美活动关注审美现象，而要作为一种审美思维形式关切整个人类社会和自然界，体现一种审美的生命意识。正如席勒在《审美书简》第二十五封信中所论："美对我们是一

---

　　① 沃恩. 唤醒直觉——超越理性的认知方式［M］. 罗爽，译. 北京：新华出版社，2000：7.

　　② 周振甫. 文心雕龙今译［M］. 北京：中华书局，1986：248.

种对象，因为思索是我们感受到美的条件。但是，美同时又是我们主体的一种状态，情感是我们获得美的观念的条件。美是形式，我们可以观照它，同时美又是生命，因为我们可以感知它。总之，美既是我们的状态也是我们的作为。"① 因此，我们承载着美的使命，必然要以审美形式向整个人类社会和自然界进行提问，而提问便是为了求证自我。提问和求证，在某种意义上，也是一种想象活动，而且是一种更为高级的理智化的想象活动。所以，诗性主体视野下的审美形式，只有涉及丰富而充实的生命并进行提问和求证的时候，才能充分发挥它自身的作用。

诗性主体视野下的审美形式是一个不断发展的动态形式。从创新视角看，审美形式最终还要依赖主体存在的纯粹意识，依赖精神活动的不断地存疑和否定，不断地提问和求证，从而生成新的意义和新的美感。需要强调的是，提问和求证需要存在者的精神无限可能性的敞开，需要主体的澄明和诗性的延绵，需要想象力和领悟力的自由解放。唯有此，才能保证审美形式的不断地诞生和完善，不断否定和更新。总而言之，提问是诗性主体拥有敏锐洞察力的思维前提，求证是诗性主体自我证明的存在形式。因此，提问和求证成为诗性主体视野下的审美形式的重要环节，是想象和专注的延伸。

---

① 席勒. 美育书简 [M]. 徐恒醇，译. 北京：中国文联出版公司，1984：130-131.

第七章　诗性主体与生命境界

生命境界决定着人生价值和意义，它牵涉理性和道德、知识和心性、幸福和美感等内涵。生命境界必然地召唤着诗性主体，因为生命需要诗性的存在。诗性主体需要仁爱之心，追求自我的价值实现和坚定的信仰。在不同的人生阶段，人们需要培养诗性的情怀。高尚的人格涵养和完善的心理结构也是诗性主体必然构成。

第一节　情感和意志

一、仁爱之心

诗性主体的必然性的内在诉求之一，存在者应该在情感和意志上涵养仁爱之心。这是诗性主体的人生哲学的需要，也是伦理学和美学的共同需要。显然，诗性主体必须是"有情之人"。然而，正如庄子所言，情感（Feeling）带有一定的负面性质，它在一定程度上导致生命的不自由和非审美状态。从心理学角度分析，情感和欲望需求、功利意识、道德感、理智感等密切相关，它并非属于人类精神的单一性存在。并且，情感在生活世界，尤其是现代人的情感状态，越来越呈现表演性和矫揉造作的特性，表现为程序化和机械化，是一种被设计和规范化的同一律的理性模式，因此，情感趋向为一种强烈的功利主义和欲望诉求，表现出一定的经济交换和相互间的心理献媚特征，呈现为心理学意义的等价交换，隐匿着权力、经济、政治、性等等需求的精心设计的理性目的，包含着理智的狡诈和心理吊诡。后现代社会呈现一个强烈的情感悖论图景：一方面个人和社会越来越注重情感的交往，然而，这种情感交往，一是作为一种包含阴谋的心理投资，寻求更多的情感或者功利回报；二是情感程度越来越浓烈地渗透着表演性，加之报纸、广播、电视、网络等媒介的传播渲染，呈现几何级数的递增。然而，它们的虚假性、装饰性和过度泛滥却是后现代社会的一个精神痼疾。另一方面，情感越来越社会化和公共空间化，集体性和集团化的公共情感绑架着个人情感，个体情感的真实性和权力被掩盖和被遮蔽；与之相对应的是，一些私人化的情感被媒介刻意和过度地渗透到公共空间，成为个人情感放大性的空洞展示和无意义表演。所以，从表面看，现代和后现代社会比以往社会有更多情感性和人情关怀，然而，在实质上，却更多的是"情感剩余"。无论是个体还是群体，或者社会集团，本质上变得冷漠和无情。当然，那些闪耀着热烈气氛的表演性的情感场景则另当别论。从理论意义观察，后现代社会，公众普遍注重的是社会学、心理学、伦理学等意义上的情感内涵，注重的是情感的传达技巧、表演方式、交换策略，情感的实际效用和等价原则。心理学意义的情感成为普世性的概念，然而，它只能教会人们如何按照通行的正确方式进行情感交流，如何获取情感交换和借助于情感交换寻找社会地位、身份确认和利益分配，却无法让人反思情感的负面性和批判情感的世俗成分，不可能使主体的情感进入洞明和智慧的境界。值得注重的另一方面是，作为公共情感的重要组成部分，宗教情感和政治情感也呈现功利主义、经济交换、权利分配等特性，沦落为一个世俗主义和利益分割的悲剧化象征。

因此，后现代社会需要哲学和美学意义的情感论，需要一种诗性主体的情感论。所以，作为诗性主体必须抗衡、拒绝这些负面的情感和表现方式，过滤情感中的本能、欲望、功利、社会意识形态等成分，放弃情感表达中的矫揉造作和过度表演，也拒绝心理意向的情感献媚和等价交换，而追求一种本真的纯粹的情感状态和表现方式。诗性主体的情感诉求应该是一种回归自然和本真的过程，是一种抗拒后现代性的表演性情感、利益性感情、欲望性情感、程序化情感、伪饰性情感的精神努力。诗性主体的情感诉求理应包括肯定个体情感的权力和正当性，应该和集团情感保持适度的距离，有限度地接纳群体情感，有保留地接纳集团情感，也必须对宗教情感和政治情感保持理性的警惕，否则，就成为斯宾诺莎预言的那样："因为一个人为情感所支配，行为便没有自主之权，而受命运的宰割。"① 在对情感进行反思和批判之后，诗性主体应该建立一种爱的情感和爱的哲学。然而，诗性主体的爱既不能流于具体琐碎的对象，也不能趋向于空洞绝对的抽象。因此，我们将之概括为以下几个相对原则：

第一，诗性主体的情感原则是"爱人"，换言之，仁爱之心是诗性主体得以可能的价值依据之一。《论语·颜渊》篇："樊迟问仁。子曰：'爱人。'"孔子理想的主体形式是"仁爱主体"，是以伦理要求为核心的。《论语》中涉及"仁"的地方有一百余处，强调对人的尊重和敬爱，尤其是尊重人的生命价值和思想自由，表现出古典时期的人道主义精神。诗性主体的情感原则之一，遵循着孔子的思想路径，渗透到生活世界就是对人的爱，既是对具体的人也是对整体人类的爱心。第二，诗性主体的情感原则是"爱自然"。仅仅站立在人类中心主义的立场上还是存在局限的"仁爱之心"，因此，诗性

① 斯宾诺莎. 伦理学. 贺麟，译. 北京：商务印书馆，1983：166.

主体的仁爱之心应该推及自然。主体是自然的历史结果，自然是主体的生命延伸。老子和庄子推崇自然的伟大，强调以自然为本位，包含着对自然敬重和崇拜的情感。诗性主体除了爱人之外，应该建立对自然敬重和崇拜、热爱和迷恋的感情。应该重温歌德、卢梭、爱默生等思想家对自然的礼赞和仰慕的思想，汲取生态伦理学、生态美学等敬畏自然的观念，尊重所有生物的生命尊严和价值、理解它们存在的意义。孟子云："君子之于禽兽也，见其生，不忍见其死；闻其声，不忍食其肉：是以君子远庖厨也。"（《孟子·梁惠王》）"简文入华林园，顾谓左右曰：'会心处不必在远，翳然林水，便自有濠、濮间想也，觉鸟兽禽鱼自来亲人。'"（《世说新语·言语》）辛弃疾在《贺新郎》写道："我见青山多妩媚，料青山见我应如是。情与貌，略相似。"古典主义的诗性主体都有强烈的热爱自然、尊重自然生命的怜悯情感。第三，诗性主体的情感原则，还关涉爱自我。爱自我是存在者的本性，神话学和心理学的自恋情结（Narcissism）也反映这种客观现象。对于自我的爱应该排斥唯我独尊和自大狂，抵御自我中心主义和绝对自私的理念，而追求自我的道德和人格的完善，注重高雅和纯粹的审美趣味的培养。当然，爱自我，还包括对于自我的身体、形象、衣饰、气质、话语等方面的审美诉求，屈原所心仪的外美和内修的统一是古典时代爱自我的范例。第四，诗性主体的情感是爱原则的。一个缺少基本"原则"的主体显然还不是诗性主体。显然，"原则"不是日常意义的法律、政治、道德、经济等领域的原则，这一原则必须是普世的和共时性的存在。我们只能将之规定为真、善、美三原则，它们具有哲学、伦理学、美学的三种含义。诗性主体的情感原则，应该体现对真的尊重、善的实践、美的理想，真善美的普遍原则，也是诗性主体的仁爱之心的践行路径。尊重和敬畏真善美的原则，必然提升诗性主体的生命境界，而只有不断提升生命境界的主体，才可能达到诗性主体的内在要求。

二、自我实现

从心理学意义看，诗性主体必然是一个不断追求"自我实现"（Self-actuali-zed）的主体形式。从精神分析理论来考察，诗性主体显然不属于人格结构中"本我"（Id）、"自我"（Ego）"超我"（Super-ego）的任何一部分，它理应属于超越三者，协调三者的整体功能结构的美学范畴。也就是说，诗性主体的自我实现，不仅是超越本我快乐原则（Pleasure principle）和自我现实原则（Reality principle）的价值实现，而且应是超越超我道德律令的一种审美意义的生成。具体而言，诗性主体的自我实现的过程，它必须体现内在的精神价值和审美意义，而不是仅凭借对于权力、知识、财富、名望等外在形式的确立而获得自我实现，它应该超越社会身份和地位等级等因素而获得内在价值。同时，诗性主体又不像超我那样"倾向于完全抑制伊德的满足"①，而是实现了对超我的升华，将道德内涵扩展到更为广阔的社会领域和精神空间。诗性主体的自我实现，一方面是道德之维的呈现，另一方面它寄寓着良知的内涵。良知是高于道德的精神价值，因为良知是本然的和内在的需要，道德是外在的律令，良知是共时的普遍价值，而道德是具体的和历史性的实践意志。从这个意义上，诗性主体的自我实现必然是良知主体的实现，协调本我、自我与超我之间的平衡关系而获得升华的主体形式。

马斯洛的人本主义心理学借鉴了戈尔茨坦首创（Goldstein，1939）的"自我实现"这一术语，"它指的是人对于自我发挥和自我完成（self-fulfillment）的欲望，也就是一种使人的潜力得以实现的倾向。这种倾向可以说成是一个人越来越成为独特的那个人，成为他所能够成为的一切"②。他们采用迭代法和重复的技术，选取心理相对健康的、非常理想的、有希望的当代人、公众人物和历史人物（爱因斯坦、埃莉诺·罗斯福、简·亚当斯、威廉·詹姆士、史怀泽、A. 赫胥黎和斯宾诺莎）作为研究对象，对他们进行临床研究和实验研究，③ 提出了"需要层次"理论，认为"自我实现需要"是人的最高级需要，而"自我实现需要的共同之处在于，它们的明显的出现，通常要依赖于""生理、安全、爱和自尊需要的满足"。当然，不是所有这些类本能的基本需要得到了满足，就可以拥有自我实现的动机，而是需要"个人正在从事着自己所适合干的事情"，比如"一位作曲家必须

---

① 舒尔茨：《现代心理学史》（第八版）[M]. 叶浩生，译. 南京：江苏教育出版社，2005：351.

② 马斯洛. 动机与人格（第三版）[M]. 许金声，等，译. 北京：中国人民大学出版社，2007：29.

③ 马斯洛. 动机与人格（第三版）[M]. 许金声，等，译. 北京：中国人民大学出版社，2007：160-161.

作曲，一位画家必须绘画，一位诗人必须写诗，否则他始终都无法安静"，这时候，自然便出现了"忠实于他自己的本性"的自我实现需要。① 罗杰斯的自我实现概念和马斯洛的自我实现概念存在着类似之处，罗杰斯认为，"自我实现是心理健康的最高水平"②，自我实现是一个不断进步的过程，人最大程度地、持续地实现自己的潜能，他在《个人形成论》比较详细地论证了这一观点。由此可见，人本主义心理学的自我实现是一种精神潜能的价值实现，显然包含着诗性主体的自我实现的相关内容。但是，它们存在通约性与异质性。首先，诗性主体的自我实现，也是一种精神潜能的实现，在精神级别上也是最高的，然而，它是主体存在追求精神无限可能性的价值实现，一方面，它不需要等到爱和尊重的需要得到满足之后，因为诗性主体的自我实现能够脱离现实性的需要而追求自己独立自由的品格。另一方面，体现在时间上，它从主体诞生自我意识开始，却没有终结，伴随着主体存在直至生命的死亡。值得注意的是，马斯洛晚年在"需要层次论"补充了审美需要，他认为，"在某些人身上，确有真正的基本的审美需要"，"他们积极地热望着"，而且，"这种现象几乎在所有健康儿童身上都有体现。关于这种冲动的证据在任何文化的所有时期都可以找到，甚至可追溯到洞穴人时代"。遗憾的是，他没有把审美需要的发生学意义关联到自我实现的需要层次并作进一步的论证，他甚至强调，只有到了老年才有自我实现体验的可能。而诗性主体的自我实现包含着强烈的审美需要，它是美学意义的自我实现，它包括审美活动和艺术创造。因此，马斯洛的"审美需要"论，恰好成为论证以审美需要为动力机制的诗性主体贯穿人类和个体各个阶段以及生命始终的功能性结构特征的理论基础。其次，诗性主体的自我实现，不仅体现整体的人格主体（表象），又是以"在之中"形式的审美主体（思维）而存在。诗性主体的自我实现尽管包含着心理学的因素，存在着类似性，但是，它更多指向哲学和美学的意义，它追求非现实的超越性和非功利性，眷注于审美意义和内在的价值实现。它以审美思维形式

① 马斯洛. 动机与人格（第三版）[M]. 许金声，等，译. 北京：中国人民大学出版社，2007：29.

② 舒尔茨. 现代心理学史（第八版）[M]. 叶浩生，译. 南京：江苏教育出版社，2005：391.

潜存于并协调人生的各个阶段、各个需要层次，并将感性主体与理性主体、道德主体与政治主体、本能主体与超我主体、实践主体与信仰主体等统合而为一个比较完美的人格主体。而人本主义心理学的自我实现者，只是少数个体发展至老年的呈现于现实世界的人格状态，他们认为，自我实现不是长期的，是短暂的，甚而至于是稍纵即逝的。再次，诗性主体不仅呈现于心理健康的优秀人士，也潜藏于缺乏社会经验的儿童年轻人、匮乏性需要没有得到满足的神经症者甚至反社会人格和边缘性人格障碍者的内在心灵。正如马斯洛所认为："秩序的需要、对称性的需要、闭合性（closure）的需要、行动完美的需要、规律性的需要以及结构的需要，可以统统归因于认知的需要，意动的需要或者审美的需要，甚至可归于神经症的需要。"因为"丑会使他们表现出某种病态，美会使他们痊愈"。① 通过审美教育或艺术活动，激活或重建诗性主体，是促进大众自我实现的有效途径。最后，马斯洛的自我实现关涉"高峰体验"（Peak-experince）的概念，而它和诗性主体的自我实现存在着相通之处。马斯洛对于高峰体验进行了比较充分的论述，认为高峰体验是一种强烈的认同体验，"处于高峰体验中的人具有最高程度的认同，最接近其真实的自我，最富有个人特色"②。"处于高峰体验的人通常感到处于自身力量的顶峰，正最佳和最充分地发挥着自己的潜能。"③ 诗性主体的自我实现，在某些境域和氛围中，也可以获得心灵的高峰体验。它可能表现为一种智慧的顿悟，如王阳明的龙场悟道，也可能是一种艺术灵感的来临，也可能像柏拉图《会饮》篇所描绘的那样，"第一等人"所达到的境界："凭临美的汪洋大海，凝神观照，心中起无限欣喜，于是孕育无数量的优美崇高的思想语言，得到丰富的哲学收获。"④ 马斯洛还指出高峰体验中存在着心理上的时空莫辨（Disorientation in time and space）的状况："人在主观上已脱离了时空。在创造的迷狂之中，诗人或艺术家全然没有意识到他周围的环境以

---

① 马斯洛. 动机与人格（第三版）[M]. 许金声等，译. 北京：中国人民大学出版社，2007：34.

② 马斯洛. 自我实现的人 [M]. 许金声，刘锋等，译. 北京：生活·读书·新知三联书店，1987：256.

③ 马斯洛. 自我实现的人 [M]. 许金声，刘锋等，译. 北京：生活·读书·新知三联书店，1987：258.

④ 朱光潜. 西方美学史（上卷）[M]. 北京：人民文学出版社，1979：49.

及时间的流逝。"① 诗性主体的自我实现，也存在着类似高峰体验的特性。

三、真率和恒定

诗性主体理应拥有真率和恒定、理想与唯美、澄明和通透的生命境界，呈现既可爱又可信的本真存在，也是一种去蔽、去表演化和去伪饰的生命境界。所谓真率，是指诗性主体在生活世界，保持真实和素朴、自然和本色的生存状态，消除"人格面具"（The persona）和抗衡"顺从原型"（Conformity archetype），② 以保持童心和真趣。恒定，则指向一种坚定的意志力。一方面，它类似于佛学的"禅定"，以"安静而止息杂虑"，收敛内心，专注一境，达到心灵的洞明；另一方面，诗性主体应该富于执着和守望的精神，既坚持现实世界的实践意志，又渴望彼岸世界和保持内心的"桃花源"。中国古典诗人守护着内心的"桃花源"情结，是诗意生存的一个侧影。上溯至屈原，诗人保持着对"香草美人"的迷恋，"虽九死其犹未悔"的执着气节，是诗性主体的恒定意志的完美写照。理想主义和唯美主义构成诗性主体的意志另一重要结构。诗性主体必然是一个富有理想的主体存在，然而，诗性主体所渴慕的"理想"概念不同于一般形态的理想。一般的理想包含着现实性的目的和目标，带着一定的功利主义和实用价值，较多和政治、经济等意识形态相联系，指向现实性的客观对象。诗性主体的理想形态，则属于可能性的主观对象，它禀赋一定的彼岸性和假定性，是具有精神无限可能性的超越性的主观形式。因此，它带有"桃花源"和"乌托邦"（Utopia）的内涵，确切地说，它就是柏拉图意义上的"理想国"，虚构性成分超过现实性因素。心灵内部的理想，给予诗性主体展翅飞翔的渴望和动力，给予梦幻和想象的可能。假如没有理想，主体只能在大地上周身沾满尘埃，蹒跚行走，只能在悲剧的阴影里叹息和惆怅，必然丧失诗性精神和审美冲动。与理想的因素密切相关，诗性主体必然是一个唯美主义者。唯美既指向物象世界，诗性主体应该爱美的对象和美的事物；

---

① 马斯洛. 自我实现的人 [M]. 许金声，刘锋等，译. 北京：生活·读书·新知三联书店，1987：289.
② 霍尔，诺德贝. 荣格心理学入门 [M]. 冯川，译. 北京：生活·读书·新知三联书店，1987：48.

又指向非物质形式的审美活动，诗性主体必须热爱美的精神内容，呈现审美活动的超越性和彼岸性，洋溢着审美乌托邦的情怀。澄明和通透，前者主要指诗性主体摒弃政治、宗教、文化、经济等积累的前见或偏见，保持自我的纯粹意识，悬置以往虚假意识形态，清洗知识、道德、功利、欲望等心灵的尘埃，回归内心，守护自己的自由自主的意识。澄明是指思想的纯粹，类似于现象学的"没有前提"和从"沉默"开始，通透是指智慧的灵光闪现。从这个意义上，诗性主体在思想和意志上，守护自我的纯粹和自由，守护独立思想的尊严和价值。

诗性主体是既可信又可爱的主体形式。王国维的精神矛盾和内心苦恼之一，是徘徊于可信和可爱之间，难以取舍，他不无感叹地说：

> 伟大之形而上学、高严之伦理学与纯粹之美学，此吾人所酷嗜也。然求其可信者，则宁在知识论上之实证论、伦理学上之快乐论、美学上之经验论。知其可信而不能爱，觉其可爱而不能信，此近二三年中最大之烦恼。[1]

"所谓不可信，并不是指形而上学没有意义，而是意味着它不能作为知识而存在，换言之，形而上学作为知识是不可能的。在可爱的形而上学由于可信的实证论之冲突中，王国维的注重之点开始逐渐转向了后者。"[2] 其实，王国维的这一矛盾是终生的，可信与可爱是他一直无法摆脱和抉择的难题，这同样是诗性主体所牵涉的哲学、美学的命题和范畴。诗性主体一方面必然是可信的主体，作为万物之灵的人，必须具备可信的一面。除此之外，他应该追求可信的知识，伟大的孔子就主张不语"怪、力、乱、神"等虚妄的存在，务实求真的实证主义精神是诗性主体应当倡导的；另一方面，作为诗性主体必须养浩然之气，追求可爱的人格魅力，不必全然以实证主义和科学主义的眼光对待事物，也不必绝对否定假定性的和虚构性对象的价值与意义，例如哲学、文学、美学、宗教等人文学科，诗歌、神话、寓言、童话等文化形式，它们属于可爱的审美范畴，不能以可信的标尺衡量。因此，诗性主体应该在可信和可爱、此岸和彼岸之间徘徊，寻求它们之

---

① 王国维. 自序二∥王国维全集：第十四卷［M］. 杭州：浙江教育出版社，广州：广东教育出版社，2009：121.

② 杨国荣. 理性与价值［M］. 上海：上海三联书店，1998：378.

间的平衡点，应该禀赋辩证理性和生命智慧，既崇尚可信又沉醉可爱，既做一个可信的人，也做一个可爱的人。如此，保证了诗性主体的可能性。

诗性主体在意志层面上，还必须做到去蔽、去表演化和去伪饰这样的三重否定。"去蔽"是诗性主体的第一重否定，"蔽"是知识和意识的妄念、前见、偏见和愚见。首先，人的存在必然充满妄念，虚假和虚妄的意识是人经常怀抱的精神幻象。其次，日常使用的思想、准则、观念、话语等无不是以往积累的意识形态的果实，然而，这些"前见"往往是虚假和非真理形态的。再次，人总是抱有强烈偏见的生物，偏见无时不在和无处不在。最后，庄子和康德都认为，人的认识和知识是极其有限的，绝对和永恒的"不可知"构成人类的知识宿命和悲剧事实，所以，智慧总是有限的和暂时的，而愚蠢则是无限的和永久的。所以，愚见是每一个人经常产生的，圣人和哲人也概莫能外。所以，作为诗性主体，在生命过程中的每一时间和每一境域，都面临着克服和否定妄念、前见、偏见和愚见的精神挑战，面临着以智慧和心性抗衡这四种危机的使命。"去表演化"是诗性主体的第二重否定。柏拉图早已精妙地将古希腊的民主政治比喻为"剧场国家"，莎士比亚也借剧中人物之口表达现实世界所有人物都是演员和都在表演的观点。其实，表演是人的天赋和自然特性之一，人类是最善于表演的生物。然而，人类的表演性在后现代社会被推向极端。表演被推及政治、经济、宗教、文化、商业、教育、军事、外交、旅游、体育、娱乐、休闲等任何领域，几乎每一个重要的庆典、节日、仪式、聚会、会议等集体场面，都成为表演的宏大叙事。任何公共空间都被挪用为表演的舞台，而每一个人的内心和外在都渴望成为演员和正在成为演员。所有不同阶层、不同年龄、不同性别、不同种族民族、不同信仰、不同身份、不同文化圈、不同社会地位、不同政治经济背景的人物，都乐意充当表演者和观众。随着信息社会的计算机和网络的图像时代的来临，表演和观看成为相辅相成的正比例关系。人类已经为表演所迷狂和陶醉，网络的虚拟世界和表演携手狂欢而弹冠相庆，人们忘却了真实的世界和真实的自我。因此，在后现代社会，诗性主体必须抗衡泛滥成灾的表演，它们制造精神的陷阱和心理的安慰剂，制造心灵的鸦片，消解了真实与虚假的分界线，而且使人越来越沉迷虚假的生活状态。去伪饰是诗性主体的第三重否定。和表演潮流密切相关，后现代社会的主体已经将伪饰提升至无以复加的地步。服装/物品、语音/文字、表情/容貌、身体/思想、情感/

行为等，一切之一切，都是被精心伪饰的对象，它们成为一种本真事物的"意象""表象"或"假象"。换言之，后现代社会从物质到精神、从形式到内容、从公共空间到私人空间，和表演一样，政治、经济、文化、商业、体育、教育、旅游、娱乐等每一个领域，都散播着伪饰的种子。波德里亚所分析的消费社会的仿真和拟象，在逻辑上都可以归纳为伪饰的范畴，只不过他所关注的仿真和拟象仅仅存在于消费活动中物质领域，例如，过度整容显然属于生命形式的伪饰行为。然而，精神领域的伪饰状况远远超过物质领域。人们的语音、语言、表情、肢体语言、行为、情感、思想等越来越趋向于矫揉造作，沉醉于伪饰化生活。诗性主体必须摒弃这种伪饰的生活状态，必须和它们保持一定的距离，并且予以反思和批判。

第二节 生命与时间

一、曙光阶段

诗性主体总是一个时间的长度，它由无法预料的命运所决定。然而，无论从婴幼儿至少年，还是从青年、中年，直至垂暮，每一个阶段都需要培养、提升、精进和不断完善，它没有一个止境，而这个终点只能和死亡并列。我们以曙光阶段比喻婴幼儿和儿童时期，第一时期主体处在感知运动水平上，皮亚杰从发生认识论角度指出：

婴儿把每一件事物都与自己的身体关联起来，好像自己的身体就是宇宙的中心一样——但却是一个不能意识其自身的中心。换句话说，儿童最早的活动既显示出在主体和客体之间完全没有分化，也显示出一种根本的自身中心化，可是这种自身中心化又由于同缺乏分化相联系，因而基本上是无意识的。①

对于幼儿而言，"没有显示出任何自我意识，也不能在内部给与的东西外部给与的东西之间做出固定不变的划分。"② 皮亚杰进一步证明，第二时

---

① 皮亚杰. 发生认识论原理 [M]. 王宪钿，等. 译. 北京：商务印书馆，1981：23.
② 皮亚杰. 发生认识论原理 [M]. 王宪钿，等. 译. 北京：商务印书馆，1981：22.

期"前运演思维阶段的第一水平"（两岁至四岁），随着语言、象征性游戏、意象等等出现，在主客体之间唯一存在的中介物仍然是一些前概念和前关系，而赋予客体的唯一的因果关系仍然是心理形态的，完全没有从主体的活动中分化出来。第三时期"前运演阶段的第二水平"（五岁至六岁），开始解除自身中心化，以及通过我们称之为组成性功能的东西来发现某些客观的关系。第四时期"具体运演的第一水平"（七岁至八岁），这是概念性工具发展的一个决定性的转折点。第五时期"具体运演的第二水平"（将近九至十岁），达到具体运演的一般平衡，尤其是对于空间关系理解在显著进步。第六时期"形式运演"（十一至十二岁），运演具有了超时间性，这种特性是纯逻辑数学关系所特有的。显然，皮亚杰纯粹是从认识论角度研究儿童的认识能力和与此相关的时间空间的感知、理解，研究儿童随着年龄成长过程中的概念、判断、推理等逻辑能力的发展特性和规律。而这种研究，忽视一些极其重要的非科学要素，如幼儿和儿童以自身为中心的感知和想象的心理活动，以自身为中心视万物有生命的游戏活动，而这些恰恰是诗性主体的重要特征，也是一个人成长过程中重要的价值和意义，它甚至可能影响主体未来的一生。维柯指出，正是儿童形态的形象思维和诗性思维，它尽管不能形成客观有效的知识，却是诞生诗性智慧，保证了神话和艺术的诞生。布留尔所提出的原始思维，列维·斯特劳斯阐述的前逻辑思维，都和儿童心理存在着密切的关联，在一定意义上，它们都属于诗性主体的诗意思维。教育学和心理学一般从认识论、知识论、感情论、人格论等角度考虑儿童思维的问题，从正常和常态的标准和观念对儿童进行研究，而忽略了对儿童诗性思维的关注，忽略儿童的生命体验和直觉对于成长的功能和意义，当然也无视于儿童的幻觉能力和想象力对于整个生命历程的宝贵价值。教育学和心理学共同的缺陷之一，是以正常和约定俗成的普遍标准来衡量和要求儿童，只注重知识和道德的规训一面，遗忘对于儿童内心深处的诗性精神的开启，遗忘对个别特殊儿童和天才儿童的审美想象力的激发。

　　一方面悬置纯粹认识论和知识论观点，另一方面悬置教育学和心理学意义的培养理念，曙光时期的主体，应该更多投入大自然，向大自然学习，体验万象，置身草木鱼虫的世界，从中并非单纯地获得知识和道德体悟，重要的是获得美感和诗意，和对生命的热爱和敬畏，从中滋生幸福感和价值感。从这个意义看，儿童借助于童话和神话故事，特别是通过游戏活动，可以比单纯的知识和人格教育获得更多的成长意义和未来价值，席勒非常强调"游戏冲动"对于审美教育的重要意义，而游戏活动对于培养独立自由的诗性精神的确具有一定的功效。另外，对于儿童的超越知识的智慧启蒙和想象力的激发，以及仁爱之心的滋润比一般的教育学和心理学的知识训练更为重要，它可以让儿童寻找自我的意义和培养自我意识，从而形成对其而言受益终身的诗性主体。马克思在《政治经济学批判·导言》中有一段精彩的论述：

> 一个成人不能再变成儿童，否则就变得稚气了。但是，儿童的天真不使成人感到愉快吗？他自己不该努力在一个更高的阶梯上把儿童的真实再现出来吗？在每一个时代，它固有的性格不是以其纯真性又活跃在儿童的天性中吗？为什么历史上的人类童年时代，在它发展得最完美的地方，不该作为永不复返的阶段而显示出永久的魅力呢？有粗野的儿童，有早熟的儿童。古代民族中有许多是属于这一类的。希腊人是正常的儿童。他们的艺术对我们所产生的魅力，同这种艺术在其中生长的那个不发达的社会阶段并不矛盾。这种艺术倒是这个社会阶段的结果，并且是同这种艺术在其中产生而且只能在其中产生的那些未成熟的社会条件永远不能复返这一点分不开的。①

马克思对于儿童的理解，也在强调他们的诗性主体重要意义和价值，而诗性主体和艺术创造、审美活动是密切联系在一起的。曙光阶段的主体，应该保持童心和童趣，不是过分注重知识和人格的培养而使童心泯灭和童趣丧失，否则，势必以抑制诗性主体为代价，损失精神中最宝贵的财富。可以推断，鲁迅作为天才文学家的因素之一，是童年时代对大自然的沉迷。他和小伙伴的乡野游戏等活动，激发了诗性主体的诞生和完善，直至影响毕生的文学创作。李贽称颂童心对于人的最高价值意义，认为必须先有童心，后有至文。尼采说："歌德和瓦格纳这样完全返朴归真的少数人，却始终比芸芸众生、比后生之辈更具童心。"② 弗洛伊德强调童年的创伤性经验

---

① 马克思. 政治经济学批判·导言//马克思恩格斯选集：第二卷 [M]. 北京：人民出版社，1995：29-30.
② 尼采. 悲剧的诞生 [M]. 周国平，译. 北京：生活·读书·新知三联书店，1986：113.

对于艺术创造具有重要的意义，他又认为："一篇创造性的作品像一场白日梦一样，是童年时代曾做过的游戏的继续和替代物。"① 艺术史有关的例证不胜枚举，从中也可以看出曙光阶段的诗性主体的形成的重要性。

二、朝阳阶段

朝阳阶段即是青年阶段。处于这一生命时间的主体，一方面，是充满热情和理想，憧憬知识和能力，萌发爱情和幸福感的时期；另一方面，也是热心于商品和金钱，倾慕浮华和虚名，梦想欲望和权力的时期。两极对立的因素交织缠绕在这一时期的主体之中，因此，这一时期是情感和精神最复杂和最富于变化的时期。处于这一时期，如何确立自我的生命境界和培养诗性主体是一个值得探究的论题。

诗性主体的建构是超越一般的知识形式和通行的人格标准的，因此，无论是青少年时期的纯粹知识渴求、综合能力的培养以及单一的道德约束，都不足以建立诗性主体的内在结构，单纯的热情和理想也不一定和诗性主体建立必然性的逻辑关联，本能性的爱情需要和幸福感的获取也和诗性主体存在一定的距离。显然，诗性主体的要求其中之一是热情，然而，这种热情应该做出严格的区分。首先，是热情指向的对象。它可能是大自然、艺术、知识、美，也可能是权力、货币、漂亮奢华的商品，心中的明星和偶像，网络世界，也可能是一个飘浮的名望和空洞的符号。因此，朝阳阶段的热情对象，包含着诗性主体的内在诉求。相对地超越功利和本能的热情对象，是诗性主体萌发和逐渐成熟的必然需要。青少年时期，教育他们将热情集中和转移到纯粹审美和艺术的对象，把热情投射到大自然和艺术、良知和智慧、想象力和创造力等方面，把热情集聚到超越世俗的精神彼岸。其次，热情往往是短暂的心理状况，诗性主体的热情应该是持久和循环的，它具有超越时间和空间的恒定性，唯有恒久的热情才是诗意的热情，而功利主义和实用主义的热情常常是短暂的。最后，诗性主体的热情既可以是强烈的外在冲动，又是稳固、平静、内在的精神张力。甚至，内在的平静持久的热情也许是诗性主体所需要的重要的热情。所以，青少年时期应该培养合理的热情对象和保持持久和恒定的内在热情，这是诗性主体得以成

---

① 弗洛伊德论美文选 [M]. 张唤民，陈伟奇，译. 北京：知识出版社，1987：36.

为可能的必要条件。和热情相关，青少年时代是富有理想的生命时间。有关理想和诗性主体的逻辑关系我们已经做出论述，诗性主体需要理想，然而，诗性主体的理想必须具有超越性意义和终极价值，而不能沉沦为功利主义和实用主义的现实目的。与理想相关的是梦想。对朝阳阶段而言，梦想时刻伴随，它是建立诗性主体的关键。如果说理想是包含着可能性的现实目的，而梦想则是排除可能性的非现实的虚假期待。然而，梦想是青少年禀赋的可爱的想象性的彼岸形式，具有非常重要的美学意义和生命价值。对于诗性主体的建立，意义极其重要。梦想也成为后来的生命过程中诗性主体不断丰富的不可缺乏的精神因素之一。

对于爱情和幸福的体验及其观念与意识，构成朝阳时期的诗性主体另一个重要结构。爱情是诗性主体不可缺少的必然性生命经历。爱情的浪漫和甜蜜、忠诚和永恒是古典主义的诗意图景，莎士比亚的戏剧为我们描述一幅幅经典的爱情图画。古典时期的男女青年，对于爱情，付出所有真诚和热情，为了爱，富于自我牺牲，超越社会等级和门第观念，对于爱情倾注忠贞和守望永恒，只想到付出而不计回报。朱丽叶的一句台词高度浓缩着诗意的信念：在爱的付出中感受到幸福的回报。莎翁戏剧凝聚的古典主义的爱情理念，值得当今的青年沉思与借鉴。显然，莎士比亚戏剧所表现的爱情理念闪射着诗性主体的灿烂光辉。歌德的《少年维特之烦恼》和席勒的《阴谋和爱情》，托尔斯泰的《战争与和平》和雨果的《海上劳工》，汤显祖的《牡丹亭》和曹雪芹的《红楼梦》，古典主义文学作品几乎无一例外地表现诗意和唯美的爱情，即使是悲剧，也呈现真善美合一的普遍价值。荣格的心理学认为，男性中存在着"阿尼玛"（Anima）的内部女性形象，女性中存在着"阿尼姆斯"（Animus）的内部男性形象，[①] 它们分别构成一种"原型意象"（Archetypal image）[②]。原型意象是青年男女内心所期望和梦想的爱情影像，也是理想的爱的标准和形象。它们是构成诗性主体的爱情倾向的目标和动力。然而，俗语云：彩云易逝，鲜花易折；佛学认为：世

---

① 霍尔，诺德贝. 荣格心理学入门［M］. 冯川，译. 北京：生活·读书·新知三联书店，1987：52.
② 荣格：分析心理学的理论与实践［M］. 成穷，王作虹，译. 北京：生活·读书·新知三联书店，1991：39.

事无常，人心无常。因为人性存在着许多难以克服的弱点和致命的缺陷，加之世界的各种诱惑和矛盾交织，所以，缘起于情，亦灭于情；爱源于心，也终于心。只有极少数的诗性主体能够克服无常而达到有常，克服短暂走向长久。在现代和后现代社会，爱情已经普遍地匍匐在金钱和权力的脚下，被浮名和地位所征服，沉醉于欲望和虚荣心，成为情感的黑色悲剧。从这个意义上看，人达到诗性主体和拥有诗意的爱情是极其困难和希望渺茫的。然而，人类精神不能放弃对于这一彼岸性的崇高理想和美学目标的渴望。

与此相关，青年时期的惆怅和苦闷时常滋生。传统美学总是将愉快和审美联系起来，休谟断言："各种各样的美都给与我们以特殊的高兴和愉快。"① 康德认为："美是那不凭借概念而普遍令人愉快的。"② "美是不依赖概念而被当作一种必然的愉快底对象。"③ 桑塔耶纳为美下了一个明确的定义："美是在快感的客观化中形成的，美是客观化了的快感。"④ 作为实用学科的心理学，更是将惆怅和痛苦等情绪视为负面的因素。其实，传统美学和现代心理学都没有意识到，所谓的负面情绪恰恰是构成诗性主体的重要因素，倘若没有这些悲观化的情绪，诗性主体必然存在重要缺憾，甚至可以说，作为主体也是残缺和非正常态的。生活世界的复杂丰富，人生的无限可能性，还有历史与现实的宿命，都必然地规定主体情绪的多样化。换言之，一个富于惆怅和苦闷、懂得惆怅和苦闷的主体，才有可能成为诗性主体。因此，朝阳时期的主体应该适当地包含着惆怅和苦闷的情绪。

三、正午阶段

伟大的孔子说："三十而立，四十而不惑，五十而知天命。"（《论语·为政》）所谓"而立""不惑""知天命"之年，皆可以归为正午阶段，是温暖的午后阳光。这一阶段是诗性主体建构和成熟的阶段，也是放射出灿烂光辉的生命时间。由于人生行藏的逐渐丰富，不断地感受人生、反思人生和领悟人生，知识与智慧的涵养和提升，精神境界和人生境界修炼有成，

---

① 休谟. 人性论 [M]. 关文运，译. 北京：商务印书馆，1980：333-334.
② 康德. 判断力判断（上卷）[M]. 宗白华，译. 北京：商务印书馆，1964：57.
③ 康德. 判断力判断（上卷）[M]. 宗白华，译. 北京：商务印书馆，1964：79.
④ 桑塔耶纳. 美感 [M]. 缪灵珠，译. 北京：中国社会科学出版社，1982：35.

正午阶段的主体是最富有诗意和智慧的主体，也是善于审美和发现的主体，当然属于一个"幸福主体"和"良知主体"。黑格尔说："天才尽管在青年时期就已露头角，但是只有到了中年和老年，才能达到艺术作品的真正的成熟，例如歌德和席勒就是如此。"① 显然，诗性主体在人生的中年和老年时期更为重要和凸显。但是，正午阶段的主体往往交织较多的矛盾和纠结更深刻的思想情感冲突，常常是一个"孤独主体"和"悲剧主体"。

正午的生命境界，作为一个诗性主体的必然内涵之一，是对幸福感的诗性理解。换言之，只有建立对幸福感的深刻理解的主体，才有可能成为诗性主体。亚里士多德在《尼各马可伦理学》中写道："幸福的生活似乎就是合德性的生活，而合德性的生活在于严肃的工作，而不在于消遣。"② 显然，诗性主体首先应该是建立在严肃工作的人生态度上，不应该沉溺于消遣游戏。其次，诗性主体应该是合乎德性的主体。德性既是社会普遍的外在原则，也是个体生命的内在诉求。而没有德性的生活，肯定是丧失幸福感的。亚里士多德还认为，幸福取决于沉思的生活，因为沉思是我们本性最好部分的实现活动。他说：

> 我们认为幸福中必定包含快乐，而合于智慧的活动就是所有合德性的实现活动中最令人愉悦的。爱智慧的活动似乎具有惊人的快乐，因这种快乐既纯净又持久。我们可以认为，那些获得了智慧的人比在追求它的人享有更大的快乐。……而智慧的人靠他自己就能够沉思，并且他越能够这样，他就越有智慧。有别人一道沉思当然更好，但即便如此，他也比具有其他德性的人更为自足。③

正午时期的诗性主体应该热爱沉思和善于沉思，因为沉思是保证内心幸福的前提之一。遗憾的是，后现代社会的人抛弃崇尚沉思的热情，也丧失了沉思的能力。一方面，芸芸众生被图像所吸引，迷恋影视和网络等感性化媒体，沉醉于商品所带来的消费快乐，陶醉于技术性的娱乐和游戏；另一方面，公众乐意于模仿流行的集体话语，遵从于国家权力和官方的意

① 黑格尔. 美学：第 1 卷 [M]. 朱光潜，译. 北京：商务印书馆，1979：359.
② 亚里士多德. 尼各马可伦理学 [M]. 廖申白，译. 北京：商务印书馆，2003：304.
③ 亚里士多德. 尼各马可伦理学 [M]. 廖申白，译. 北京：商务印书馆，2003：306.

识形态，丧失了自己的话语权和思想张力。重建诗性主体的努力之一，是呼吁建立主体的沉思热情和激发主体的沉思势能。尼采喜欢漫步于午后的阳光，开始自己的孤独沉思，这一沉思是心会自然和古人的诗意活动。

生命境界的一个重要结构是良知。良知是共时性的道德，是人生最重要的价值和意义之一。孟子说："人之所不学而能者，其良能也。所不虑而知者，其良知也。孩提之童无不爱其亲者，及其长也，无不知敬其兄也。"（《孟子·尽心上》）良知在孟子看来，是先验的道德意识，是发自内心的机能。王阳明认为："心之良知是谓圣，圣人之学，惟是致此良知而已。自然而致之者，圣人也。勉强而致之者，贤人也。自蔽自昧而不肯致之者，愚不肖者也。愚不肖者虽其蔽昧之极，良知又未尝不存也。苟能致之，即与圣人无异矣。"① 和孟子不同，王阳明认为良知是通过实践意志而达到的生命境界。所以，他提倡"致良知"，借助于道德自律的方法获得良知的实现，良知的实现是人生的圆满和完美。对于正午阶段而言，良知比知识和智慧、幸福和快乐更为重要，它是保证诗性主体得以成为可能的必要条件。

正午阶段的人，由于人生阅历和历史际遇以及内心矛盾的交织，常常是一个"孤独主体"和"悲剧主体"。然而，它们却是诗性主体的有价值的构成。孤独感是人经常滋生的心理感觉，尤其是艺术家的孤独感比常人还要浓烈。屈原是一个典型的"孤独个体"（The solitarily individual），他的孤独感是其诗歌创造的原动力。尼采比喻自己是一只"孤独之狼"（lonely wolf），他的哲学和美学的写作和内在的孤独意识密切相关。其实，诗性主体在一定程度上存在孤独感和孤独意识。这是一个显著的特性。孤独情结成为人生境界的一个投影，尽管它也许是一个负面的、消极的因素，但是，对于审美思维和艺术创造而言，却有着不可忽视的意义。诗性主体的孤独情结既规定其人生的实践意志和行为，也决定其美感和艺术创作。与此关联，人还是一个悲剧主体。叔本华认为，人的生命意志永无满足，生存就是痛苦和悲剧。西班牙哲学家乌纳穆诺力图证明，所有哲学与所有宗教的情感的起点，就是在于这一种生命的悲剧意识。海德格尔把死亡设置为时刻悬临于生命存在的可能性，人是向死的必然性存在。因此，人时刻是一颗悲剧的种子。陈子昂的《登幽州台歌》："前不见古人，后不见来者。念

---

① 阳明全书：第八卷（四部备要本）[M]. 北京：中华书局，出版日期不详，142.

天地之悠悠，独怆然而涕下。"苏轼的《赤壁赋》："哀吾生之须臾，羡长江之无穷；挟飞仙以遨游，抱明月而长终；知不可乎骤得，托遗响于悲风。"诗人和哲学家的悲剧情结和悲剧意识在一定程度上就是诗性主体的内在本质之一。换言之，一个纯然没有悲剧感和悲剧意识的主体，显然还算不上是诗性主体。

四、夕阳阶段

"六十而耳顺，七十而从心所欲，不踰矩。"（《论语·为政》）夕阳阶段，可以总结和归纳人生。阅遍万象，经历历史风烟，人情世事，感受生离死别和爱恨情愁之后，这一时期的生命境界，可以淡然万物，回归童心，使诗性主体重新焕发耀眼的光辉。

夕阳阶段的诗性主体的基本需要是，第一，善于倾听别人的声音，善于接受不同的意见。胡塞尔的"主体间性"（Intersubjectivity）的概念，意在消解传统形而上学的独断论，抵制以主体性为中心的话语霸权，清理不同主体存在之间的意识关系，强调多个先验自我之间共体化的精神形式。因此，秉持主体间性的观念，倾向于在生活世界之中，相互均衡是社会交往的前提。简言之，就是人与人之间平等交往和互相尊重，人不但要善于表达自己，也要善于倾听，接受别人的意见。孔子的"六十而耳顺"这一观点，无疑具有非常重要的社会交往意义。第二，"七十而从心所欲，不踰矩"。人到七十岁可以达到随心所欲，想怎么做便怎么做，也不会超出规矩的生命境界。意在表明，夕阳阶段的诗性主体，由于获得内在的幸福感，克服了欲望的支配从而符合道德伦理的规定，可以自由行事而不会超越理性的藩篱。斯宾诺莎认为："正是由于心灵享受这样神圣的爱或幸福，因而它才是具有克制情欲的力量；并且因为人类克制情绪的力量只在于理智，所以没有人会由于能够克制他的情绪，因而享受幸福。反之，克制情欲的力量乃出于幸福自身。"[1] 夕阳阶段的诗性主体，不仅是幸福的主体，也是安宁和恬淡的主体。第三，诗性主体的夕阳阶段，智慧圆满，洞察世事和人情，领悟人性的美德和弱点。因此，诗性主体的知识更多是人生、社会和历史的知识，并且这些知识包含着正反两方面的价值，具有深刻的反省

---

① 斯宾诺莎. 伦理学 ［M］. 贺麟，译. 北京：商务印书馆，1983：267.

和反思的意味。因此，知识上升为智慧，为自己和年轻人提供借鉴和启迪。然而，这些知识和智慧，必须建立在正义和伦理的原则上，而不是圆滑世故、庸俗乡愿的权术。所以，所谓厚黑学的知识和智慧只能是被批判和否定的对象，它和诗性主体存在着本质的差别，之间是一条不可逾越的精神鸿沟。第四，童心的回归。老年时期是生命的回溯，情感和心理面临的又一个循环，就是向童真的蓦然回首。所以，夕阳阶段的主体本能地沉醉回忆往事，尤其是回忆童年，是一个普遍存在的现象。只有回归童心和留恋童真的老人，更呈现诗性主体的特性，也更蕴藏着一份可爱和宝贵的人性。苍老的托尔斯泰在人生最后时间，离家出走，寻求生命最后的自我放逐，这位伟大天才的作家，越是到了晚年，越是流露他的童心和纯真。孔子的晚年，愈显自我的纯粹童心，"七十而从心所欲，不踰矩"。夕阳阶段，依然是需要诗性主体的生命阶段，因为，它可以使人生走到最后的圆满，至少有一个诗意的结果。第五，慈祥和慈悲。诗性主体处于夕阳阶段，也许最能体悟仁爱之心的价值。最后的生命历程也许是最能包含慈祥和慈悲的生命时间。一方面，是对于后辈的亲情关爱。另一方面，是对社会种群的仁爱之心。再一方面，是对于所有生命形式的慈悲心和善举。因此，诗性主体理应是仁爱主体。而这一特性，在夕阳阶段的主体中体现得比较明显。第六，坦然面对死亡。回归大自然是所有生命形式不可抗拒的自然法则决定，每一个主体都必须最后面对死亡的召唤。古希腊的苏格拉底坦然面对死亡，树立一个诗性主体的典范。尼采说："爱和死：永远一致。求爱的意志：这也就是甘愿赴死。我对你们怯懦者如此说！"[1] 海德格尔说："死亡是此在本身向来不得不承担下来的存在可能性。随着死亡，此在本身在其最本己的能在中悬临于自身之前。"[2] 人有生必有死，死亡是存在的最本己的可能性，是时刻悬临每一个人头顶的突然性命运。到了夕阳时期，人更没有理由恐惧死亡的来临。一个坦然面对死亡、恬静接受死亡的人才可能是诗性主体的象征。"庄子将死，弟子欲厚葬之。庄子曰：'吾以天地为棺木

---

① 尼采. 悲剧的诞生［M］. 周国平，译. 北京：生活·读书·新知三联书店，1986：262.

② 海德格尔. 存在与时间［M］. 陈嘉映，王庆节，译. 北京：生活·读书·新知三联书店，1987：300.

郭，以日月为连璧，星辰为珠玑，万物为赍送。吾葬具岂不备邪？何以加此？'弟子曰：'吾恐乌鸢之食夫子也。'庄子曰：'在上为乌鸢食，在下为蝼蚁食，夺彼与此，何其偏也！'"（《庄子·列御寇》）庄子对待死亡，表现浪漫和幽默的人生智慧，也显露节俭丧葬的观念，显然是一个充满诗意的死亡意识和美学精神。这一主体无疑是最富趣味的诗性主体。

第三节　人格和信仰

一、人格和信仰

诗性主体应该具有相对完善的人格，因为人格完善的主体，才可能具有高尚的生命境界。高尚和完善的人格具有多方面的因素，其中之一必须持有坚定的人生信仰和信念。

所谓的"信仰"（Fides），哲学也称为"僧侣主义"。列宁认为，信仰主义是"一种以信仰代替知识或赋予信仰以一定意义的学说"。[①] 信仰，一方面是超越知识和实证的心理情感，另一方面包含着理性成分。信仰在人生价值和生活世界，表现一种明显的二重性或悖论：在积极意义上，信仰可以保证人生的终极关怀和精神家园，守护着理想和善的原则；在消极意义上，蒙昧的信仰可能迷惑主体陷入危险的心理黑洞，被虚假的社会意识形态所欺骗，从而丧失掉辩证理性和人生智慧。就诗性主体而言，我们是从信仰的积极意义上来论述生命境界和它的逻辑关联。

诗性主体的人生信仰，既不同于宗教信仰也不同于政治信仰，而应该倾向于一种审美信仰、良知信仰和爱与真理的信仰等。审美信仰，首先属于一种自我信仰，确立一种自我意识，也就是现象学的"纯粹意识"，排斥所有的虚假的意识形态，悬置所有的前见和偏见，确立自我的意义和价值。一方面，以自我意识为中心，理解和领悟现实世界，凭借"自我信仰"的"纯粹意识"为世界立法，替人心立论，代万物立言，为生命存在的意义与价值确定准则。另一方面，确立自我信仰，还意味着不间断地展开对于自

---

① 列宁全集：第 37 卷 [M]. 中共中央马克思恩格斯列宁斯大林著作编译局，编译. 北京：人民出版社，1957：361.

我的提问和回答、反思和批判，应该仿效古人那样每日三省吾身。因此，自我信仰，它不是"自恋欲"（Narcissism）的呈现，而必须包含着自我信仰和自我批判的对立依存，在对立中让信仰不断完善和焕发新的生命活力。其次，对于大自然的审美信仰。诗性主体应该建立对大自然的崇拜情结，将它视为人类生命的延伸。还应该重建有关大自然的神话意识，恢复人类对于大自然的诗意思维，再次，良知的信仰。它是对人类的普世价值和共时性的伦理原则的信仰和热爱。孔子对于仁爱之道的信仰，周游列国，始终保持至死不渝的精神："道不行，乘桴浮于海。"（《论语·公冶长》）屈原对于美政和香草美人的追求，"虽九死其犹未悔"。最后，真善美的信仰、爱和真理的信仰等。真善美是作为诗性主体一个永恒的共时性的信仰准则，对爱和真理的信仰具有同等的意义和价值。浮士德对于知识和真理、爱和美的信仰，呈现一个艺术世界中的诗性主体的典型代表。在现实生活中，具有高尚人格的诗性主体，必须具有对于真善美、爱和真理的决定信仰，而这一信仰必须是超越时间和空间的，普遍和绝对的。而持有真善美信仰的诗性主体，理应具备正义感和蔑视权贵的勇气。中国古代的许多诗人保持着正义感和蔑视权贵的高尚品质，李白是一个完美的象征。遗憾的是，现代很大一部分知识分子既丧失了正义感也消解了蔑视权贵的勇气，成为投靠权贵和攫取利益的庸人，距离诗性主体越来越遥远。显然，没有信仰的主体不属于诗性主体的范畴。当然，除了信仰之外，诗性主体的人格在表现特性上，存在着外倾思维型、内倾思维型、外倾情感型、内倾情感型、外倾感觉型、内倾感觉型、外倾直觉型、内倾直觉型等性格。这些性格，都可能成为诗性主体的必要因素，荣格认为内倾直觉型的人格，最典型的代表是艺术家，包括梦想家、先知先觉、充满各种幻觉的古里古怪的人物。从这个意义上看，最后一类人格，和其他人格相比，更容易生成为诗性主体。

二、语言和思想

语言既是工具也是本体。海德格尔说，语言是存在的家园。马克思说，语言是思想的直接现实。主体创造了语言，但是，主体又为语言而存在。诚如洪堡所言："人从其自身的存在之中编织出语言，在同一过程中他又将自己置于语言的陷阱之中；每一种语言都在使用该语言的民族周围划出一道魔圈，任何人都无法逃出这道魔圈，他只能从一道魔圈跳入另一道魔圈。"① 诗性主体也是一个语言主体，生命境界也密切关联着语言的掌握和表达。显然，语言是一种充满神秘色彩和魅力的符号，也是充满美感和思想张力的文化形式。一个主体对于语言的感知、领悟、学习和创造性地运用，无不体现出自己的诗性精神，也无不表现自己的天赋和灵感。雅斯贝尔斯说：

> 语言把经验转化为观念。在语言中，诗是能够传达一切显露事物的词汇。它渗透在人类本性的一切表现里，从祭祀仪典中的魔咒，到祈求上帝的祷词和赞美诗，最后到人类生活和命运的表现。诗是语言本身的摇篮，是人最先创造出来的言辞、感悟和行动。哲学最初是以诗的形态出现的。②

诗性主体首先是一个语言主体，尽管在日常生活中，不一定在任何场合和各种语境都刻意运用诗的语言，但是，作为诗性主体，善于以一种诗性语言表达应该是其重要的特性之一。索绪尔区别了语言（Language）和言语（Parole）这两个概念的差异。"语言本身就是一个整体、一个分类的原则。我们一旦在言语活动的事实中给以首要的地位，就在一个不容许作其他任何分类的整体中引入一种自然的秩序。""言语活动是多方面的、性质复杂的，同时跨着物理、生理和心理几个领域，它还属于个人的领域和社会的领域。"③"话语"（Discourse）则指特定语境中的主体之间进行沟通的具体言语行为，是言说者与倾听者之间在特定语境中所展开的交流活动，包括说话人、受话人、文本、沟通、语境等要素。显然，诗性主体需要运用一种普遍性语言的准则，遵守最基本的语法和修辞，但重要的是，必须学会以言语方式表达，因为言语更是个人化的、带有感性色彩的表达材料。然而，如何运用话语才是实现诗性主体的存在意义的最关键所在。从这个意义上，诗性主体应该是一个话语主体，而这一话语应该是富于诗意和美感、富有独创性和魅力的。当然，这是非常高或最高的标准和要求了。

---

① 卡西尔. 语言与神话［M］. 于晓等，译. 北京：生活·读书·新知三联书店，1988：37.
② 雅斯贝尔斯. 悲剧的超越［M］. 亦春，译. 北京：工人出版社，1988：5.
③ 索绪尔. 普通语言学教程［M］. 高名凯，译. 北京：商务印书馆，1980：30.

海涅在《论德国宗教和哲学的历史》中甚至苛求康德的文本语言："康德也许需要一种精心刻画的语言来表达他那精心刻画的思想过程，而他却未能创造一种更好的语言。只有天才才能给新思想创造新的语言。伊曼努尔·康德却不是天才。"① 康德的文本是哲学而不是文学，海涅的要求似乎不够恰当。然而，海涅对于诗性语言的呼唤和青睐却是值得深思的。从这方面可以看出，天才的诗性语言也许是一般人不可企及的精神巅峰。但是，对于诗性主体而言，对于追求诗意栖居的人们来说，寻找和发现一种优雅和富有美感的诗性表达虽是件困难的事情，但也是件非常快乐和幸福的事情。在东西方哲学家中，其文本最富于诗意的两个典型代表，一是庄子，一是尼采。庄子是诗意地思，诗意地言与写："以谬悠之说，荒唐之言，无端崖之辞，时恣纵而不傥，不奇见之也。以天下为沈浊，不可与庄语。以卮言为曼衍，以重言为真，以寓言为广。独与天地精神往来，而不敖倪于万物。"（《庄子·天下》）尼采曾以一向自恋的口吻宣称，他几百字文字抵得上别人的一本书。1869 年，年仅 25 岁的尼采在瑞士的巴塞尔大学教授古典语言学，他对于古典语言的学习和研究为他日后的写作奠定坚实的基础。尼采的文本尽管是哲学性质，却充满诗性的美感和魅力。罗素说："尼采虽然是个教授，却是文艺性的哲学家，不算是学院哲学家。"② 陈鼓应认为："庄子和尼采这两位生活在不同时代和不同国度的浪漫主义者，都运用极富想象力的寓言的方式来表达他们的思想和感情。"③ 其实，庄子和尼采的诗性语言远远不止是对于寓言的运用，还包括诸如隐喻与象征、反讽与讥讽、神话故事与幽默对话等等。

福柯指出，现代社会中，人成为一种"说话的主体"，而所有语言和话语都是被规范的和被过滤的，是制度化和程序化的产品，是被正统意识形态提纯后的一种高度类同的语言和话语，它寄寓着权力和知识的合谋，是赤裸裸的话语霸权。因此，绝大多数的语言和话语属于陈词滥调。其实，在每一个生命历程中，绝大多数人，每一个人在绝大多数时间，都扮演鹦鹉的角色，很少有自我的语言和自己的言语和话语，这显然也是一种知识

---

①海涅. 论德国宗教和哲学的历史［M］. 海安，译. 北京：商务印书馆，1974：104.
②罗素. 西方哲学史（下卷）［M］. 马元德，译. 北京：商务印书馆，1976：311.
③陈鼓应. 悲剧哲学家尼采［M］. 北京：生活·读书·新知三联书店，1994：242.

悲剧和精神悲剧。生命境界对于诗性语言的要求，是一种美学的要求，旨在追求一种有意义有趣味的精神生活方式。主体心仪和追求诗性的话语，其一是向古人学习和向经典学习，古典语言是优雅和典范的语言，也是充满美感的和诗意的语言，是我们获得诗性话语的重要资源之一。其次，向大自然学习，从自然万象之中领悟话语及其表达真谛。再次，慎重向民间学习，在排斥和撇弃大量低俗浅薄的话语的前提下，获得有价值的鲜活语言。最后，向自我学习，必须依赖自我的语言领悟力和话语创造力，学会使用诗性语言表达自我意义的境界。必须注意的是，丰富的词汇只是基本材料，关键是创新的话语结构和修辞策略，借鉴寓言和神话的表达方式，采取象征、隐喻、比兴手法等语言技巧。诗性主体在领悟语言和话语的真谛的基础上，从而寻找到自我思想的可能。思想的原创不是无源之水、无根之木，必须依据历史感，这个历史感就是人类历史上的各种有价值和有意义的思想资源，在汲取和借鉴历史丰富的思想资源的前提下，诗性主体才可能进行原创意义的思想建构。

三、心理和行为

诗性主体理应追求一种正常和健康的心理，使生命境界达到相对完善的水准。然而，作为诗性主体，在心理和行为方面却存在着一定程度的二重性和复杂性。

从正价值或正面意义上，诗性主体应该具有这些积极和正面的心理和行为：精神健全、情绪稳定、情感丰富、思想活跃、意志坚定、人格完善、性格正常、理智和富有同情心、勤劳、果敢、自信等良好品德。从普遍性考察，诗性主体在一般形态上，也能够禀赋以上的正常心理和行为。正常心理和行为与诗性主体的必然性的逻辑关系，在此存而不论，予以现象学的"悬置"（Epoche）。我们主要关切以下负面或消极的心理和行为与诗性主体的关联。

负面或消极的心理和行为，诸如孤独、绝望、沮丧、厌烦、忧郁、恐怖、焦虑、苦闷、悲哀、妄想症、自大狂等，它们对于诗性主体而言，不但不是消极的因素，而是积极的因素。克尔凯郭尔[①]提出"孤独个体"的概

---

① 注：中文又译为"基尔克郭尔"等。

念，认为人应该是孤独的人。"'孤独个体'被美化成卓越的英雄人物，他们在历史的长河中只出现一次，并且各不相同。"① 屈原和尼采都有强烈的孤独情结。《楚辞·渔父》说："举世皆浊我独清，众人皆醉我独醒，是以见放。"屈原"游于江潭，行吟泽畔，颜色憔悴，形容枯槁"，放逐中保持着孤独傲世的气节。尼采说，孤独有七皮，任何东西都穿不透它。他将自己比喻为"孤独之狼"（Lonely wolf）。"我仍要重归于孤独，独与清朗的天空，孤临开阔的海洋，周身绕以午后的阳光。"② 鲁迅是一个充满绝望情绪的诗性主体，他的有些文学作品也弥散着一种绝望的情结。《阿Q正传》书写出"哀其不幸，怒其不争"的封建愚昧的国民性，表现出作家一种美学上的绝望意识。生活世界中，完美主义和理想主义者易于滋生绝望的心理，这种心理对于人生可能是悲观和消极的，然而，却流露出一种可爱和可敬的诗性精神。克尔凯郭尔深刻论述了绝望、沮丧、厌烦、忧郁、恐怖等心理状态，他在《致死的病症》中认为："绝望是一种精神的定性，它使得自己去和人身上的那永恒的发生关系。"③ 具有绝望情绪的主体，因为精神上存在着一种永恒的信仰和绝对的概念，所以导致对世界或人生的绝望心理。然而，这种主体往往具有诗性的内涵。他一则故事阐释绝望的意义：一位少女因为自己的爱情感到绝望的情绪。似乎是她对她的恋人的绝望，因为对方不愿爱自己。然而，对于对方的绝望并非真正意义的绝望，而真正的绝望转向于少女自身。所以，他认为，绝望是源于人以自己为人生关系的中心。然而，绝望的心理一方面是起源于爱与美的原因，另一方面，这种绝望的情绪导致一种诗意和美的诞生。所以，背负绝望情绪的主体，往往可能是一个可爱的诗性主体。莎士比亚的《哈姆雷特》，写美丽柔情的少女奥菲利亚因为误会而产生绝望的心理，而这种绝望情绪更加增添了这一悲剧人物的诗意和美感。"当厌烦达到了一定深度并使人更加心烦意乱时，厌烦就变成了忧郁。克尔凯郭尔认为忧郁也是恐怖的表现形式。"④ 无论是厌烦、忧郁还是恐怖，这些消极的心理因素，对于诗人和艺术家而言，却是

① 存在主义哲学 [M]. 徐崇温，主编. 北京：中国社会科学出版社，1986：45.
② 陈鼓应. 悲剧哲学家尼采 [M]. 北京：生活·读书·新知三联书店，1994：69.
③ 基尔克郭尔. 概念恐惧·致死的病症 [M]. 京不特，译. 上海：上海三联书店，2004：263.
④ 存在主义哲学 [M]. 徐崇温，主编. 北京：中国社会科学出版社，1986：57.

重要的审美活动和艺术创造的原动力，可能激发诗性主体的创造动机和张力，激发心理内部的想象力和灵感。再如，焦虑、苦闷、悲哀、妄想症、自大狂等，对于正常人来说，是无益甚至有害的心理情绪，在部分诗性主体身上却是经常能够看得到的现象，甚至比较严重的心理问题，例如歇斯底里、疯癫、精神病等，也和诗性主体存在着潜在的逻辑关系。"在天才（或至少是智力超群者）与精神病之间确实存在着相互联系，这是一种经常被翻来覆去谈到的老观点了。著名的意大利精神病学家切萨雷·隆布罗索（Cesare Lombroso），一位坚信存在这种相关性的学者，他的观点获得了许多国家的精神病专家的高度赞同。"① 显然这种逻辑关联是一个被长期关注的问题，它可以说明，在一定程度和范围上，诗性主体可以存在着歇斯底里、疯癫和精神病等心理问题。

病理心理学（Psychopatholoty）或变态心理学（Abnormal Psychology）中从社会利益的角度和普遍标准所认为的非正常心理和行为，诸如人格障碍、性变态，瘾癖之类问题，具有一定的破坏性势能，违反基本的道德规范，可能构成对社会的损害。从心理学的观点看，存在心理变态的主体，可能不适应社会生活和无法融入群体。病理心理学和变态心理学认为，变态心理有多种表现形式，可根据不同的标准或其严重程度分类。按心理过程或症状，可分为感觉障碍、知觉障碍、注意障碍、记忆障碍、思维障碍、情感障碍、意志障碍、行为障碍、意识障碍、智力障碍、人格障碍等。显然，除了一些非常严重的变态心理的主体，和诗性主体存在着距离，即使有一些比较严重的心理疾病，依然属于诗性主体的范畴。"赖恩·艾希鲍姆把大多数天才包括在另一大类之中：精神病态（Psychopath）。他们当中有贝多芬、拜伦、海涅、米开朗琪罗和叔本华。"② 隆布罗索试图说明许多天才患有神经病、神经官能症或者发育不充分的精神病。在伟大音乐家中患有精神病的特别多，例如莫扎特、舒曼、贝多芬、多尼采弟、霍夫曼等。

显然，心理行为存在某些问题的主体，可以属于诗性主体的范畴。因此，不能以正常和规范的心理与行为来要求诗性主体。从另一方面来看，诗性主体往往超越心理学的正常标准和通行规则。如果单纯机械地运用社

① 阿瑞提. 创造的秘密［M］. 钱岗南，译. 沈阳：辽宁人民出版社，1987：453.
② 阿瑞提. 创造的秘密［M］. 钱岗南，译. 沈阳：辽宁人民出版社，1987：457.

会学和心理学的规范，加上书本教育的知识熏陶，主体必然成为同一性、高度理性化、程序化的知识主体、道德主体和实践主体，从而丧失了诗性精神、审美冲动和艺术灵感。如此的主体结构，就是一个理性主义、实用主义、工具主义等枯燥乏味的主体。所以，呼吁在后现代语境中重建诗性主体，其生命境界应该超越一般心理学和社会学的知识标准的限定，更多地具有哲学和美学的内涵，如此才可能焕发生命的诗性意义。

第八章　诗性主体与审美教育

后现代社会的人们沉浸于品种繁絮、物量丰盈的商品世界里，一味地追逐与崇拜瞬息更替、批量复制的工业技术和信息技术。在这个物欲与技术共同构筑的神话世界里，物欲和技术成为审美的发酵剂，以"个性化"名义催生出光怪陆离的文化艺术世界。而文化和艺术也就顺理成章地成为科学技术自我求证的"合法领地"之一，以满足人们充斥物欲的"虚假"审美需要。于是，文化"成为充满感官刺激、欲望和无规则游戏的庸俗文化"①。审美的需要隐遁于贪婪的物欲中，异化为生理需要的"多余"，构成现实世界中真实存在的虚假需要。后现代所谓的多元化语境，实际上是技术一元化世界，也即技术不仅侵染了人类内外世界各个领域，同时也模糊了它们之间的界限。因此，唤醒人们从物欲的低级需要枷锁中挣脱出来，辨别与澄清真假的审美需要，恢复和加强真实性审美需要的心理动机，创造丰富多维的审美形式是当下诗性主体重建过程中的重要任务。而诗性主体的审美意识的重树以及审美判断力和审美思维的提升则需要借助于审美教育才得以可能，审美教育是人类心灵得到净化和升华的必要途径之一。

---

　　① 尼尔·波兹曼. 娱乐至死［M］. 章艳，译. 桂林：广西师范大学出版社，2004：2.

第一节　审美教育

一、审美教育内涵

在人类的早期社会生活中就出现了审美教育活动。西方早在古希腊时期，伦理美就成为培养人的理想目标，完全性与和谐性成为自由民的家庭教育及学校教育用来组织课程的重要根据。同时，艺术活动也是普通希腊人重要的生活内容，艺术教育是希腊公民教育中的重要组成部分，著名的雅典教育就包括缪斯教育（综合性的文学艺术教育）。在柏拉图的思想中，虽然爱美与爱知，都是达到世界最终真理——理念的途径，但是艺术因为离理念远而被排斥在外。中国早在夏商时期，统治者就运用"乐"培养统治接班人。周代逐步完善的六艺教育体制里，乐（包含音乐、舞蹈和诗歌等内容）与礼并举，被列为六艺之一，是贵族子弟的必修课。之后，儒家学说把礼乐定为整个教育的基础，提出乐以教和的教育主张。中国古代注重审美教育及其对人格完善和社会和谐的促进作用并不亚于古希腊，无论对外在的体格和技能方面，还是内在的人文精神方面，都见证了审美教育的功效。内外兼修、心身合一的人生境界是古代社会共同追求的理想目标，也是审美教育内在目的性的体现。

但是，这种与伦理美相联系的西方的审美教育思想，在中世纪一度沉寂无声。随着文艺复兴时期的人文主义的复活，在16、17世纪，又以"美的灵魂"的思想形式显示出新的活力。夏夫兹柏利、卢梭、歌德等给这种思想增加了新的内容。18世纪德国著名哲学家、教育学家席勒，针对工业时代的分工制度和实用理性使人性失去了自由与和谐的弊端，提出通过调和人的理性和感性以获得完全人性，从而充实美的灵魂的思想。席勒提倡审美教育论，将审美教育与艺术教育建立了内在联系。自席勒提出审美教育概念之后，审美教育（Ästhetische rziehung）逐渐成为一个多门学科交叉渗透的领域。德国教育界积极开展审美教育理论体系的建立和完善，对审美教育的历史、功能、目的、课程、机构等问题做出比较深入的研究，并发展成为一门科学即审美教育学。西方各国逐渐把审美教育放到了教育的重要地位，审美教育对象也由上层社会逐步面向下层民众。审美教育已经成为当代欧美各国民众教育中不可缺少的组成部分。20世纪初，我国处于近代民主主义革命时期，蔡元培、陶行知等一些学者和教育家开始强调审美教育的重要作用，强调平民化的审美教育意识，建立了比较系统的审美教育体系。20世纪西方哲学、美学、心理学、教育学和艺术等各个领域处于多元发展时期，西方国家的审美教育理论和实践获得了较我国更为长足的发展。20世纪60年代以后，西方出现了一种综合性的艺术教育思潮。至90年代，已经发展成为美国乃至世界艺术教育的主流。这种综合性教育思潮，重申和强化了审美教育的社会功能及意义。但是，也存在着审美价值的独立性有被诸多学科价值所淹没和替代的弊端，审美教育的内涵出现泛化现象。

中西方自古而来的审美教育思想和实践为当下审美教育奠定了基础。然而，当下审美教育的内涵呈现多义性和伴生性。从广义范畴来议，审美教育就是运用自然界、社会生活中呈现出来的一切美的形式（包括物质形式与精神形式）展开多种多样的审美活动，通过道德感情和审美德性的涵养以接近和谐的人格理想，达到净化心灵、美化言行、完善人格的目的。但是，追求伦理美的审美教育理念，不能等同于艺术教育理念。从狭义范畴来议，审美教育就是艺术教育。给予审美教育以广义狭义不同诠释，就意味着它们的对象、内容、功能、目的和实施手段等也各不相同。前者面对一切的人，主要通过耳濡目染、潜移默化的自然影响方式使人们在审美活动中自发地积累审美经验，或者以艺术教育为间接手段与方法自觉地提升自我的审美鉴赏能力，以达到享用和实用的功能，具有广泛的道德教育意义；后者则面向艺术专业者，主要通过艺术理论、艺术鉴赏、艺术技巧等方面的专业培训，以获得艺术创造和批评的能力，属于专业教育范畴。

当人们面对由物欲与技术共同构筑的后现代商品神话世界的时候，如果仅止步于广义范畴的审美教育活动，已经不足以将人们的精神和肉体从无聊繁琐的世事和日益膨胀的物欲享乐中解脱出来以收获幸福感。如果我们还像传统艺术教育那样只教授艺术技能或技巧，也不足以培养出具有审美情趣和审美思维的"完全的人"。因此，在以多学科为基础的艺术教育背景下，区分出审美教育与其他学科教育的边界并强调审美价值的独特性，在扬弃传统主张的基础上探索诗性主体的审美教育之路，是打破科技统治和商品消费的世俗力量，还精神以自在自为并获得幸福感的必由之路。

二、先天论

以往的美学观念认为，审美思维是伴随人类生命本能运动的自然天成的必然结果，先天悟性是理解审美对象的重要条件。秉持这种美学观念的美学家们赋予天才以绝对化理解，认为创造艺术完全依赖于"天生的内心素质（ingenium）"①，甚至有些人以为人们可以自发地从大自然和审美活动中积累审美经验，不需要专门的审美教育。然而，康德也认识到："天才只能为美的艺术的作品提供丰富的材料；对这材料的加工以及形式则要求一种经过学习训练而成的才能，以便在这方面作一种在判断力面前能够经得起考验的运用。"② 由此可见，后天的审美教育不仅是成就天才艺术之路的必要条件，也为普通大众审美能力的提升提供了可能性。刘勰《文心雕龙》的《神思》篇具体生动地描述了美文诞生的必要路径："积学以储宝，酌理以富才，研阅以穷照，驯致以怿辞，然后使元解之宰，寻声律而定墨；独照之匠，窥意象而运斤；此盖驭文之首术，谋篇之大端。"③ 作者强调美文创作不仅需要美如天然珍宝的独特妙道，还必须积累学识、明辨事理、研究观察、讲究格律与剪裁修饰。也就是说，天才需要通过一系列审美能力的修炼，具有擅于驾驭的工匠技能，才能创造出美妙的艺术作品来，艺术天才需要通过后天的审美教育才能达到。人的审美感觉能力和美的观念也需要通过审美教育来完善和确立。"对于没有音乐感的耳朵来说，最美的音乐毫无意义。"④ 所以"创造同人的本质和自然界的本质的全部丰富性相适应的人的感觉"⑤ 是人类进行审美活动的必要准备和前提条件。也就是说，人的审美能力最基本表征不仅需要健全的感觉器官，而且需要这个物质形式必须具有丰富而敏锐的感觉能力，而人的丰富性感觉能力的创造和提升需要美的观念灌注和涵养。席勒认为："要把美的观念和感觉能力的联系分开却是徒劳的。因此，我们把前者只看成是后者的结果是不够的，必须把

---

① 康德. 判断力批判［M］. 邓晓芒，译. 北京：人民出版社，2002：150.
② 康德. 判断力批判［M］. 邓晓芒，译. 北京：人民出版社，2002：154.
③ 周振甫. 文心雕龙今译［M］. 北京：中华书局，1986：249.
④ 马克思. 1844 年经济学—哲学手稿［M］. 北京：人民出版社，2000：87.
⑤ 马克思. 1844 年经济学—哲学手稿［M］. 北京：人民出版社，2000：88.

两者看作是互为因果。"① 美的观念是人类美学历史发展的必然结果，人们必须通过审美教育，传承从历史发展而来的美的观念。一个人的感觉能力的提高必须与美的观念的确立和完善相辅相成，并且通过后天的审美教育才能实现。因此，传统审美教育的先天论，只让受教育者凭借天生的素养或在审美活动中自发地积累些许审美经验以陶冶道德情操，而置审美理念教育和审美思维训练于不顾的做法，历史已经证明收效甚微。

随着物质生活水平的提高和人类精神世界日益紧张，人们亟需审美理论和审美教育从金字塔和精英教育中走出来，使审美教育真正走进人们的日常生活。具体而言，艺术教育的部分内容可以进入广泛的审美教育中，并且在教育体制中规定相应的审美教育课程。从这个理论意义来说，建立在审美教育基础上的诗性主体才可能是具有了实践理性的感性意义，从而诞生现实性的价值。

三、无用论

在物欲与技术泛化到教育领域的历史语境下，审美教育无用论似乎已经成为当下集体无意识，决定人们的教育观。因此，轻视甚至拒绝后天的审美教育，成为社会的普遍现象。这种偏见已经造成了严重的精神后果和社会问题，即让人类的思维呈现单一化和刻板化，也致使人类失去了诗性智慧和人性的完整性。心理学和生理学的研究发现，片面的知识教育会导致人类脑结构的生理性变化，影响了大脑各功能的平衡发展。"人的左半脑和右半脑的功能有显著区别。左半脑与理性、逻辑和直线思维相联系，负责语言，而右半脑与直觉、整体模式观察相联系，不负责语言。右半脑进行的思维活动有时候被看成是比喻性思维，通常与意象和各种艺术表达形式相联系。"② "科学家们还发现右半球具有理解和发现联系的能力，这些能力对理解某些信息所能表达的不同含义以及欣赏笑话是非常必要的。"③ 如果人类缺乏思维方式的多样性，必然影响人类的脑功能结构，制约人类的

① 席勒. 美育书简 [M]. 徐恒醇，译. 北京：中国文联出版公司，1984：130.
② 法朗西斯·沃恩. 唤醒直觉——超越理性的认知方式 [M]. 罗爽，译. 北京：新华出版社，2005：45.
③ Doris Bergen, Juliet Coscia. 大脑研究与儿童教育 [M]. 王爱民，译. 北京：中国轻工业出版社，2006：24.

生存活动。反之，如果人类的生存方式单一化，必然导致脑功能结构日益失衡，致使人类思维方式日益单一化。当下的现实生活中，人们一般习惯性运用左脑，采用理性、线形思维形式对思维对象进行逻辑分析，以致所有的现象和实在在理性分析下失去了原有的整体感和一体性。因此，后天地对理性思维的强化训练，以智力商数（IQ）片面地评判人的智能，导致片面强化左半脑功能而弱化右半脑功能的结果，破坏了左右脑的生态平衡，影响了左右脑的协同作用，从而制约了脑功能的充分发挥。

　　具体而言，当下人们物质化功利性的生活态度及单一性思维习惯与具有独立性审美价值的审美活动的缺失，相互之间的制约和影响已经形成了恶性循环，遏制了大脑智慧的充分发挥，严重影响了人们的生存质量和生命价值感。如此发展下去，人的本质力量如何能获得比较全面的实现呢？后现代社会人们的生命色彩显得单一和不完整是不可争辩的事实。所以，争取审美教育的一席之地，重视审美思维的构建，对完善人类生理学功能和机制有着举足轻重的作用。另一方面，审美教育无用论的偏见影响了社会结构系统的和谐度以及文明的发展进程，影响了个体人格的完善。后现代所谓的多元化语境，实际上是在理性思维结构下由技术和物欲互为目的、共谋推导出的封闭性时空和一元化世界，也即技术和物欲不仅侵染了人类内外世界各个领域，同时也模糊了各个领域之间的界限。换言之，物质与精神、感性与理性在后现代世界目的论方面已经消除了传统概念上的对立并达成了一致性，然而这种一致性带来的不是积极的效果而是消极的局面。因为，后现代社会从感性冲动和形式冲动（理性冲动）两个方面给人性施加双重压力和紧张感，使欲望支配和理性钳制矛盾地纠结在一起，后现代主体的人格结构也因此遭受破坏，从而造成更严重的精神异化和审美活动的世俗主义。

　　我们也许不能将后现代社会及其人性现象简单地、笼统地决断为席勒曾定义的"感性冲动"或"形式冲动"所推动，后现代人只是将理性所要求的绝对概念运用到他们的物质生存和享乐方面，仍然处于纯粹的物质状态，只能属于理性的动物而不是人。无论何种归因和解释，席勒曾试图"通过美把感性的人引向形式和思维，通过美使精神的人回到素材和感性世界"① 的设想可以给予我们以下的启迪：一方面，呼唤审美意识的回归，进行有效的审美教育是打破技术和理性一统天下局面，唤醒人们从物欲的低级需要的枷锁中挣脱出来，以保持精神的独立性，协调人性冲突和构建诗性主体的重要途径之一。另一方面，感受自然和培养审美思维是重振审美教育的两个有效途径。

前人已经赋予审美教育以积极的社会性意义和内涵，我们可以在对之扬弃过程中获得诗性主体的审美教育意识。面对感性欲望和理性冲动结为同盟所形成的双重压力，当下的审美教育肩负着批判和解放的功能，以促进诗性主体的建构与完善、超越与升华的结构性功能。

四、依附论

审美能力的先天论否定了后天审美教育的必要性。在审美能力的先天论框架下，如果对上面的否定性判断进行逆向推理，那么，后天审美教育不是专门以培养审美能力为存在目的的，只能作为辅助性手段促进非审美类教育的发展，体现审美教育的伴随性。审美教育的无用论则迎合了后现代社会狭隘的功利主义思想。

因此，审美教育的先天论和无用论所折射出的审美教育的伴随性和功利性，必然影响或者衍生出审美教育的依附论。审美教育的依附论具体表现在以下几个方面：首先，审美教育实施过程的习常性模式化；其次，审美教育目的的装饰性；最后，审美教育价值的无我性。在科学理性宰制世界生活的历史语境下，线形逻辑思维已经成为习常性的思维模式，几乎渗透到包括审美教育在内的整个教育领域。当下人们对物质和信息的过度欲求，也要求教育界设计出以快捷有效地获得知识与技能的各种专业教学模块，以让教育者和受教育者获得及时的经济效益，而不是获得生命的美感及终生可持续的价值规范。这种习常性模式已经贯穿在当下审美教育过程中。也就是说，当下审美教育也普遍运用了这种擅长分析、推理、归纳和演绎等线形思维模式和"大一统"教育教学模块，以至于学生们的感觉、想象、直觉和灵感遭受遏制和扼杀。与此相关，主体对自然界和生活中美的现象所呈现出的美的统整感也都被割裂了，最终失却了美的意味和审美

---

① 席勒. 美育书简［M］. 徐恒醇，译. 北京：中国文联出版公司，1984：97.

价值。因为审美能力的培养既不是通过逻辑思维训练也不是在短时间内通过生硬的模块操练所能达到的，而是一种通过唤醒、保持审美感觉、审美直觉、审美灵感等生命智慧，并进行长期地酝酿以颖悟独有的审美价值感而不是依赖千篇一律的概念来获得。

如果以线性思维代替审美思维，那么人们对审美价值的洞察犹如雾里看花，分辨不清审美真正的独特的价值。这也就把当下审美教育引向了在认知理论和心理学理论框架下提高审美能力的教育内涵，使当下审美教育无法从其他教育中分离出来成就自己的独立性。由此可见，由于科学理性的泛化，或者审美教育还没有建立自己的思维框架，所以必然成为其他教育的附庸。又由于功利欲念的侵扰，人们普遍认为，艺术是物质的装饰物，审美价值就是增加商品利润的附加值，而审美教育就是为培训技术而存在的陪衬。这种陪衬和依附性要求审美教育只注重社会分工的精细化及其带来的即时性、琐碎性的社会经济效益，却无视审美教育的独特价值性和长效性，更无视生命的统整感和幸福感。尤其当下现代尖端科技在审美活动或者艺术领域中的大规模运用，数字技术为艺术创作和审美活动创造了无以计数的媒介，也营造出丰富多样的艺术形式。比如，水幕电影、电脑动画、名画复制、电脑绣花、电动雕刻等给人们带来新奇炫目和繁复多样的艺术形式，随之也改变了人们传统的欣赏方式，满足了人们对于艺术的猎奇欲望以及促进艺术大众化的情结。人们由此认为科技有促进审美能力发展和普及审美活动的功能。但是人们也发现，现代化艺术形式只体现了数量方面的积累，却没有达到质的飞跃而成就艺术的经典，经不住人们的长久韵味而只能昙花一现风行一时；大众可以借助科技媒介进行快捷地仿制却不能充分展开自我的审美创造力。从这一侧面而言，审美价值仅仅是为了衬托高端科技对人的征服感，满足人们对科技的崇拜意识和认知欲望而存在。人们混淆了科技价值与审美价值、物质价值和审美价值的关系，让艺术成为科技产品的装饰，审美成为生活的点缀。这些都决定了当下审美教育的目的具有装饰性。习常性模式化的审美教育实施过程以及装饰性的审美教育目的，必然促使审美教育价值以其他的价值形式而呈现，最终决定了当下审美教育价值的无我性。

当然，有些美学家认为，早在1750年德国哲学家鲍姆嘉通提出"美学"概念之后，人们已经将艺术与科学分割开来；到了黑格尔时期，艺术不仅拥有了自我独立性并且已经获得了长足的发展，甚至走向了科学的对立面。他们甚至认为，在现代科技高速发展时期，艺术和审美完全可以由科学的对立面走向与科技相互融合，并且试图达成一致性。实际上，自希腊时期进入艺术顶峰以后，社会分工逐渐破坏了人性的完整性和感官功能的统整感，这必然挫伤人类的审美能力和人性的美，失去了保持审美价值独特性的物质条件和社会基础；黑格尔美学理论虽区分了"艺术的兴趣和科学不同"①，但是最终使艺术走向了终结。只有席勒，才真正提出了审美教育的概念并赋予终极的社会性意义。但是，自18世纪以来，艺术和审美活动一度"谦让"给资本积累和科技发展，而且属于少数人的精英特权，审美价值没有得到充分的或普遍的自我体现。因此，在审美和艺术还没有实现自主独立的情况下超越科技或与之交融只能是虚妄策划。因为，在物质与科技框架下的审美价值不可能具有自我的独立性，只有当审美价值具有自我独立性，并当审美与科技建立主体间性的对话交流时，审美、艺术与科技之间才具有交融并形成合力的可能性。因此，在科学技术突飞猛进的当下，专注于大众的成长性发展需要，区分艺术与科技的价值属性，确立和彰显真正的审美价值，大力发展审美教育是社会历史发展的要求。而审美教育要发挥促进社会和谐的社会功能以及帮助人们获得生命美感实现其终极意义，就必须确立独立的审美教育意识，必须恢复诗性的审美教育意识。

第二节　审美思维

一、审美理解力

审美教育是一个多学科统合的领域。审美能力的培养应以艺术批评为主要内容，并关涉艺术史、艺术理论和艺术创作等方面的综合性培训。审美思维能力的提升，不仅需要亲近自然，具备诗性的审美思维意识，还必须经过多学科的后天培训，以获得欣赏、交流和批判等综合能力的提升。所以，审美教育必须建立在培养审美理解力的基础之上。

---

① 黑格尔. 美学（第1卷）[M]. 朱光潜，译. 北京：商务印书馆，1979：47.

　　首先，审美教育必须运用历史和美学相统一的观点去理解审美理论和艺术作品，培养受教育者的审美理解力。学习艺术史可以了解艺术的发生、发展和演化，结合对古往今来的诸多艺术理论的广泛学习，为培养主体的审美能力提供充实的间接经验。同时，主体还需要广泛地欣赏经典的艺术作品，为提高审美鉴赏力提供有效的实践经验。以上活动都构成了审美教育的有效途径。然而，如果单纯运用科学认知的思维模式学习艺术史和艺术理论，必然折损审美的诗性翅膀和自由创造力。因为审美特性决定了审美形象思维与科学理性思维、日常经验模式的截然不同。所以，不能将审美理论的学习过程简单地看成是一个认知的过程，既不能运用线形逻辑思维的认知取代审美思维的直觉和想象，也不能固着于实在经验的视域去理解艺术作品，更不能运用科学与世俗的功利价值代替审美价值去判断审美活动和理解审美现象。这种实用主义或科学主义的审美态度和规则的思维方式不仅误读审美理论，而且取消了美学的独立性和审美价值，从而导致美学的沉沦扭曲。真正的审美教育应该超越科学理性和自然科学的方法论，采取人文学科的态度，通过直觉与体验、提问和反思、想象和顿悟等方法，促进接受者在广义的历史视域下理解审美理论和欣赏艺术作品。同时，为了有效地获得审美知识，必须拒绝站在一个封闭的绝对的历史视域里去认识各个历史阶段的美学知识和艺术作品，而以一种真正的、开放的历史思维，尊重作品或理论所具有的"效果历史"（Wirkungsgeschichte）意识，并将"自身置入"（Sichversetzen）"一个自内而运动的大视域"，通过反思以达到"在流传物中发现对于我们自身有效的和可理解的真理"。① 因为"这个大视域超出现在的界限而包容着我们自我意识的历史深度"②，所以审美教育的过程就是受教育者以自我前理解与文本作品在开放的宽广视界中平等沟通和理解的过程。在这个动态的理解过程中，受教育者既可以动态的理解历史作品的意义，也可以看到自己的此在，并且穿越时空阻隔去寻找到全人类审美的"共通感"（Sensus communis），从而达到一种真正意义的

---

　　① 汉斯-格奥尔格·加达默尔. 真理与方法（上卷）[M]. 洪汉鼎，译. 上海：上海译文出版社，2004：392-394.
　　② 汉斯-格奥尔格·加达默尔. 真理与方法（上卷）[M]. 洪汉鼎，译. 上海：上海译文出版社，2004：394.

"视域融合"（Horizontverschmelzung），并且预期未来。此外，在不断变迁和流动的历史视域中，不能以固定不变的本质概念去理解美学的发展，而是应该运用一种能动的本质概念去研究它。德国的现象学美学家盖格尔以悲剧的本质为例说明了美学理论的本质概念往往是狭窄的和僵死的。他认为，不应该以悲剧那"永远同一的本质"去理解悲剧的发展，而"必须把悲剧性的东西本身看作是能够变化的、可以发生内在变革的、可以发展演化的东西。只有当悲剧的本质通过这种方式被变得流动起来的时候，我们才能够理解悲剧性的东西的发展；而且只有在那时，本质这个概念才会有助于人们的历史研究"。① 由此可见，只有做到历史和美学观念的统一，动态地理解理论和作品，才能有效地获得审美经验的积累和审美悟性的提升，从而使审美理解力得到延展。

其次，艺术创作能力的培养有助于加强审美理解力，有助于拓展审美思维的深度。美国艺术教育与艺术心理学家霍华德·加德纳的"多元智能"理论认为，人具有语言智能、逻辑—数学智能、空间智能、音乐智能、身体运动智能、人际智能、自我认识智能等 7 种智能。因为智能是原始的生物潜能——生理和心理上的潜能，所以"对于每一种智能来说，人类都具有一定的基本能力"。② "当这些智能与艺术领域的文化教育相结合（或者说按照美学原则运作）的时候，不同的艺术价值观就会形成不同的艺术形式，这些形式中的每一种智能，都能导向艺术思维的结果。"③ 加德纳的艺术研究表明，几乎在所有的领域中，个体的感知或理解能力都比创作能力发展得早。但是，艺术领域内的情形却要复杂得多。至少某些艺术领域内，理解能力要落后于表演能力和创作能力。这些发现有力地表明，只有通过后天的艺术教育培训才能调遣和激发人的潜在智能。进一步讲，只有通过艺术创作技能等的训练，才能提升审美理解能力乃至审美思维能力。当然，有些教育家认为，后天的艺术理论学习，可以成就一个艺术批评家，但是成就不了一个艺术创作家，因为艺术创作需要一定的艺术天赋。问题的另一方面在于，如果不经过后天的磨炼，即使是艺术天才也同样退变为常人；

---

① 莫里茨·盖格尔. 艺术的意味 [M]. 艾彦，译. 北京：华夏出版社，1999：13-14.
② 霍华德·加德纳. 多元智能 [M]. 沈致隆，译. 北京：新华出版社，2003：30.
③ 霍华德·加德纳. 多元智能 [M]. 沈致隆，译. 北京：新华出版社，2003：148.

如果没有后天艺术创作技能的培养，普通人更没有被激发艺术潜能和灵感的可能。因此，艺术创作能力的后天培养不仅可以让一个人的艺术天赋得以可持续发展而不至于被埋没和舍弃，而且也使普通人艺术创作能力的提高得以可能。传统的审美教育偏重艺术技能培养而轻视艺术鉴赏教育，而后现代的审美教育偏重艺术鉴赏教育却轻视艺术技能培养。事实证明，两者都不利于受教育者审美综合素质的提高。前者，将培养出缺乏审美情趣和创造力的艺术匠人，甚至扼杀艺术创作的天赋；后者，则培养出游离于艺术之外、缺乏与艺术对话的切入感和亲和力的泛论者和空谈家。因此，审美教育需要将艺术欣赏教育与艺术技能培养结合起来进行，使之相辅相成，彰显出审美教育的生动性和深刻性，只有这样才能有效促进审美思维能力的提高。我们可以借鉴美国音乐教育家穆塞尔的经验，发挥艺术欣赏教育对艺术技能培养的促进作用。他认为，解决整个技巧问题的正确方法就是以欣赏为动机并以欣赏为目的。一定的艺术欣赏能够促进受教育者更加热爱艺术，提供学习艺术技能的动力，精进的艺术技能与艺术欣赏力一起共同促进了审美思维能力向更高级、更深刻层次发展。此外，艺术技能的培养还必须考虑与之相适应的年龄的敏感期并在不同的发展阶段持续进行。加德纳的艺术研究表明，在儿童的早期（如 10 岁以下），创作活动应该是任何形式艺术的学习过程的中心。他认为，如果儿童的艺术天分在敏感期没有得到强化，那么到了童年的中期就有可能出现明显的退步。我们依然借鉴加德纳的艺术教育经验，强调艺术技能的培养切忌一知半解地学习多种艺术形式。他认为，学生精通音乐、舞蹈或戏剧等艺术形式中的任何一种，起码知道一种艺术思维的方式，具有今后对其他艺术形式举一反三的能力，而那些泛泛而学的学生，永远是审美能力和艺术才能的匮乏者。

　　最后，教育者与受教育者之间的主体间性和开放性，是促进审美理解多元化的必要前提。审美理解的多元化，是促进审美鉴赏力个性化的关键性前提，也是彰显审美教育独特性的有力保证。鉴于此，我们从阐释学的视野，主张改进审美教育者的教学观念，突破传统教育"上所施，下所校"（许慎：《说文解字》）封闭而刻板的教育模式，克服教师主导教学的单线性思维和独断论。要求教育者必须与受教育者建立主体间性的平等交往。在作品、受教育者与教育者三者之间建立自由、平等和开放的对话关系。现象学创始人胡塞尔认为，主体间性是主体之间开放、平等和自由的新型关系。这意味着以往教育活动中的对立、宰制等不平等的交往关系彻底失去了合法性。从主体性到主体间性的转变蕴含着人的自我认识的一个重大突破。在这个理论意义上，审美教育必须彻底消解教育者的主导地位或主体地位，坚持主体间性的原则，重建教育者、艺术作品或理论、受教育者三位一体的关系。具体表现为，教育者从生命体验和审美体验的角度理解审美教育的价值取向，并从以下两个方面改变传统的审美教育模式：一方面，改变传统的填鸭式审美教育模式，建立创生性的开放性的审美教育结构。教育者可以与受教育者建立起开放和平等的对话关系、良好的知识关系和人文关系，接纳学生对课程的理解，调动受教育者的学习能动性、积极性和开放性，激发他们在审美活动中的创造性思维能力；另一方面，抵制传统审美教育的权威崇拜，尊重审美理解或审美鉴赏的多样性和不确定性。主体间性的教育理念也给予人们这样的明示，教育者与受教育者必须克服理论知识和教育权威对审美鉴赏思维和审美教育活动的桎梏，一起与审美形式进行视野融合，彰显审美理解或审美鉴赏的个性化和多元化，从而使"高峰体验"（Peak-experience）得以可能，享受生命的快乐和美感。综上所述，审美教育的主体间性原则，不仅促进受教育者自我生命的成长，同时也促进教育者自我的完善，使审美教育达到理想的状态。

二、审美鉴赏力

审美理解力是在一定的审美感知的基础上结合知性的审美思维能力，它使提升审美鉴赏力得以成为可能。然而，在感性欲望和理性逻辑双重钳制下的后现代社会里，物化价值侵蚀了审美价值的纯粹性，科学认知思维的普遍性遮蔽了审美思维的独特性，削弱了审美鉴赏力的敏锐性。因此，恢复审美价值的独特性，还审美思维的诗性特征，是审美教育中提升审美鉴赏力所面临的问题之一。

首先，审美鉴赏力关涉审美洞察力。康德在对美的分析中，"首先引入的是质的功能，因为关于美的感性判断（审美判断）首先考虑的是质"[①]。具体分析是，美按照质来看是不带任何利害的。美所带来的愉悦既不是快适的愉悦也不是善的愉悦。这说明，审美洞察力的培养，首先要求审美主

---

① 康德. 判断力批判 [M]. 邓晓芒，译. 北京：人民出版社，2002：37.

体反思自我与审美对象的关系，也即审美主体需要透过愉悦去考察自己是否是通过审美对象的实存获得生理性或心理性需要紧张感的解除，或者是否是借助于诗性思维，或直接从对象本身，或以对象为感性形式间接地达到某种目的而获得愉悦。而这种愉悦必须具有排除功利的心理特性，否则，它还不能算是纯粹的美感。譬如，在后现代社会里，人们利用形式美作为商品的附加值，并成为地位、身份等利益的表征，美成为商家与权力相互勾结共谋利益的手段。作为身份、地位等附加值所带来的快乐不是真正的美感。因此，当我们面对纷繁芜杂的商品世界的时候，必须具备对自己的审美需要进行自我洞察的能力，用来辨明审美对象是否是因为与自己有利害关系而被欣赏，确定自己的审美需要是否是有一个规定性的概念和确定性的目的的需要。对自我的审美需要可以从以下两个方面进行觉察和反思：一方面，考察审美主体与审美对象是否存在某种目的性关系。通过对自我的审美需要的洞察，考察审美对象是被用来满足自己的生存和物质欲望或者是满足自己的道德感，那么这种建立在欲望目的和概念基础之上的快乐不是建立在真正审美价值之上的快乐；反之，则能获得表象不带任何目的（不管是主观目的还是客观目的）的主观合目的性的美感，可以从中获得真正的审美价值，并由此充分感受到自由。因此，在审美教育活动中，审美鉴赏力的培养必然涉及审美洞察力的提升。

其次，审美鉴赏力直接关系到审美判断力。从审美主体的角度考察自我审美需要的纯粹性之后，接着，就必须从审美对象的角度考察审美形式的纯粹性。人们通常凭借自己的感性经验去判断对象是否是美的。这种感性审美判断是初浅的，被康德定义为"质料的感性判断"。它一般关注的是对象或活动的内容，由此显现的是艺术的表层价值，通过刺激和诱惑使接受者感到快乐。譬如，当下盛行的滑稽剧、丑恶怪诞玩具、商品华丽包装、舞台科技效果以及歌星炒作新闻等。诸多充满了欲望刺激和商业算计的娱乐活动，无不刺激着人们追逐于此并沉沦其中。长此以往，人们便会不断膨胀自我的外在的物质化欲望，沉醉于质料的感性判断之中，迷失了作为人类所特有的审美精神和自由创造的需要。因此，人们要想获得真正的美和自由，必须具备另一种感性的审美鉴赏能力。康德将这种能力概括为"形式的感性判断"，也是康德心目中真正的鉴赏判断。具体而言，人们只有凭借对形式的感性判断，才能抵制个体内在和外在欲望的干扰和引诱，从而获得深层次的审美价值，真正感受到艺术的意味，并获得超越时空的普遍性传达。也许，很多人会认为附着在审美形式上的利害欲望和装饰点缀能够提升该形式的审美价值，强调个性化而增加快乐的强度。实际上，这种肤浅的经验性的审美判断力会干扰人们欣赏审美形式的专注力，纵容人们精神的任性和惰性蔓延，削弱洞察的敏锐性和追求自由的动力，这只能破坏纯正审美鉴赏力的提升。当然，康德又指出："为了使内心除了单调的愉悦之外还通过对象的表象而产生兴趣，并以此来作为对鉴赏力及其培养的鼓励，特别是当鉴赏力还是粗糙和未经训练之时，那么在美之上再加上魅力是可以的。"① 这里被允许的"魅力"不能将审美注意力吸引到它们自身，只能作为形式的辅助性手段，强调突出形式的纯粹美。康德还举出颜色与素描、音调与作曲两对艺术关系，并辩证分析了它们之间所呈现的魅力与形式的辩证关系，说明颜色和音调分别是为素描和作曲服务的。由此可见，哲学大师康德早在两个世纪前就高瞻远瞩地指出了培养审美判断力的科学态度和方法。鉴于此，面对当下审美潮流，我们可以在审美鉴赏力未经训练提升之前，宽容审美活动大众化和通俗化，暂时接纳初浅的审美判断力，循序渐进地使大众获得较高层次的审美鉴赏能力。但是，在提升和训练审美判断力的过程，反思审美形式的纯粹性是人们力所能及的，它必须贯穿于审美活动的始终。

最后，审美鉴赏力也是一种"审美批判能力"（Aesthetics critical - thinking）。无论是从审美主体的角度洞察自我审美需要的纯粹性，还是从审美对象的角度考察审美形式的纯粹性，在进行一系列的反思之后，都需要对非纯粹性的自我审美需要和审美形式做出否定和超越。而这种审美否定和审美超越就是借助审美批判能力来达到的。正是因为有了审美批判能力，才能够排除干扰和遮蔽，不断地追求理想的美，从而抵达相对完美的殿堂。由此可见，审美批判是使审美与现实关联的必要手段和方法。

审美批判力旨在证明，审美活动不是逃避客观现实而是与其对话、实现批判活动的精神努力，它可以揭示生活世界的物化现实从而达到审美超越和精神自由。20 世纪后半期，整个社会遭受商品的符号价值（商标、包装、广告）、媒体的宏大叙事、纷繁芜杂的信息和各种权力角逐的席卷，日

---

① 康德. 判断力批判［M］. 邓晓芒，译. 北京：人民出版社，2002：60.

常生活被虚拟化和修辞性表达，呈现出以商品崇拜为中心的伪审美状态。但是，却被迈克·费瑟斯通（M. Featherstone）等人美其名为日常生活审美化。显然，他们将后现代生活的虚拟性与艺术的虚拟性看成是同一性的，所以将后现代日常生活的虚拟等同于审美。实际上，前者是为了营造出迎合人们追求地位、身份等目的欲望的极端虚拟，其表面上可供无限自由地选择，实际都受制于单一的目的和狭隘的概念，是对现代性（工业化、科技）的虚拟化逃避和对人性的柔化控制；超越于物化诱惑而走向纯粹审美形式的后者才是精神现象的真实、审美活动的本真。因此，培养审美批判能力，有利于捍卫人性的完整和精神的自由，突破生活的强制和抗衡其伪装，回归人性本真，从而营造美和艺术的世界。所以，在追求纯粹的美的过程中，在培养审美鉴赏力的过程中，审美批判力的运用和培养是贯穿始终的。尤其在当下审美泛化的时代，更需要运用审美批判能力获得对审美活动的洞见。当然，否定和超越只是审美批判力的初级状态，过多的关注对现实世界的审美批判，必然会分散对美的专注力，牵制创造力的发挥。因此，审美批判应该适当地处于悬置状态，考虑其阶段性和循序渐进，而不应一味地批判，忽略对美感的当下体验和把握。

三、审美思维元素

组成审美思维的基本元素有想象力、直觉力和灵感等。在审美教育活动中，培养相对完善的审美思维，必然要考虑如何提升以上三个方面的能力。

想象力。审美鉴赏活动不是靠概念、判断和推理来进行的，而是靠想象对审美表象进行理解、鉴赏从而获得审美愉悦的。正如康德所说："为了分辨某物是美的还是不美的，我们不是把表象通过知性联系着客体来认识，而是通过想象力（也许是与知性结合着的）而与主体及其愉快或不愉快的情感相联系。"[①] 由此可以获得以下两个方面的启发，一方面，审美主体是通过想象力与审美形式发生联系来展开审美活动的；另一方面，想象力与知性相结合。鉴于此，在彰显纯粹的审美价值的审美活动中，审美主体应该具有运用想象力的本领，并贯穿整个审美鉴赏活动的始终，与审美对象

---

① 康德. 判断力批判 [M]. 邓晓芒，译. 北京：人民出版社，2002：37.

进行对话与交流，克服时空之隔以使主体从审美形式中获得多重意象的生成，使审美鉴赏活动呈现出不确定性和多义性，从而达到神与物游之境。想象力贯穿整个审美鉴赏活动，它被黑格尔称为最杰出的艺术本领。那么，如何提高审美想象力呢？一方面，需要主体融入大自然，获得与大自然平等对话交流的机会。因为想象力作为人的"认识之前的自发性"和无意识，本身就属于自然，是自然的一部分。另一方面，根据想象力所具备的联结、协调、充实、扩张、跳跃、多样等一系列特征，可以寻找能够集中体现其特征的艺术形式，比如诗歌、音乐、绘画等艺术作品，通过对以上作品进行长期的欣赏练习来提升自己的想象力。萨特认为，想象活动在一定意义上属于"影像的生成"，而"影像是一种活动，而不是一个物。影像是对某物的意识"。[1] 因此，在审美活动中，想象力是一种保持影像和创造影像的能力，而保持影像和创造影像的能力始终是一种精神意识，也就是审美思维的能力。从这个意义来说，想象力是一种以意识为主导的保持影像和创造影像的能力，它在审美活动中是不可缺少的心理因素。

直觉力。克罗齐（Benedetto Croce，1866—1952）认为艺术是一种直觉（Intuition）。他说："直觉据说就是感受，但是与其说是单纯的感受，毋宁说是诸感受品的联想。"[2] 荣格认为，直觉与思想、感觉和感想是人的四种基本心理机能，其中直觉是探索未知、感觉隐含的可能性和暗示的一种心理机能。东方哲学也认为直觉是精神成长过程中不断发展的一种心理机能。美国心理学者沃恩认为："直觉机能给艺术家带来了新的表达方式，不管媒介是何物，直觉成了联结艺术家个人与其作品所表达的普遍性的体验之间的纽带。因此，真正的艺术其源泉往往是对现实的直觉性认识。"[3] 因此，直觉作为一种包括直接的认知、情感和意志活动在内的心理现象进入到审美活动中，成为审美思维的构成之一。直觉的特征主要体现在整体性和模糊性两个方面。"直觉一词来源于拉丁语中的 intuire，意思是从内部看、想

---

① 萨特. 想象 [M]. 杜小真，译. 上海：上海译文出版社，2008：120.

② 克罗齐. 美学原理·美学纲要 [M]. 朱光潜，译. 北京：外国文学出版社，1983：13.

③ 法朗西斯·沃恩. 唤醒直觉——超越理性的认知方式 [M]. 罗爽，译. 北京：新华出版社，2000：43.

或认识。"① 对直觉的理解有广义和狭义之分：广义上的直觉是指一种心理现象，也就是说，它不仅是一个认知过程、认知方式，还是一种情感和意志的活动。狭义上的直觉是指人类的一种基本的思维方式，当把直觉作为一种认知过程和思维方式时，便称之为直觉思维。直觉思维是指不受某种固定的逻辑规则约束而直接领悟事物本质的一种思维形式。直觉思维是迅速的、直接的、具有本能意识的一种反映，它贯穿于日常生活之中，也贯穿于科学研究之中。直觉思维的整体性特征，促进审美形式的直觉思维成为一种认识方式。直觉思维拒绝运用主客观区分的二分法思维方式认识事物，而是坚持将认知主体与认知客体合而为一，从整体上通过丰富的想象获得认识的结果。直觉能够从事物内部，敏锐而迅速地与思维对象获得共性，而不是获取事物的信息去认识客体。因此，直觉思维不与感官感受及理性思维相对立，却是对感性和理性的超越，以及对日常经验和知识经验的超越。直觉思维是思维者的灵感和顿悟，虽然是一瞬间的思维火花，却是长期积累上的一种升华，是思维过程的高度简化。因此，直觉的思维特性更适合于审美活动和艺术活动。直觉思维具有突发、偶然、果断、迅速、自由、直观、模糊、自发等性质，它和佛学中的顿悟存在类似性。直觉思维得出的结论可能正确，也可能错误，最后还需逻辑思维或实验加以检验。它是主体的审美思维能力的直接体现，虽然不属于严格的认识能力，却能够帮助认识活动。对于审美教育而言，培养直觉能力是重要的内容之一。

灵感。灵感（Inspiration）是一种近乎神秘的精神活动。审美活动和艺术活动都需要灵感；没有它，人们不可能从事审美和艺术创造。因此，灵感是审美思维的重要能力之一。德谟克利特（Demokritos，前460－前370）说："一位诗人以热情并在神圣的灵感之下所作的一切诗句，当然是美的。"② 柏拉图在《伊安》篇写道：

抒情诗人的心灵也正象这样，他们自己也说他们象酿蜜，飞到诗神的园里，从流蜜的泉源吸取精英，来酿成他们的诗歌。他们这番话是不错的，因为诗人是一种轻飘的长着羽翼的神明的东西，不得到灵感，不失去平常

① 法朗西斯·沃恩. 唤醒直觉——超越理性的认知方式［M］. 罗爽，译. 北京：新华出版社，2000：43.

② 西方文论选（上卷）［M］. 伍蠡甫，主编. 上海：上海译文出版社，1979：4.

理智而陷入迷狂，就没有能力创造，就不能做诗或代神说话。①

　　灵感是智慧和悟性的突然来临，也是创造火花的迸发。灵感的起因有可能是经验和知识的长时间的积累，有可能是外在因素的突然诱发，也可能是无意识的梦幻活动的产物。灵感可能来自非仪式化的宗教和信仰，来自孤独的乡愁，来自的爱与死的本能冲动，来自对自然的神秘感和未可知的恐惧。总之，灵感的起因可能是多方面的。作为一个主体存在如何获得灵感似乎是一件很迷惘的事情。但是，人生经验和知识的积累是灵感必要的前提之一，古人所谓读万卷书、行万里路是灵感的源头之一。其次，对于大自然的观察和领悟是灵感的重要来源之一，大自然可以激发灵感的生成。再次，想象力的培养和激发是获得灵感的另一个重要方式，在想象力贯通的时刻，往往是灵感的降临之时。第四，执着的情感信仰和道德信念也是培育灵感的途径，主体置身于深刻迷狂的情感和道德热忱之中，往往伴随灵感的到来。第五，神话和宗教的诗意思维有助于灵感的滋生。它们相辅相成地构成灵感的要素之一。灵感是审美思维的重要结构之一，也是审美教育必要的课题之一，当然，也是诗性主体的内在需要和必然条件。一个缺乏灵感的主体，难以胜任审美教育的课题，也是缺乏审美思维能力的主体，当然也很难成为一个诗性主体。它们之间的关系是相辅相成和辩证联结的。

第三节　感受自然

一、词源学意义

　　20世纪美国自然派诗人加里·斯奈德（Gary Snyder，1930-）从词源学角度，考察了"Nature"一词的原始意义。Nature，"源于拉丁文的 Nature 和 Nasci。Nature 意为'诞生、构造、事物的起源'，Nasci 意为'将要诞生'。对自然的广义理解涵盖了整个物质世界的客体和表象"②。如果说西方

---

　　① 柏拉图. 文艺对话集［M］. 朱光潜，译. 北京：人民文学出版社，1963：8.
　　② 理查德·洛夫. 林间最后的小孩——拯救自然缺失症儿童［M］. 自然之友，译. 长沙：湖南科学技术出版社，2010：3.

观念中 Nature 的狭义概念（即与人类构成二元对置关系的自然界），是万事万物的起源，那么现代汉语将 Nature 翻译成"自然"概念（被理解为"宇宙生物界和非生物界的总和"）便囊括了人类与动物、文化与艺术、技术与机器等所有由自然界各级各类事物派生出来的各种形态的物质和精神。因此，无论从与人类相区分的自然概念而论还是从包容一切的自然概念而言，无论从时间追溯还是从空间俯瞰，Nature 都是与人类密不可分、无法擅自更改的本源。换言之，如果 Nature 与其子系统的从属关系颠倒、本末倒置，必然产生这个世界的秩序紊乱与毁灭；经过自然的大浪淘沙、经受历史的考验而留存下来的派生物，才能真正成为自然的一部分。美学家达通（Denis Dutton）从进化心理学角度研究证明了人类的审美精神是经过长期的自然选择，早在二百万年前的更新世（Pleistocene）时期就差不多已经形成了。环境美学认为，自然界既是人类审美活动的发源地也是人类原始审美对象。正如胡塞尔所坚持认为的，"对于每个可能的生活世界来说，都存在一个普遍和本质的结构，无论它在地里、历史和文化上有多大差异。并且，尽管这个普遍性实际上并不保证跨历史的和文化间的理解，但至少正是它使其成为可能"。他将这个本质结构阐释为"一个共同的时空性的世界形式"，"将自然作为无条件的普遍和同一的东西"。① 因此，在追寻差异性的审美活动中永远也一定存在着普遍性、普适性的自然情怀，具体地说，自然情愫不仅是心理能量乃至生命力量的源泉，而且是一种跨越种族、地域和时代的普适性的审美情怀，是绘画中的基调和交响乐中的和声，是人类精神和审美活动中的有机元素。因此，如果运用柏拉图有关"眼的隐喻"理论，那么自然作为一种最"自然的身份"而成为一颗"绝对类似于自己的那只眼"的他者之眼。也即自然是我们人类最原始与我们最相似的反射镜面，主体可以在自然的镜子中反观自身。

从中国本土文化的视角考察"自然"的原始意义，我们可以发现人类与自然界等各级各物之间和平共处、可持续发展的态度和原则。儒家、道家的意识里，自然是最高的存在本体和本质，是万物生成最根本的理由和法则，也是人类精神最基本的依据和人类生命自身的感性延伸，自然界的所有存在形式都是平等的和相互依赖的。无论是老子的"道法自然"还是

① 扎哈维. 胡塞尔现象学 [M]. 李忠伟, 译. 上海：上海译文出版社, 2007：142.

程颢的"仁者浑然与物同体"(《河南程氏遗书》卷二),都向我们明示了宇宙万事万物间的生态关系:尊重彼此的价值自足性以保证相互依附共存、和谐统一、自然本真的生存状态。也就是说,人类与自然界不是对立的关系,而是主体间性的关系。道家的无为以及儒家凭着善心和仁义的有为都是秉承自然界与人类的自己如此的自然本性为准则的。由此可见,只有那些不仅能经受历史的筛选,而且能够形成自我价值,尊重自己如此状态的物质和精神形态才是自然的,才是既属于物理范畴又属于精神范畴的"自然"之概念。这种存在于自己如此状态中的自然,可以追溯到"人和世界、灵魂和行动浑然一体的和谐时代"①——古希腊古典审美时代,可以具体化、形式化地理解为后现代社会里还没被人类恣意损毁的原始森林,可以是后现代生态意识下自足独立的各种社会生活形态——生态环保、生态养殖、节能制造、生态美学、自然艺术等,而非"万物之灵长"的逻各斯主义者主宰的世界环境。"培养好人的秘诀就是让他在大自然中生活。"(爱默生)对自然的追寻和回归,是后现代语境下为解决因工业技术高速发展带来的难题而寻找的唯一的可能性途径。追寻与回归自然,既是未来人类的终极生存意识也是回归精神家园的审美过程。因此,在审美教育过程中,亲近自然、感受自然、获得自然生存观既可以获得审美意识的重建和新生又可以获得审美愉悦和生命力量。本节主要运用精神范畴的自然法则阐释物理范畴的自然对审美教育的影响及意义。

二、作用和影响

自然对于人类审美能力具有一定的作用和影响。首先,自然与人类具有一定的亲缘性,可以修复和提升人类的感官能力,为提高人类审美悟性奠定了必需的物质基础。人类是自然的一部分,是大自然的儿子;自然是人类获得生命力量的原始家园。人类的感官能力原本都是在与大自然的直接接触中获得丰富并发展起来的。因为自然具有丰富性、多维性和差异性,所以当人们走入大自然,与山水相友,与生物相亲,亲身体验山水万象的形、色、声、味、气、韵、神的时候,就可以丰富自身的视觉、听觉、嗅觉、味觉、触觉等各种感觉能力,诞生感官感受的敏锐性和独特性,增强

---

① 赵宪章,张辉,王雄. 西方形式美学 [M]. 南京:南京大学出版社,2008:393.

各种感觉的统合能力，从而激发对于大自然的诗意热情，同时滋生对于生命存在的美学意义的领悟。因此，大自然是获得审美能力的生物基础。正如哈佛大学科学家、普利策奖获得者爱德华·威尔逊和他的同事们所认为，"人类对自然世界有一种亲近的本能，是个体发展的必要生物基础"。他们由此提出了人类具有"亲生物性"的假说。"尽管这假说并未被生物学家普遍接受，但却被十几年来的研究结果所证明，人类对开阔的草地景观、树丛、牧场、溪水、弯弯曲曲的小路和站在高处极目远眺有着强烈和积极的心理反应。"① 而引起这种"积极的心理反应"是由于人类的全部感官在大自然中被充分地激发起来，被统合和丰富起来，"我"的本质力量在大自然的直观中得到充分的展现，由此给"我"带来了审美愉悦。正如马克思在《1844 年经济学—哲学手稿》中所说："人不仅通过思维，而且以全部感觉在对象世界中肯定自己。"② 大自然不仅给人类充分调动和完善各种感觉能力提供了丰富的条件和资源，以及取之不尽的形式各异的审美素材和原始激越的生命动力，更是人类展开全部感觉获得本质力量从而肯定自我的对象世界。但是，后现代社会的文化自我中心主义使人类尤其是儿童青少年已经长久地远离了自然，他们的生活世界完全被混凝土围墙和电子设备所隔离，被浩瀚无边的电子信息所淹没。他们的全部感官被单一性地"电子化"了。他们过分依赖技术传媒，通过解读数字和图像去认识世界，丧失了对于大自然的真实性的丰富感觉和对主体自身的自然感觉，产生所谓的"自然缺失症"——即指人类因疏远自然而产生的各种表现，如感觉迟钝、注意力不集中、生理和心理疾病高发。现代人类失却了自然的本性，既然不能通过鲜活的灵动的自然形式丰富自身自然的身体动力，那么也必然失却精神的原始家园、人性的自然，所以"自然缺失甚至会改变城市人的行为及思维模式。长期以来的研究表明，公园及露天场所的缺少与高犯罪率、抑郁及其他城市疾病具有相关性"。③ 当人一旦陷入了单一性生活圈里的时

---

① 理查德·洛夫. 林间最后的小孩——拯救自然缺失症儿童［M］. 自然之友，译. 长沙：湖南科学技术出版社，2010：30.

② 马克思. 1844 年经济学—哲学手稿［M］. 中共中央马克思恩格斯列宁斯大林著作编译局，编译. 北京：人民出版社，2000：87.

③ 理查德·洛夫. 林间最后的小孩——拯救自然缺失症儿童［M］. 自然之友，译. 长沙：湖南科学技术出版社，2010：24.

候，不仅仅是感官能力急剧退化和身心受到损害，而且也丧失了人的尊严和整体感。由单一化的生活环境和抛弃自然法则的人生态度相应产生了光怪陆离的反传统美学的后现代艺术，诸如鬼怪惊悚文学作品和影视、娱乐身体和心灵的滑稽表演和广告等等已经从狭小圈子覆盖了整个大众文化，甚至染指和驱除了经典文化艺术。技术的挺进和感官的退化模糊了技术、机器与人的界限，模糊了消费和审美等精神领域的界限，失却了人的自然本性和生命原动力。因此，现代的儿童迫切需要恢复对于大自然的直接而真实的生命感受，以感官的直接触摸去承受大千世界的感性形式和生动形象，恢复与游鱼同乐、与麋鹿为友的审美精神和艺术情趣，才能重新获得审美的能力，从而获得人性的自然和生存的幸福感。绝对不能满足于从技术传媒上间接地观看自然，即使信息之多之迅速，也无法真实感受大自然的神秘色彩以及由此引发的想象力和创造力，无法诞生审美情怀和生命感觉，必然被动地成为汪洋信息中的一个"单面人"（马尔库塞理论）、自私者，或者如马克思在《巴黎手稿》中所否定的丧失本质力量和审美精神异化的人。客观自然是促成自然人性的必要物质条件；而客观自然所蕴涵的自然法则，则是人类达到万物齐一、天人合一审美境界的指明灯。

其次，自然时空的统一秩序隐喻审美之维。自然是人类审美活动的发源地，自然内在的时空秩序必然孕育了人类的审美时空，隐喻人类观照生命世界的审美之维和生存态度。自然时空是宇宙时空的缩影，也许可以运用当代宇宙学科学家们目前所采纳的量子引力理论和欧几里得时空设想理论从数字科学方面给予阐释。他们认为："时间方向与空间方向是等同的，因此时空在范围上可能是有限的，而且还不会有形成边界或边缘的奇点。时空就会像地球的表面，只是多了两维。"[①] "有限而没有边界"的宇宙时空观，应该是人类在发明钟表、标尺等计算测量机械器具以前所采用的自然时空观。他们可以在"有限"的身体活动范围内凭着有限的信息而获得无边界的、天人合一的整体感和可以恣意驰骋的无限的隐喻想象，从而诞生永恒而无限的审美时空感。由此看来，审美时空与宇宙时空有着相当高的一致性。具体地说，自然随着日出日落和季节更替的不断循环，以运动、生长、转换、消融等的"生命形式"（The form of life）呈现出风格多样、瞬

---

① 霍金. 宇宙简史 [M]. 张玉纲，译. 长沙：湖南少年儿童出版社，2007：72.

息变化的生命形态，并且有机地统一在自然的时空里；而这些生命形态是对自然时空唯一而生动的诠释。因为这些生命形态是自然的时间和空间相互拓展、演化和延伸的媒介，既消除了时空的界限获得了整体感（"时间方向与空间方向是等同的"），同时又赋予时空以多维性、逆转性、任意性而消解了所谓文明世界里的生活时间之一维性和顺序性，从而构筑内外宇宙一致的审美时空。可以说，自然时空与包括人类在内的自然万物之间存在"上手"状态（海德格尔语）。作为自然一部分的人类，最初就是通过对这些生命形态的视、听、触、嗅、尝、运动等各种感觉体验感受自然的时空，刺激并发展了人类严密精准而颇具审美的时间觉和空间觉，以生命流转和万物交融的、没有时空阻隔的自然形态感受自身及其所关联的自然万物，既构建了审美之维，又获得了自然万物的无穷隐喻。由此可见，自然是以"活的形式"（苏珊·朗格）、以"有限而无边界的"时空形式，直接给予人类以永恒而无边界的审美启示。同时，时间流动和空间的变化在循环往复中演绎着多样的统一、恒定中的变化，隐喻着古典传统美学的法则。当人类的智慧被自然唤醒到适度状态的时候，就能触动人类的审美思维，敞开博大开阔的审美情怀欣赏自然，模仿自然，创造审美文化。正如钟嵘云："若乃春风春鸟，秋月秋蝉，夏云夏雨，冬月祈寒，斯四候之感情诗者。"（针嵘：《诗品》）刘勰云："春秋代序，阴阳惨舒，物色之动，心亦摇焉。盖阳气萌而玄驹步，阴律凝而丹鸟羞，微虫犹或入感，四时之动物深矣。"（刘勰：《文心雕龙·物色》）人类试图在自然时空秩序中获得自我情感与自然的应和，领悟诗意和美感，不仅为文学创作提供机缘，更为人类获得诗意的审美生存和本质力量的展现提供动力和维度。但是，人类社会在发明了钟表并用它为生活事件设置了实时间的刻度（"时间坐标为实值"[1]）之后，人们逐渐"学会了漠视日出日落和季节更替，因为在一个由分分秒秒组成的世界里，大自然的权威已经被取代了"[2]。人们被头脑创造出来的实时间所拘役。若如霍金在《宇宙简史》里所推论，即"在实时间里，宇宙有一个起点和一个终点，它们都是奇点，形成时空的边界"[3]。那么，实时

---

① 霍金. 宇宙简史 [M]. 张玉纲，译. 长沙：湖南少年儿童出版社，2007：71.
② 尼尔·波兹曼. 娱乐至死 [M]. 章艳，译. 桂林：广西师范大学出版社，2004：14.
③ 霍金. 宇宙简史 [M]. 张玉纲，译. 长沙：湖南少年儿童出版社，2007：75.

间让人类在精确地计算中失去了永恒与无限审美想象成为必然。由此看来，现实时间与宇宙时间是相悖相异的。正如美国社会哲学家、建筑及城市规划评论家路易斯·芒福德（Lewis Mumford，1895-1990）所指出："自从钟表被发明以来，人类生活中便没有了永恒。"① 尼尔·波兹曼则进一步对钟表、电子等各种媒介进行了哲学意义和隐喻象征的思考。他认为，人类的思维方式和文化内容也因为媒介的转变而发生了一系列的改变。后现代社会的人们以电子网络取代了自然生命形式作为感受生命意义的媒介。电子网络已经让无以计数的身体被固定在狭小的电子键盘上，思维却淹没在无限的信息海洋里。他们的时空方向是分离而不可逆转的。他们在虚拟的无限膨胀的现实时空里虽被精确地分割而生活却变得无序忙乱，整一变为破碎，自由变为被动，敞开变为自私。应运而生的艺术创造也是以反对称、反和谐、反统一的风格来获得疲累身心的宣泄，紧张情绪由此获得暂时的解除。因此，只有在精神世界里给予自然时空以一席之地，重新获得大小宇宙（自然、宇宙和人）高度一致性，追求天人合一的审美境界以抵御或抗衡后现代社会的压力，人类才能重新获得人性的完整从而获得自足自在的生存意义。亲近自然，回归自然时空的精神诉求本身就是逆转时空的审美过程和审美意识，是获得审美教育的有效途径。

三、重建审美态度

我们必须重建对于自然的审美态度。无论是借助自然来历练我们的各种感官能力还是从自然的时空秩序体悟审美之思的维度，都是以人类对自然的尊重、爱护、理解为前提条件的。然而，回溯人类对待自然的态度，可知人类的严重环境问题和去审美化的艺术活动是去自然化产生的必然结果。西方传统形而上学以主体性（Subjectivity）哲学为基础，先验地规定人与自然的逻辑关系，主体处于统治的地位，自然处于臣服的地位。在本体论意义上，人类中心主义的思维暴力先验地预设自然存在的理由。与此相关，在认识论意义上，自然成为主体的认识和理解的对象，而这个对象的意义和价值是由主体所确立和赋予的。在实践论意义上，自然成为人类以工具理性和实用目的为根基的改造与征服、榨取与利用的对象。在本体论、

---

① 尼尔·波兹曼. 娱乐至死 [M]. 章艳，译. 桂林：广西师范大学出版社，2004：14.

认识论和实践论相统一的逻辑运动中，主体完成了对于自然的理性建构和功利主义的强权掠夺。传统的主体论美学、认识论美学和实践论美学不谋而合地担当自然美的立法人、监护人和代言人，扮演统治者和阐释者的角色，表现出理性主义和实践原则交织的同一性思维。因此，西方形而上学美学对于自然美存在许多偏见和误解，必然盲从或纵容实践功利主义对自然美的直接或间接的损毁。所谓认识自然、改造自然、征服自然、利用自然都是本着强调人对自然的主宰和奴役的主体性原则和实用主义原则，从自然榨取自己需要的经济利益，让自然完全满足人类消费和享受的需要。由此表现出的审美形式无非是远离自然或者是以占有自然的艺术形式来满足享受欲望。所以，阿多诺充满忧虑地说："自然美之所以从美学中消失，是由于人类自由与尊严观念至上的不断扩展所致。"① 而自然美的缺失必然抽离美学大厦的重要基石，使人生的审美价值失去了完整性、和谐性、丰富性、多维性、永恒性、亲缘性和安全性，继而因失去了人性的安全性和完整性而迷失诗意的生存之路。因此，承担起人类社会对于自然的道德良知和伦理责任，尊重自然的尊严和领悟它的生命之美，为自然正本清源是当代审美教育的要务。因此，我们必须从历史和逻辑相统一的方法论原则出发，悬置科学主义和知识论的美学观，不单向度地从科学方法和知识逻辑的视角理解自然或领悟自然美，放弃对于传统形而上学美学的人类中心主义的思想暴力，排斥主体论哲学对于自然的理性统治，主张从诗性主体的视角重建自然美的概念。首先，只有建立诗性主体的逻辑前提，才使自然美成为一种可能。主体不是以知识和逻辑、理性和概念的方式理解自然，而是以直觉与体验、智慧与想象的方法对待自然，自然是诗性主体的意向性果实，诗性主体也是自然的一部分，是从自然汲取灵感和激情的必然结果。其次，抛弃人类中心主义的意识形态，给予自然应有权力和尊严，以"主体间性"（Intersubjectivity）的立场和自然进行平等对话和心会自然，人不应该高于自然，当然人也不能简单地回归历史上对于自然的万物有神论的膜拜。再次，人类必须承担对于自然的伦理责任和道德关怀，像关怀社会一样关怀自然，对自然的任何破坏和不尊重行为应该承担道德和法律的双重责任。第四，必须否定传统美学艺术美高于自然美的陈旧概念，必须

---

① 阿多诺. 美学理论［M］. 王柯平，译. 成都：四川人民出版社，1998：110.

以平等意识重新理解自然美和艺术美的关系，它们两者是不同的美之形式，具有各自的意义和价值，没有高下之分。以往艺术美高于自然美的形而上学的价值设定，是人类话语霸权的产物，流露出人类的"自恋情结"（Narcissism）。自然美和艺术美是美的不同存在形式，只是存在方式的特征和风格存在差异。最后，必须寻求人与自然和睦生存的方式，在主体和自然之间建立一种诗性关联，让自然美成为人的生命存在的必要意义，能够把主体生命融入自然的生命之中。中国古典美学的天人合一理念和诗性体验的方法，可以作为当代美学重新体悟自然美的思想资源。

自然美是人类保证诗性主体的感性基础，也是人类审美生存和诗意生存的必要条件。假定人类处于没有自然美的环境，主体必然是非诗性和非审美的，人类单纯地沉迷世俗世界的权力和消费，必然导致异化的和单向度的悲剧化生存。所以，自然美是人类永恒的渴望和梦想，是我们诗意存在的共时性（Synchronical）需要，更是生命存在不可缺少的美感家园。

第九章　诗性主体与艺术创造

诗性主体往往也是一个艺术创造的主体，而作为诗性的艺术创造主体，必须成为诗意栖居的主体，能够诗意地看和言说，具有敏锐的生命经验和发达想象力，不断地获得审美悟性和艺术灵感，同时掌握一定的艺术表现技巧。更值得反思的是，随着年龄的增加，个体逐渐社会化，个体的想象力和诗性天性逐渐被知识、道德、政治、经济、交往等后天规训所遮蔽或消解，而重拾童真和回归童心是重建诗性主体的必要途径之一。考察历代的各种艺术创造形式，儿童文学文本是寄寓最丰富的诗性主体、可阐释性比较强的艺术形式，也是促进儿童成长最重要的精神途径之一。因此，本章试图从儿童文学创造的角度，阐释童心与诗性主体的逻辑关系。一方面勘正大众对童心的误解，强调童心对重建诗性主体的重要作用；另一方面，探讨在儿童成长过程中，如何发挥儿童文学的现实的审美教育功能，通过艺术文本的启迪，驻留诗性主体。

第一节　诗意地栖居

一、观看和言说

胡塞尔现象学一个重要的认识方法是"感性直观"和"本质直观"，"一个本质直观必须以感性直观为出发点，因此本质直观奠基于感性直观之中；但本质直观可以超越出感性领域而提供本质性的认识。从主体上说，本质直观的可能性是作为本质科学的现象学得以成立的前提"。① 胡塞尔认为，"本质地看和想象，独立于一切事实认识的本质认识"，"本质可以被直观地意识，也可以通过某种方式被把握，而不须成为'有关的对象'"。② 诗性主体对于感性世界的认识，最重要的方式是感性直观，而不是本质直观。当然，诗性主体也可以借助于本质地看和想象，依赖于本质直观的方法，获得对生活世界更深入的把握和理解。

生命个体渴望做到"诗意地栖居"，达到诗性主体的境界，进而能够从事艺术创造，前提条件是必须在观看与言说方面建立自我的审美趣味和诗性精神。

从"观看"的方面阐释。孔子发现《诗经》隐匿着"兴、观、群、怨"审美功能，他又提出"知者乐水，仁者乐山"的观点，分别从艺术和自然两方面，阐释主体"观"的重要意义。无论是对于艺术世界还是生活世界，作为诗性主体必须具备独特的审美能力，必须持有超越一般知识和经验的诗意眼光。换言之，一个诗性主体，应该诗意地看和诗意地倾听，具备感性直观和审美直观的能力。吴国公子季札出访鲁国，观赏周朝的音乐，他发出独到的领悟和阐释，显然，这是一个诗性主体的审美活动。诗性主体的观，是一个心理的知觉活动。"知觉捕捉住了流动变化的世界，给

① 倪梁康. 胡塞尔现象学概念通释 [M]. 北京：生活·读书·新知三联书店，1999：39.

② 胡塞尔. 纯粹现象学通论 [M]. 李幼蒸，译. 北京：商务印书馆，1992：54.

这个有可能处于不停的或可能是无限的运动状态中世界以一种静态的图像。"① 中国古代诗人崇尚"静观",一是以安宁的心态观看万象,二是凝神地观望静态的自然,三是潜心聆听天籁之音。诗性主体的知觉活动,既关注个别对象的形式、结构、色彩、音响、气韵,更注意对各种对象的整体性综合和联想构造,在此基础上,形成有意向性的审美意象,它被赋予了主体的意义和情感。所以,诗性主体的观关键在于对对象的一种审美发现。"观看"既是空间知觉、时间知觉和综合完型的能力,也是美感的诞生和意义创造的智慧。诗性主体的观,应该是超越一般知识形式和日常经验的知觉活动,沉醉于观赏实验美学所强调的"颜色美、形体美、声音美"② 等方面。刘勰《文心雕龙·物色》云:

> 春秋代序,阴阳惨舒,物色之动,心亦摇焉。盖阳气萌而玄驹步,阴律凝而丹鸟羞,微虫犹或入感,四时之动物深矣。若夫珪璋挺其惠心,英华秀其清气,物色相召,人谁获安?是以献岁发春,悦豫之情畅;滔滔孟夏,郁陶之心凝。天高气清,阴沉之志远;霰雪无垠,矜肃之虑深。岁有其物,物有其容;情以物迁,辞以情发。一叶且或迎意,虫声有足引心。况清风与明月同夜,白日与春林共朝哉!

深刻而传神地阐述了诗性主体在对自然的观看活动中所获得的丰富美感和艺术灵感。不同的季节和物象给予主体丰富多姿的感受和体验,油然滋生艺术创造者的诗性情怀。

从言说的视角阐释。作为一个诗性主体,一方面必须具备语言天赋,具有敏锐的语感;另一方面,要注重后天的学习和积累。杜甫《江上值水如海势聊短述》诗云:"为人性僻耽佳句,语不惊人死不休。"诗性主体应该建立自我的话语体系,使自我的话语诞生诗性色彩。《文心雕龙·情采》篇说:"《孝经》垂典,丧言不文;故知君子常言,未尝质也。老子疾伪,故称'美言不信',而五千精妙,则非弃美矣。庄周云'辩雕万物',谓藻饰也。韩非云'艳乎辩说',谓绮丽也。绮丽以艳说,藻饰以辩雕,文辞之变,于斯极矣。"刘勰以经典的例证说明,文章语言必须呈现文采和美感。

---

① 阿瑞提. 创造的秘密 [M]. 钱岗南,译. 沈阳:辽宁人民出版社,1987:52.
② 朱光潜. 文艺心理学 [M]. 合肥:安徽教育出版社,1996:277.

从文艺创作的要求来看，诗性主体应该具有对语言独特美感的构造才能。尼采大声疾呼：

> 倘若一个民族的语言业已陷入衰败毁坏状态，那么，文字剧作家就要尝试打破惯例，刷新、改造语言和思想。他想提高语言，使之重能表达高贵的情感，于是陷入不被理解的危险之中。同样，他充满激情地试图用崇高的格言和警句传达某种高级的东西，又必定会因此遭遇另一种危险：他显得不真实和做作。因为人生真正的激情不用警句说话，而诗意的东西既然与现实有本质的区别，就很容易使人们对真诚性发生怀疑。①

尼采呼唤刷新和改造语言，提高语言的诗性品质，从而表达高贵的情感。但是，他也意识到语言面临的困惑：尽管格言和警句可以传达某种高级的东西，然而它们往往不被理解或者被误解为某些做作和不真实的因素。尼采更多表达对语言的担忧："语言到处都生病了，而且在整个人性发展中留下了这可怕疾病的痕迹。因为语言不停顿地登上了它的疆界的最后一层阶梯，尽量远离那种它本来在完全的质朴性中能够加以满足的强烈的感情冲动，为了占领与情感相对立的思想领域，在近代文明的短时期内，不得不因这种过度的自我扩展耗尽了自己的力量。""在语言的衰落中，人们也成了词的奴隶。在这种强制下，无论谁都再不能朴素地说话，而且一般来说，很少人能够通过同一种教育作斗争来保护住自己的个性，这种教育认为，倘若它形象地接受清晰的感觉和需要，就显得没有本事了，只有当把个人置于'清晰的概念'之网中，教会他们正确地思考，才能证明自己的成功。"② 现代社会和后现代社会，语言的确患上严重疾病，教育使人在清晰的概念中，正确和精确地思考，却忘却了如何朴素地说话，人沦为词的奴隶。现代和后现代语言呈现为两极运动：一极是，语言越来越趋向同一性和规范化，实用性和科学性成为原则；另一极是，语言浮夸和矫情做作成为潮流，蔑视基本的语法规则，生编硬造低级恶俗的话语和肤浅的修辞

---

① 尼采. 悲剧的诞生 [M]. 周国平，译. 北京：生活·读书·新知三联书店，1986：156.

② 尼采. 悲剧的诞生 [M]. 周国平，译. 北京：生活·读书·新知三联书店，1986：129.

方式。思想的衰落加重语言的堕落，而语言的堕落反过来又加重思想的浅薄和无意义状态。福柯也指出后现代社会的"说话主体"，在语言上被严格规训的事实，话语本身是一种思想暴力，是对人的一种心灵统治和精神垄断。他主张反抗话语暴力和语言统治。在这种理论意义上，诗性主体追求一种审美的诗意的话语表达，面临着多方面的艰辛责任：第一，反抗现代语言宰制，不充当"词的奴隶"，摒弃正统教育和僵死教条的语言意识。第二，抗衡正统的意识形态语言，和政治语言、经济语言等等实用性语言保持距离。第三，警惕流俗的民间语言和非审美的语言，保持语言是纯正性的审美语言。第四，努力创造富有诗意和审美的个性化的语言，无论是在现实的生活世界还是投身文学写作，都坚守语言的唯美特性。

二、直接经验和间接经验

诗性主体生活在一个经验建构的世界。从事艺术创造的主体，必然是一个具有丰富生命经验的主体。作为诗性主体，他的生命经验可以划分为直接的生命经验和间接的生命经验。

直接的生命经验是指诗性主体所经历的实际生活经验以及与之相关的直接体验。对于诗性主体而言，童年的生活经验对于艺术创造攸关重要，主要包含这些因素。第一，童年对于大自然的经验。诗性主体必然是一个热爱大自然的主体，因此，密切联系大自然的童心，奠定了成为一个未来艺术家的基础。有关这方面的例证不胜枚举。除了童年之外，不同时期对于大自然的生命经验都是宝贵的文艺创造的素材和灵感之源。罗丹说：

艺术，就是所谓静观、默察；是深入自然，渗透自然，与之同化的心灵的愉快；是智慧的喜悦，在良知照耀下看清世界，而又重视这个世界的智慧和喜悦。艺术，是人类最崇高的使命，因为艺术是要锻炼人自己了解世界并使别人了解世界。①

第二，苦难曲折的生命经历。弗洛伊德强调了"童年的创伤性经验"对于一个艺术家的至关重要性，他忽视了诗性主体的其他年龄阶段对于苦难的承受经验同样具有审美和创造的意义。其实，对于诗性主体而言，任

---

① 葛塞尔. 罗丹艺术论［M］. 沈琪，译. 北京：人民美术出版社，1987：8.

何生命阶段的苦难经验都会对艺术创造起到强烈的心理刺激和情感驱动的作用。艺术创造具有多方面动机和可能性，而释放令人痛苦的苦难经验是其中重要的目的之一。莫泊桑和高尔基都有着苦难的人生经验，两人的小说文本充满了对苦难的深切细腻的描写和揭示，勾画人类精神的复杂历程。第三，充满美感的生命体验。诗性主体的生命经验包含着丰富的美感内容。中国古人崇尚于游，显然，受到了道家思想的影响。古人读万卷书，行万里路的倡导，极富情趣表明，通过对自然和社会的广泛游历，积累丰富的人生经验和进行必要的知识储备。但是，更为重要的动机在于，在游历的过程中，充分地感受和领悟自然和历史，领悟万象和自我，从而滋养浩然气韵，诞生空灵自由的美感。屈原"游于江潭，行吟泽畔"，追求外美和内修的诗意境界；竹林七贤聚集竹林，弹琴长啸；王羲之等兰亭雅集，曲水流觞；陶渊明的桃花源情结；谢灵运、王维、孟浩然、李白、苏轼等诗人的沉醉山水，无不体味到神秘的美和启迪智慧的自由万象。没有这些充满美感的生命经验，从事文学创作几乎是不可能的。第四，丰富的人生阅历。除了抒情功能，文学在很大程度是叙述故事，尤其是小说和戏剧这两类文体样式。因此，文学写作需要主体具有丰富的人生阅历。托尔斯泰这位天才作家，出身贵族，早期担任过文官，后来进入军旅，参加多个战役。克里木战争开始后不久，他自愿调赴塞瓦斯托波尔，在最危险的第四号棱堡担任炮兵连长，英勇参加城市的最后防御作战。在艰苦危险的战争中，托尔斯泰亲眼目睹许多平民出身的军官、战士所富有的英勇精神和高尚情操，进一步加深了他对底层民众的同情和对农奴制的批判态度。托尔斯泰丰富的人生经验和阅历，对于他写作《战争与和平》这部史诗般的巨著，既奠定了坚实的生活基础，也激发了丰富的艺术灵感，更坚定了人道主义的信念和热爱和平的崇高理想。

除了直接的生命经验，诗性主体还必须借助间接的生命经验。因为任何直接的生命经验总是有限的，不足以担当艺术创造所需要的全部精神材料。间接的生命经验包括知识储备、历史意识、辩证理性等方面。显然，间接的生命经验，一是依赖于主体间性在公共空间的交流和学习，主要是向他者的学习。所以，艺术家和思想家往往希望获得知识和思想的启蒙，平生遇见良好的启蒙者是诗性主体的幸运和快慰。二是书本和理论的知识学习与积累。流俗的偏见之一，认为生活的和实践的知识属于真实的或真正的知识，而书本知识或理论知识存在着空洞和抽象的局限。其实，无论是以书本形式还是以抽象理论形态所呈现的知识，都是人类的精神结晶和宝贵财富，它们的功能、效用不同，但是，对于历史和人类而言，意义和价值却是等同的。现代社会和后现代社会，人们沉湎于实用知识而丧失了理论热情和理论创造的能力，往往忽视形而上学的知识和超越性知识，这是新的历史语境的知识悲剧。因此，诗性主体必须注重书本知识和理论知识的汲取。第一，知识储备尽可能的丰富和多元化，但是，必须具有有机统一性和整体结构性。因为知识是无限的，而人的生命和认识能力总是有限的，庄子感叹道："吾生也有涯，而知也无涯。以有涯随无涯，殆已！"（《庄子·养生主》）散乱破碎的知识还不是真正和有价值的知识，诗性主体应该善于进行知识综合，使知识诞生有机统一性，这样有利于艺术创造。第二，历史意识。文学艺术总是历史的果实，一方面它必须书写历史和表现历史，因为没有绝对超越历史的艺术；另一方面，艺术存在于一定的历史语境，历史决定其内容和形式、美感和意识形态。所以，诗性主体必须是富有历史感的主体，而历史感的获得，必须依赖于对历史典籍的阅读和反思。在某种意义上，缺乏阅读历史文本的主体，还算不上一个诗性主体，至少是一个不完善的诗性主体。简言之，没有历史意识的主体，是很难从事艺术创造的，即使从事艺术创造，也难以包含历史深度。第三，辩证理性。诗性主体和辩证理性之间不存在不可调和的矛盾，也没有一个不可逾越的鸿沟。诗性主体在广泛和深入的阅读和阐释活动中，可以建立辩证理性，获得思想的顿悟和智慧的提升。从这个意义上，诗性主体更应该阅读哲理性的文本。因为哲学是知识之学，更是智慧之学，心性和良知之学。古希腊时代尽管存在着诗与哲学之争，然而，在那个人类精神的黄金时代，哲学和诗、神话和诗、神话和哲学并没有一个明确的和本质化的逻辑区分。所以，诗性主体的间接的生命经验，理应包括对于哲学文本的阅读，必须汲取一定的辩证理性，这是从事艺术创造所必备的精神要素。因为诗性主体保持辩证理性，可以具有对历史和现实进行反思和批判的能力，禀赋着重建理想和重构诗意世界的张力。因此，具有辩证理性的诗性主体，从事艺术创造活动必然使文本藏匿着深刻的思想内容。

三、逻辑规范和艺术观念

诗性主体从事艺术创造活动，一方面遵循基本美学的逻辑规范和艺术观念，另一方面，又必须打破某些逻辑规范和超越陈旧的艺术观念，因为审美活动和艺术活动永不停歇的自由和创新的机制，确立了不断自我否定、自我超越的精神活力。

诗性主体理应接受人类基本的文化遗产，认同生活世界和精神现象的基本的逻辑规范，接受艺术史业已形成的审美观念和创作理念。刘勰《文心雕龙·知音》云："操千曲而后晓声，观千剑而后识器。故圆照之象，务先博观。"陈述了对于以往文本的鉴赏和继承的重要性。诗性主体对于美学上的逻辑规范和艺术观念的继承，主要包括文本形式、创作方法、风格气韵等方面。

第一，艺术创造必须遵循基本的文本形式。从艺术类型看，包括雕塑、建筑、绘画、舞蹈、音乐、文学、戏剧，加上后来的影视，总共八种形式。从事艺术创造活动，首先，对于艺术类型的形式特性，必须从基本了解逐渐过渡到精深的领悟和娴熟的把握。黑格尔说：

> 一位音乐家只能用乐曲来表现在他胸中鼓动的最深刻的东西，凡是他所感到的，他马上就把它变成一个曲调，正如画家把他的情感马上就变成形状和颜色，诗人把他的情感马上变成诗的表象，用和谐的字句把他所创作的意思表达出来。艺术家的这种构造形象的能力不仅是一种认识性的想象力、幻想力和感觉力，而且还是一种实践性的感觉力，即实际完成作品的能力。这两方面在真正的艺术家身上是结合在一起的。……艺术家对于他的这种天生本领当然还要经过充分的练习，才能达到高度的熟练；但是很轻巧地完成作品的潜能，在他的身上仍然是一种天生的资禀；否则只靠学来的熟练决不能产生一种有生命的艺术作品。①

艺术创造活动中，诗性主体对于艺术类型的文本形式的领悟、理解和把握是其从事创造活动的不可缺少的步骤之一。在这个过程中，诗性主体必须遵循以往艺术的基本逻辑规范和约定俗成的形式标准，诸如形式、音律、结构等审美规定性。在文本形式的基础上，诗性主体还必须遵循基本

---

① 黑格尔. 美学：第 1 卷 ［M］. 朱光潜，译. 北京：商务印书馆，1979：363.

的文体规定。一种艺术类型之中，存在着不同的文体形式和风格形式，它们在细节和程式上有着具体的逻辑规范，这些制约着艺术创造，也保证了艺术存在的美学理由。然而，从另一方面看，诗性主体的艺术创造活动，又必须有限地打破文本的限制和艺术文体的逻辑规范，当然不能说可以创造新的艺术类型，但是，可以在文体上进行适度地变革和创新，尽管在这方面的任何变革和创新都极其困难，然而，那些富有天才创造力的诗性主体可以达到成功的峰巅。

第二，艺术创造历史性地形成了若干创作方法，这些创作方法之间还存在着不同程度的交叉和渗透。这些创作方法凝聚了数代的众多艺术家和能工巧匠的天才和智慧，也构成了客观的美学风格和艺术魅力。艺术创作方法丰富多姿，对任何艺术创作方法都不应该厚此薄彼，而应该选择价值中立的姿态。从美学上看，任何艺术创作方法都有历史和美学的根源和依据，都有其经验和逻辑的合理性与合法性，所达到的审美效果也各有千秋。因此，它们之间的价值和意义是均等和同一的，只能由艺术家出于自己的偏爱和擅长做出合理的选择。艺术家对于某种创作方法的选择可能是终生的，也可能充满变动性，也可能以某种创作方法为主导，再糅合其他的方法。当然，天才的诗性主体可以创造出新的创作方法，改写艺术史的格局。托尔斯泰等人的批判现实主义，马尔克斯等人的魔幻现实主义，莫奈等人的印象主义，毕加索等人的立体主义等创作方法，的确改变了艺术史的面貌。玛克斯·德索认为，艺术家"一批人从自然和生活中进行创作；另一批人则受早期大师们的制约，继续培植这些大师们的风格，或者采取一种有意识的对立态度"。① 无论哪一种方式，对于艺术创作方法的继承和发展是诗性主体的必然性选择。

第三，艺术创造必须呈现一定的风格气韵，它同样具有历史继承性。虽然说艺术文本的风格气韵非常丰富和充满各种可能性，但总体上，它们有着客观的相对稳定的类型和定规。中国美学史上，陆机的《文赋》，刘勰的《文心雕龙》，钟嵘的《诗品》，司空图的《二十四诗品》等文本，深刻精湛地论述了艺术风格的多样性，给予逻辑上的分类和归纳。黑格尔在《美学》中说："法国人有一句名言：'风格就是人本身'。风格在这里一般

---

① 德索. 美学与艺术理论 [M]. 兰金仁，译. 北京：中国社会科学出版社，1987：186.

指的是个别艺术家在表现方式和笔调曲折等方面完全见出他的人格的一些特点。"① 黑格尔偏重从人格的因素来阐释风格的差异性,其实,艺术风格一方面呈现千差万别的个体特性,另一方面,艺术风格也呈现相对稳定的类别或种属的相似性。所以,诗性主体的艺术创作,一方面必须尊重和继承艺术史上业已存在的艺术风格类型,另一方面,在历史语境和个人才能都允许的条件下,尽可能地创造出个人化的美学风格,达到艺术的独创性。

第二节 艺术创造的心理结构

一、想象力

诗性主体的一个本质化的规定是想象力的充盈、奇异和发达。从事艺术创作,想象力是最重要的不能缺少的心理结构。黑格尔说:"最杰出的艺术本领就是想象。但是我们同时要注意,不要把想象和纯然被动的幻想混为一事。想象是创造性的。"② 萨特说:"想象活动是一种变幻莫测的活动,它是一种注定要造出人的思想对象的妖术,是要造出人所渴求的东西的;正是以这样一种方式,人才可能得到这种东西。"③ 黑格尔在指出想象重要性的同时,竭力区别想象和幻想的差异,但忽视了有部分幻想也属于想象的构成之一,同样有益于艺术创造。萨特指出了想象的奇妙和复杂对于艺术的重要意义。陆机的《文赋》云:"遵四时以叹逝,瞻万物而思纷。悲落叶於劲秋,喜柔条於芳春,心懔懔以怀霜,志眇眇而临云。""收视反听,耽思傍讯,精骛八极,心游万仞。""谢朝华於已披,启夕秀於未振。观古今於须臾,抚四海於一瞬。"刘勰的《文心雕龙》对想象描述道:

寂然凝虑,思接千载;悄焉动容,视通万里;吟咏之间,吐纳珠玉之声;眉睫之前,卷舒风云之色;其思理之致乎! 故思理为妙,神与物游。(刘勰:《文心雕龙·神思》)

诗人感物,联类不穷。流连万象之际,沉吟视听之区。(刘勰:《文心

---

① 黑格尔. 美学:第1卷 [M]. 朱光潜,译. 北京:商务印书馆,1979:372.
② 黑格尔. 美学:第1卷 [M]. 朱光潜,译. 北京:商务印书馆,1979:357.
③ 萨特. 想象心理学 [M]. 褚朔维,译. 北京:光明日报出版社,1988:192.

雕龙·物色》)

从上述的描述，可以对诗性主体在艺术创造活动中的想象的基本特征做出如下的概括：第一，超越时间和空间。诗性主体在艺术创造活动中的想像力，首先是具有超越时间和空间的张力。时间和空间是任何事物存在的前提，也是无法摆脱的物质限定，它们构成冰冷的客观法则。在现实世界人类无法超越时间和空间的制约，唯有渴望在艺术创造活动中获得精神的超越。于是，在艺术创造活动中，诗性主体借助想象力实现对时间和空间的审美超越。《庄子·逍遥游》："北冥有鱼，其名为鲲。鲲之大，不知其几千里也。化而为鸟，其名为鹏。鹏之背，不知其几千里也。怒而飞，其翼若垂天之云。是鸟也，海运则将徙于南冥。南冥者，天池也。……朝菌不知晦朔，蟪蛄不知春秋，此小年也。楚之南有冥灵者，以五百岁为春，五百岁为秋；上古有大椿者，以八千岁为春，八千岁为秋。"庄子借用寓言的笔法，以想象的方式，虚构了对空间和时间的超越对象。歌德的《浮士德》和马尔克斯的《百年孤独》，采取了不同的创作方法，但是，他们借助想象力获得对于时间和空间的审美超越上却是相似的。第二，呈现奇幻性和再创性。诗性主体的艺术创造活动，想象呈现出奇幻性和再创性。艺术在本质上追求陌生化的审美效果，而想象活动在一定程度上满足了陌生化的美学要求。莎士比亚的《仲夏夜之梦》、吴承恩的《西游记》、曹雪芹的《红楼梦》这三部文学杰作，都是依赖想象力营造了奇幻的意境和故事，给人惊异的审美效果。艺术创造的想象活动，不同于复现性想象和推理性想象，它更具有虚构和再创的性质，是一种更高于现实或悬浮于现实的审美意象。第三，超越知识和逻辑。诗性主体的艺术想象，可以打破知识规范和逻辑准则。正如亚里士多德在《诗学》所言："诗人的职责不在于描述已发生的事，而在于描述可能发生的事，即按照可然律或必然律可能发生的事。"① 尤其是古代的神话、史诗和悲剧，由于古人禀赋发达的神话思维和诗意思维，想象力十分活跃和奇异，他们创造的艺术文本具有今人无法企及的美感。如果说知识具有实证性和实用性的功能，积累和重复构成其特性之一，那么，同一律、因果律、矛盾律等构成思维的基本逻辑规定，也

---

① 亚里士多德. 诗学 ［M］. 罗念生，译. 北京：人民文学出版社，1962：28.

规定了知识得以可能的理性基础。而诗性主体的艺术活动，就在于能够颠覆知识的这些规定性，因为想象可以打破同一律、因果律、矛盾律等逻辑规定，能够撇弃知识的实证性和实用性等悬疣附赘，追求空灵和绝对自由的精神境界。第四，包含虚拟和假定。艺术想象比任何想象形式都热衷于构造虚拟的时间空间，叙述假定性的人物和故事，构造物质和心灵的审美意象及其神秘的氛围。所以，黑格尔说："相象还不能停留在对外在现实与内在现实的单纯的吸收"，"每一部伟大的艺术作品都使人感到其中的材料是经过作者从各方面长久深刻衡量过的，熟思过的。轻浮的想象决不能产生有价值的作品"。① 诗性主体的艺术创造必然借助于想象力的虚构和假定，然而，这种虚构和假定必须是深思熟虑和具有价值意义的，而不是胡思乱想的轻浮编造。现代玄幻或魔幻类的影视作品，尤其大部分贴着"科幻"标签的文本，基本上都属于老黑格尔所蔑视的"轻浮的相象"，是丧失历史感和自然本质的虚假的想象游戏。它们掏空了文本的思想和意义，给历史戴上面具，给人物披上假发和长袍，说着矫揉造作的话语，科技成为外衣和装饰……对于视觉效果的追逐使画面成为极其虚弱破碎的伪装品，沦落为一种空洞的唯美主义。第五，充满趣味和智慧。诗性主体的艺术创造是想象力和其他心理功能的合力作用，因此，呈现在艺术文本中的审美意象必然是充满趣味和智慧的。黑格尔认为："想象的任务只在于把上述内在的理性化为具体形象和个别现实事物去认识……通过渗透到作品全体而且灌注生气于作品全体的情感，艺术家才能使他的材料及其形状的构成体现他的自我，体现他作为主体的内在的特性。"② 艺术想象所建构的意象世界，凝聚创造者的思想情趣和生命智慧，体现主体的内在特性。莎士比亚创作的神话剧，但丁的《神曲》，汤显祖的《牡丹亭》，吴承恩的《西游记》等，都是充盈想象力的富有趣味和智慧的艺术杰作。显然，脱离了审美趣味和智慧的想象力只能属于低级和乏味的心理产品。

二、灵感与悟性

诗性主体在艺术创造活动中，必然是一个不断收获灵感和诞生悟性的

---

① 黑格尔. 美学：第 1 卷 [M]. 朱光潜，译. 北京：商务印书馆，1979：358.
② 黑格尔. 美学：第 1 卷 [M]. 朱光潜，译. 北京：商务印书馆，1979：359.

主体。德索认为："天才尤其具有一种独创能力，有一种直接与经验有关，与自然和心灵的事实有关的精神能力，还有一种从这些事实的文化吸收中获得灵感的能力。"① 德谟克利特说："没有一种心灵的火焰，没有一种疯狂式的灵感，就不能成为大诗人。"② 柏拉图也说：

诗神就象这块磁石，她首先给人灵感，得到这灵感的人们又把它递传给旁人，让旁人接上他们，悬成一条锁链。凡是高明的诗人，无论在史诗或抒情诗方面，都不是凭技艺来做成他们的优美的诗歌，而是因为他们得到灵感，有神力凭附着。科里班特巫师在舞蹈时，心理都受一种迷狂支配；抒情诗人们在做诗时也是如此。③

黑格尔对灵感表现出相对冷静的理性："如果我们进一步追问艺术的灵感究竟是什么，我们可以说，它不是别的，就是完全沉浸在主题里，不到把它表现为完满的艺术形象时决不罢休的那种情况。"④ 黑格尔的灵感概念的内涵，显然和柏拉图的对灵感的诗意描述存在着差异。然而，有一点是共同的，他们都肯定灵感对于艺术创造的重要功能和意义。

艺术创造活动中的灵感是刹那间的智慧生成，奇异想象力的突然迸发，也是审美活动的"高峰体验"（Peak experience），是直觉对于真知和真理的领悟。所以，灵感和悟性存在着密切关联，它们在诗性主体的艺术创造活动中共同地发挥积极作用。黑格尔从目的论的角度进一步阐释灵感："要煽起真正的灵感，面前就应该有一种明确的内容，即想象所抓住的并且要用艺术方式去表现的内容。灵感就是这种活跃地进行构造形象的情况本身（这一方面是就主体的内在的创作活动来说，另一方面也是就客观的完成作品的活动来说，因为这两种活动都必须有灵感）。"⑤ 黑格尔的灵感论包含着理性主义的目的论的色彩，他强调灵感活动中理性内容的先导作用。其实，艺术创造活动中不一定先验地预设思想内容，如康德所言，艺术和审美活

---

① 德索. 美学与艺术理论［M］. 兰金仁，译. 北京：中国社会科学出版社，1987：186.
② 朱光潜. 西方美学史（上卷）［M］. 北京：人民文学出版社，1979：36.
③ 柏拉图. 文艺对话集［M］. 朱光潜，译. 北京：人民文学出版社，1963：8.
④ 黑格尔. 美学：第1卷［M］. 朱光潜，译. 北京：商务印书馆，1979：365.
⑤ 黑格尔. 美学：第1卷［M］. 朱光潜，译. 北京：商务印书馆，1979：364.

动应该主观不设定先行的目的，只是在完成艺术文本之后，它客观地体现某种观念和思想，客观地符合目的性。艺术创造中的灵感不是预先期待和设定的，它具有偶然性和突发性，不可预见也不可刻意营造。当然，也如同黑格尔所言，这种目的应该是长期积累的和深思熟虑的，由于某种机缘而灵感突然爆发。《文心雕龙·神思》描述："吟咏之间，吐纳珠玉之声；眉睫之前，卷舒风云之色；其思理之致乎！故思理为妙，神与物游。"这些描述都带有灵感来临的特征。灵感是艺术创造过程中思维的畅达和智慧的生成，想象之门的开启和情感江河的一泻千里。而且，灵感也不是一次性的，一个天才的文本可能包含着多次的灵感。灵感畅达必然带来悟性的开启，无论是渐悟还是顿悟，都是诗性主体在艺术创造活动过程中的宝贵收获。悟性在认识论意义上，既是对事物的正确性和真理性的认识，对历史和精神的深刻理解，更是一种带着独创性标记的远见卓识。

诗性主体从事艺术创造活动，必须依赖于灵感和悟性的作用，而灵感和悟性的获得，一是依靠个人深层心理的天赋才能，二是来源于对自然的感受和迷恋，三是借助于对现实人生的深入观察和体验，四是奠基于阅读活动，因为阅读活动给予主体以知识和智慧的积累与提升，丰富主体的理性和意志、道德和良知等精神性内容。所以，无论是灵感和悟性，除了天赋因素之外，必须建立在后天的直觉、感受、体验、思辨等知识和智慧的积累基础之上。渐悟是生命积累的缓慢体现的结果，顿悟是建立在缓慢积累基础上的瞬间呈现的结果。因此，艺术创造中的灵感和悟性，离不开长期的生命经验和深思熟虑的心智努力。所以，诗性主体的灵感和悟性，并非是安宁无为的天赐，而是充满着后天的心灵坚忍以及不断的精神努力。当然，并非所有的诗性主体都具备艺术创造的天赋和才能，也并非所有从事艺术创造的主体都是诗性主体，两者之间不是逻辑上的等同关系，而是交叉关系。因此，只有既作为诗性主体的存在，又具备艺术创造才能的主体，在生命境界上才是最幸福和最唯美的主体。

三、情绪与技巧

诗性主体必然是一个情感主体，而从事艺术创造，显然离不开情感的因素。文学史和艺术史连篇累牍地宣称文艺创作密切联系于艺术家的情感，尤其是需要疯狂的激情。这显然是缺乏辩证思考的夸饰之见。一方面，艺术创造需要适度的激情，尤其是诗歌的写作。中外文学史上，不少诗人在激情驱使之下，的确写出了一些传世之作。屈原和李白的诗歌，其中一部分是激情的产物。但是，也有一部分是安宁柔和的情绪之下的灵感之作。艺术创造是心理结构中各种情绪的综合作用，喜悦、欢乐、愤怒、痴迷、狂热、疯狂、悲伤、惆怅、忧郁、苦闷、痛苦、绝望等等积极和消极的情绪都可能对艺术创造起到一定的影响。从另一方面看，诗性主体在创造活动中更多需要的是一种安宁平静的情绪。所以，《文心雕龙·神思》说："陶钧文思，贵在虚静，疏瀹五藏，澡雪精神。"从艺术史的具体实践考察，也充分显明这样的事实，艺术文本凝聚人类精神结构中所有要素，但是就创作过程而言，更需要安宁虚静的心境。无论是构思还是具体传达，创作主体需要宁静的情绪状态下的深思熟虑和凝神营造。

诗性主体在涵养一种安静超然的创作心境之后，就需要扎实而娴熟、精湛而独到的技巧了。倘若缺乏一定的艺术技巧，诗性主体还不能达到艺术家的境界。当然，一些艺术家也不一定就是诗性主体，两者只是非同一性的交叉关系。如果说生命经验、知识智慧等情感思想的要素是艺术创作的第一要素，那么，艺术传达的形式技巧就是第二要素。两种要素缺一不可。甚至，后者显得更为重要。

"艺术"（Art）的原初意义包括"技艺"。柏拉图的《伊安》篇，曾经将艺术阐释为"技艺"（Tekhne）。"艺术"这一概念，在古典时期，涉及手工、手艺、骑射、医药、畜牧、耕种等许多行业。科林伍德从词源学角度，对"艺术"展开比较详细的考证，清理出"艺术"和"技艺"的逻辑关联。

艺术创造的技巧和技艺，关系到艺术各种类型。造型艺术中的建筑、绘画、雕塑，对它们的创造活动，必须具有空间结构的方式和技巧。如建筑的对称性布局，空间的分割和组合，实用功能和审美功能的结合，象征功能和纪念功能的统一等，显然需要多方面的技巧。绘画的光线色彩的运用，意象化的抒情的叙事的暗示性处理，以及构图的设计，都需要多种多样的技艺。例如梵·高的点彩法的运用，在一定程度上创新和丰富了印象派的表现技巧。黑格尔认为："雕刻应该把心灵表现于它的身体形状，使心灵与身体形状直接统一起来，安静地幸福地站在那里，而形式也应该受心灵个性的内容灌注生气。"① 雕刻对于形体的表现技巧最为精细，作为三维空间的艺术，它比其他艺术形式具有更艰难的挑战性。所以，雕刻家远远少于画家，而雕刻杰作也相应远远少于绘画杰作。时间艺术包括音乐和舞蹈。黑格尔认为音乐是高级的艺术，它的精神性最强而物质性最弱，音乐成为"浪漫型艺术的中心"，然而，音乐是更依赖于技巧和天赋的艺术形式。舞蹈是以人体为中心和表现媒介的空间艺术，也是时间上的连续运动，它长于抒情和拙于叙事，注重视觉美感的效果，主要采取模拟和象征的手法。舞蹈是身体的艺术，因此，它的表现技巧几乎全部依赖于肢体和表情的语言得以实现。戏剧和影视属于时空统一艺术。戏剧是古老的艺术种类，它运用冲突的方法表现故事和阐述哲理。戏剧的技巧包括三一律、突转、悬念、对话、独白等，它们在具体的运用过程中不断被充实新颖的因素。影视艺术最基本和最重要的是蒙太奇手法，还包括其他的具体技巧，如场景布置、道具服饰、话语转换等。想象艺术，即是文学。黑格尔认为："诗在一切艺术中都流注着，在每门艺术中独立发展着。诗艺术是心灵的普遍艺术，这种心灵艺术是本身已得到自由的，不受为表现用的外在感性材料束缚的，只在思想和情感的内在空间与内在时间里逍遥游荡。"② 显然，文学或诗在黑格尔心目中是最理想和最高级的艺术，因为它是人类的自由精神，包容着丰富而深刻的思想情感。文学的技巧包含着音韵、节奏、叙事、修辞、结构等多个方面。韦勒克、沃伦在《文学理论》中系统深入地讨论了"意象、隐喻、象征和神话"这四个文学的重要因素，从宏观上说，它们是文学最基本的存在特性和表现方法，然而，在微观上，它们也可以是具体的修辞和技巧。总体上，这四个因素构成文学作品的最重要的美学特性。尤其是隐喻和象征，是文学表现最为重要的方法和技巧。"隐喻曾经吸引过从亚里士多德以来的许多文学理论家以及修辞学家的注意……近年来，它又吸引了不少语言理论家的广泛重视。"③ 他们试图揭示隐喻包含着类比、双重视野、揭示无法理解却可诉诸感官的意象、泛灵观的投射这四个方面。

① 黑格尔. 美学：第 1 卷 ［M］. 朱光潜，译. 北京：商务印书馆，1979：107.
② 黑格尔. 美学：第 1 卷 ［M］. 朱光潜，译. 北京：商务印书馆，1979：113.
③ 韦勒克·沃伦. 文学理论 ［M］. 刘象愚，等，译. 南京：江苏教育出版社，2005：224.

从某种意义上，几乎所有的文学文本都不同程度地运用了隐喻的方法和技巧，它构成文学最本质的审美特性。韦勒克·沃伦进一步指出，新古典主义时期的诗歌喜爱运用隐喻，具体技巧上表现为明喻、迂回语、装饰性形容词、警句、平衡语、对偶、乖谬的矛盾语法等修辞技巧。再如中国古典诗词中的点铁成金、虚实相生、通感、言志、用典等技巧。象征的特征是"在个性中半透明式地反映着特殊种类的特性，或者在特殊种类的特性中反映着一般种类的特性……最后，通过短暂，并在短暂中半透明式地反映着永恒"①。象征具有重复和持续的意义。韦勒克·沃伦认为，意象可以被一次转换为一个隐喻，如果它作为呈现与再现不断重复，就变成一个象征。显然，所有的文学形式都必然和象征存在密切关联。换言之，象征也是构成文学的重要的方法和技巧。象征作为表现技巧，它体现意象方面，具有多种类型。1924 年威尔斯（H. W. Wells）出版《诗歌意象》一书，归纳了七种意象：装饰性意象、潜沉意象、浮夸意象、基本意象、精致意象、扩张意象、繁复意象。对这些意象的建构活动都可以视为诗歌创作的手法和技巧的艺术实践。

艺术的创作方法具有相对的稳定性，而表现技巧处于不断地探索和发展的过程中，永无止境。正是这种不断创新的自由精神和生命活力，使艺术不断诞生新的境界和新的美感。作为诗性主体，在艺术的创造活动中，必须领悟和理解艺术的这种不断创新的审美超越精神，不断地追求新的创作方法和创作技巧，不断将艺术提升到新的境界。

第三节　诗性主体与儿童文学

一、继承与发展

诗性主体是生命存在的本体性结构，是儿童和成人共同拥有的精神形式，理应构成儿童文学的建构和表现的对象世界。儿童文学的诗性主体的建构和表现应该超越年龄和成人意识形态的制约，摆脱功利主义、消费社

---

① 韦勒克·沃伦. 文学理论［M］. 刘象愚，等，译. 南京：江苏教育出版社，2005：214.

会和享乐主义的感性诱惑，获得独立和自由的美学品格，使不同人生阶段的阅读者获得诗意和审美的艺术享受，从而提升生命的境界。

儿童文学作为古老的文化样式，在当下信息社会和读图时代的背景下，被迫逐渐淡出儿童的视野，更遭受成人的冷遇。儿童文学这个能较大程度发挥想象力和创造力、承载诗性童心的语言之舟即将被粗拙图像、流行话语和过剩信息的浪潮所颠覆，这不能不说是后现代的又一个知识悲剧和文化悲剧。由此，与其他儿童文化样式相比，当下儿童文学构建儿童世界的诗性主体更具有迫切性和必要性。我们以诗性主体为核心概念，以儿童文学的美学特征为逻辑起点，从儿童文学理论所关注的几个主要问题入手，探讨儿童文学与诗性主体的逻辑关系。

当下儿童文学，普遍地忽略了儿童本身所具有的瑰宝：诗性主体——能够将本能主体和感性主体、理性主体和知识主体、实践主体和道德主体等各个主体有机组合起来，成为灵动运转的整体结构并超越于各主体之上的审美主体。诗性主体可以贯穿人的整个生命时间。但是，因受到知识、实践、道德律令、社会生活等各方面因素的影响，在人生的各个阶段，或得到培育，或得到弘扬，或被隐匿甚至被删减。由儿童对诗性主体的自发意识走向成人对诗性主体的自觉意识的过程，是一个充满矛盾冲突的显性或隐性的起伏曲折的复杂过程，也是现实性的客观存在。认识到诗性主体的复杂性和丰富性，儿童文学的创作主体应该相对地打破时间制约，对诗性主体的现实存在给予多角度多侧面的审美反映，以表现人生的复杂性和丰富性，从而达到艺术表现的完满性和深刻性，满足人的各种感觉客观展开的审美丰富性，赢得接受心理的广泛认同。

"诗性主体"概念是对传统"童心说"的继承和发展，恰当地揭示了儿童文学的美学特征。诗性主体在一定意义上，是对于"童心说"的历史继承和逻辑发展。古往今来，对童心的哲思与歌咏是永恒的精神主题。老子曾感叹："专气致柔，能婴儿乎！"（《老子·十章》）"含德之厚，比于赤子。"（《老子·五十五章》）以婴儿比喻纯净超然、不被后天所得所桎梏的人生境界。孟子推崇一种理想的人生境界："大者不失其赤子之心。"（《孟子·离娄下》）也强调童心的重要意义。庄子对童真状态推崇备至，他的审美理想的集中体现"真人、神人、至人"，热切地守护和保存着童心。先秦思想家都不同程度地保持着对儿童的超脱庸俗世界的诗意生存的热情向往。

明代思想家李贽说："夫童心者，真心也，若以童心为不可，是以真心为不可也。夫童心者，绝假纯真，最初一念之本心也。若失却童心，便失却真心；失却真心，便失却真人。人而非真，全不复有初矣。""天下之至文，未有不出于童心焉者也。"（李贽：《焚书·卷三》）李贽所赞赏的童心，是构成诗性主体的现实依据和逻辑基础。童心的有无是衡量诗性主体保持与否的精神条件和客观标准。然而，人至老境，想内心真正复归儿童时代只能是乌托邦式的幻想，如同让现今人类复演人类的童年时期的神秘图像只能是审美的绝望。诗性主体这一概念拓展了传统"童心"的内涵，抛弃了传统"童心说"对童心的消极性守护所采取的封闭性思维方式，代之以新锐开放的思维方式，除崇尚自然本真的生命状态，保持纯真纯净的童心外，还积极对抗现实社会的虚假矫情和浮夸表演，超越社会意识形态的诸多限定，也不服从于功利主义和本能欲望。诗性主体不仅是寄托人类回归儿童神秘而纯真的家园，追求自我的宁静和幸福、诗意和美感，更是指向未来、展望未来的审美心理现实需求和发展动力，它呈现时间的共时性和恒定性。我们强调诗性主体不仅仅属于儿童阶段，而是人生各阶段不能间断的生命境界和美学诉求，它一方面有助于生命体验和艺术的创造活动，另一方面也有利于审美接受和艺术欣赏的活动。总之，诗性主体是生命存在的重要结构，它体现人之存在的必然意义和核心价值。尤其是儿童文学，更不能和不应该缺乏诗性主体这个十分重要的精神元素。

中国现代儿童文学的创作者郭沫若，早在20世纪20年代，就在《儿童文学之管见》一文中指出，"必熟悉儿童心理或赤子之心未失的人，如化身而为婴儿自由地表现其情感与想象"。他不仅对儿童文学的创作者提出了具有"赤子之心"的素质要求，而且也要求儿童文学的创作过程和内容体现"童心"特点。在当下的历史语境，以阐释学的观点，用发展性的眼光和开放性思维来理解它的内在意义：其一，成人创作者虽不可能复归儿童心理，但必须熟悉儿童心理，具有"赤子之心"的创作素质，即像初生的婴儿一样，心地纯洁无污染，尽量不受后天的知识形式、道德秩序、经济和消费等各主体经验的桎梏，尽量保持自我的纯净、纯真和自由——这也就是守护童心的表象特征；其二，在儿童文学的创作过程中，要求作者像婴儿一样自由地充分地发挥丰富的想象力，倾诉儿童般的情感。这两层意思，都是悬置"年龄小、生活范围狭窄、知识能力有限"等年龄特征的外在因素，强调自由想象、纯粹情感、纯真心灵等"童心"内涵。这种单向度地从传统"童心说"发展而来的儿童文学观念，显然呈现一种封闭的、狭隘的甚至产生歧义的思想痕迹。

我们在继承前人的儿童文学"童心说"的基础上，提出构建儿童文学的诗性主体的美学观念。一方面从逻辑上抛开了年龄特征对儿童文学的限制，避免造成表达上的概念混淆；另一方面从历史发展上拓宽了儿童文学的美学观念，建立一种开放性的儿童文学的理论系统。更重要的意义在于，"诗性主体"的美学概念，在一定程度上揭示了儿童主体的本质特性和儿童文学的艺术特征。马克思在《1844年经济学—哲学手稿》中指出："人具有自然力、生命力，是能动的自然存在物；这些力量作为天赋和才能、作为欲望存在于人身上。"① 诗性主体与这些力量共同地以主体形式存在于人的身上，构成重要的存在本质。童心，蕴含着一种最深刻而隐秘的人类生命本质力量。诗性主体以包含童心的形式存在于人生各个阶段，呈现个体生命的美学意义，它在这些"确证自己是人的本质力量"之中"客观地展开"（马克思语）主体的发展性、丰富性和创造性。诗性主体伴随着知识主体、理性主体、道德主体、实践主体等各种主体的产生、发展而协调于各主体之间，成为凌驾于各主体之上并把它们包罗在内的综合性有机主体。童心，应该是寄居于诗性主体之中的生命内核，可以作为贯穿人生各个阶段的诗性主体的形式性表达。我们运用诗性主体的概念阐解童心，是现实历史演进的哲学诉求和美学需要。

二、回归本位

诗性主体的概念确立，可以促进儿童文学与成年读者达到视野融合。儿童文学活动系统的特殊性，主要表现在儿童这一特定的读者与成人作者的矛盾、交流和融合关系上。中国儿童文学观主要经历了"成人的附庸"观——"儿童本位论"——"创作者与儿童接受者的交流融合"这几个阶段。在前两个发展阶段，由于儿童文学观念的两极说，很少论及成人创作者与儿童读者在儿童文学作品中如何实现沟通和融合等问题。在成人创作

---

① 马克思. 1844年经济学—哲学手稿［M］. 中共中央马克思恩格斯列宁斯大林著作编译局，编译. 北京：人民出版社，2008：105.

者与儿童接受者的交流融合阶段，年龄或代际的心理沟通，成为儿童文学理论与创作实践探索的主要问题，也成为历史性的理论难点之一。那么，通过文学语言媒介达成成人意识与儿童意识交流的契合点是什么？如果这个问题没有落实，那么"创作者与儿童接受者的交流融合"，只能是儿童文学的美学虚构。其实，这一难题派生出的一系列问题，都是由于传统的儿童文学理论忽视儿童的诗性主体的美学本质，把儿童年龄特征作为儿童文学区别于成人文学的先决逻辑，一方面造成了成人优越于儿童的知识形式、理性结构、道德意识的普遍概念，构成对儿童主体的话语压制；另一方面，在文学领域，抹杀了儿童文学的独立视域，以"儿童幼稚无知"的先见设置了成人与儿童之间交流的障碍。破解难题的关键点，就是消解年龄特征对儿童文学的美学限定，以诗性主体的建构消解两者之间的矛盾，因为诗性主体是儿童和成人共有的存在本质和心理结构。中国古代哲学对"童心"的推崇，现代理论提倡"向儿童学习"，正是基于成人对儿童世界的诗性主体的一种深刻的认识，呼唤诗性主体的回归。成人创作者在儿童文学创作中，通过对诗性主体的构建，寄托自我的诗性理想，获取自由的审美创造，回归诗意家园，从而达到人性的本真存在，从而突破年龄的屏障，冲破精神的迷雾和剥离世俗的纠缠，弥合儿童与成人的意识代沟，充分显出诗性主体的共时性和普遍性的精神意义。

诗性主体贯穿于整个人类社会的发展过程，也贯穿于个体生命的每一阶段，显示历时性和共时性相互交织的意义。成人创作者比较容易从具体历史或个人生活经验体悟中获取丰富生动的直接的或间接的素材，为儿童文学的诗性主体的构建积累感性经验和创作冲动。诗性主体所具有的历时性和共时性的审美意义，通过文学意象得以艺术表现的对象化，由此获得成人创作者与儿童读者的视野融合的可能性。诗性主体由生活到文本的构建过程，合理地阐释了历年来儿童文学理论关于成年创作者——文本——儿童读者三者之间的美学关系。因为诗性主体贯穿人生各个阶段，它突破年龄的屏障和时间的制约，成为儿童意识与成人意识相契合的精神桥梁，是审美融合得以实现的逻辑条件。同时，也使儿童的诗性主体的发展、丰富直至成熟得以成为可能。从这个理论视角，也就要求儿童文学作家，必须具有诗性主体的意识，必须对儿童的诗性主体有充分的领悟、认识、尊重和表现。首先，作家要对自己儿童时代的纯真的诗性主体有审美追忆。

其次，直觉感受、观照身边孩子的诗性主体的显现。最后，从历史、现实和未来的逻辑联系上，把握诗性主体的丰富意蕴，融化到儿童文学的创作中去。这样，作者自然就摒弃居高临下的主观性写作，避免儿童文学的成人化倾向，避免儿童文学的文本成为成人文学的缩写本现象，从而建构成人常常忽视或丢失了的诗意和审美的精神家园。由此，通过儿童文学对诗性主体的构建，不仅架起了儿童文学成年创作者与儿童读者的共鸣桥梁，而且拓展了儿童文学阅读者的范围：儿童文学既面向儿童读者又面向成人读者。张圣瑜认为："成人赖有潜在之一点童心，感受儿童文学之暗示，消释不少暴厉之气，惨酷之事，烦闷之心。"① 成人读者在儿童文学文本中寻觅到或找回了诗性生存的理想，一定程度上消解了现实世界带来的郁闷与浮躁。

儿童文学所展示的诗性主体境界是人生的一种至高的境界。儿童文学从朴拙中显露诗性主体的光芒，让儿童心灵触摸到自我的诗性存在，让成人读者回归诗性主体家园，让生命个体随着年龄增长而获得知识主体、理性主体、道德主体、实践主体和消费主体等各方面主体形式在诗性主体的综合活动中得以和谐与协调。如果说童话和神话是古老的儿童文学形式，是诗性主体的审美呈现之一。我们应该呼唤当下儿童文学继承和发扬古希腊神话和安徒生童话的美学精神，借鉴历史上彰显诗性主体的儿童作品，以一种返朴归真和大巧若拙的儿童文学样式，从而"保留和反映了人类审美的最原始、最简单同时又是最基本、最内在，或许也是最深邃的艺术规范和审美内容"② 。在当下的历史语境，儿童文学必须充分体现诗性主体的审美精神。必须意识到，只有充满诗性精神的儿童文学，才能传达出最本真和最自然的生命感觉和审美意趣，才能"见出最高度的深刻意义"（黑格尔语），由此获得无限的审美开放性。诗性主体的保持和发展，是主体在人生各阶段获得诗意地栖居的逻辑前提，也使儿童文学超越年龄制约成为一种理论和实践的可能。所以，诗性主体在儿童文学中的建构和表现，是儿童文学创作者通过文本与儿童读者或者成年读者达到共鸣和视野融合的不可缺少的精神基础。

---

① 张圣瑜. 儿童文学研究［M］. 北京：商务印书馆，1928：32.
② 方卫平. 中国儿童文学理论发展史［M］. 北京：少年儿童出版社，2007：434.

三、建构和表现

从美学意义考量，诗性主体的构建，也是对儿童文学对于传统的教育功能的扬弃。儿童文学与教育的关系，是长期以来倍受人们关注的热点之一。传统的儿童文学，无论"教育主张"或"审美主张"，还是将两者合二为一或相互包含，都是以成人本位定位儿童文学的价值功能，是施以成人权威的文本代言。只有当儿童文学致力于诗性主体的构建，才可削弱成人的话语霸权，消解陈旧的意识形态。其次，儿童文学必须走出传统的"儿童本位"的误区，使儿童文学回归诗性主体的审美本质，彰显其艺术特质，力求构建与成人平等对话的文本系统，促使儿童的诗性主体的构建和完善由自发走向自觉，能够让成年读者重新追寻到诗性主体的审美记忆，进入诗性生存的理想境界。

儿童的诗性主体，由于较少受到后天的知识谱系和道德教育等社会环境的规训与钳制，内在的本质力量自发地充盈于儿童的整个身心。但是，从个体发育的规律来看，"某些技能，如音高辨别力，如果在儿童早期没有得到练习，在儿童后期这种能力就会丧失"[①]。儿童的诗性主体同样面临这样的危机。随着个体的成长，受到逐渐综合发展起来的知识、理性、道德、实践、消费等各方面主体的遮蔽和宰制，诗性主体不断地和缓慢地从成人生存意识中被隐匿和退化。例如诗性主体尤其要借助想象这一心理机制获得审美的超越和自由的创造，以克服现存世界对自由精神的桎梏。而想象力是儿童纯真朴实地诗意感悟生活的最有力的心理功能之一，儿童的年龄特征决定了这一生命时期的想象力与成人相比格外丰富和生动，正如维柯所说"推理力愈弱，想象力也就愈强"。也正因此，随着个体知识维度的增加，理性思维的发展相应带来想象力的衰弱。从某种意义来说，随着纯粹知识的教育加强和理性思维的片面发展，主体的想象力就必然被抑制，而诗性主体也相应地受到损伤。所以，儿童如何在获取知识的同时进而保证诗性主体的存在就是值得我们深入思考的问题，这也是当今教育必须面对的一个重要课题。"对象如何对他来说成为他的对象，这取决于对象的性质

---

① Doris Bergen，Juliet Coscia. 大脑研究与儿童教育［M］. 王爱民，译. 北京：中国轻工业出版社，2006：77.

以及与之相适应的本质力量的性质；因为正是这种关系的规定性形成一种特殊的、现实的肯定方式。"① 那么，要使儿童文学成为儿童的对象性的现实，只有要求其文学性质与儿童本质力量的性质相适应，而这种本质力量也正是成人（成人作者或成人读者）所追溯寻找的久已丢失的人类本真的力量，这就是诗性主体，它决定了儿童文学的最根本的美学意义，也是所有主体存在的重要价值之一。

因此，儿童文学的美学特质就是对于诗性主体的构建和审美表现，这既尊重了儿童的审美特性又获得了独立于成人权威意识之外的精神的自由和权利，使儿童与成人构成认识的主体间性。所以，儿童文学应该灌注生命的本质力量和丰富内涵的诗性主体，显示儿童主体的独特性，能够让儿童在感性的审美世界里观照自身，使儿童读者"不仅通过思维，而且以全部感觉在对象世界中肯定自己"②。这样可以发挥儿童直觉的敏锐性，很容易在儿童文学中寻找自己的对象，通过丰富的诗性想象，"在自由的游戏中创化和观照生命意向，体验人类情感、领悟人生意义，并于不知不觉之中将诗性生存外化为现实的生活方式，衍化为自己的'在世'的方式"③。通过儿童文学的文本接受，从而实现审美的自我和确证生命的意义，使儿童的诗意生存由自发走向自觉，不仅避免了因儿童在知识形式、逻辑思维、道德秩序、实践意志等方面的不足而可能产生的对文本接受的影响，而且避免了儿童成长过程中对诗性主体的逐渐遗失和忽视。儿童文学的美学特性既然是对儿童诗性主体的彰显和弘扬，那么对知识结构、逻辑形式、理性内容、道德规范、实践意志等主体构成，应采取符合儿童年龄特征的教育原则，警惕强化任何方面而损害诗性主体的存在。否则，必然导致儿童文学失其文学性和审美，成为科教和德育等非文学性儿童读物。一方面，诗性主体使儿童文学显出儿童本质力量和适合于儿童的对象性，激发儿童的阅读激情和审美热情；另一方面，在一定程度上，可以超越知识谱系和道德秩序等钳制，获得生命的真实体验和审美直觉，激发儿童的想象力和

---

① 马克思. 1844 年经济学—哲学手稿［M］. 中共中央马克思恩格斯列宁斯大林著作编译局，编译. 北京：人民出版社，2008：86-87.

② 马克思. 1844 年经济学—哲学手稿［M］. 中共中央马克思恩格斯列宁斯大林著作编译局，编译. 北京：人民出版社，2008：86-87.

③ 谭容培，颜翔林. 想象：诗性之思和诗意生存［J］. 文学评论，2009，1：192.

自由意志。换言之，儿童文学只有以彰显诗性主体为主轴，才能充分发挥审美功能，其意义远远超过了传统意义上的教育功能和认知功能，从而达到真善美三位一体的培养，建立健康的人格的正确的人生观。

客观地考察，由于儿童生存的社会环境中的外因和要求自我成熟的内因，儿童总是被动和主动地接受后天的知识和教化。所以，儿童的诗性主体有可能逐渐淹没在由知识积累、信息传播、经济交换等构成的各种社会关系的浪潮之中。而儿童能否协调后天所获得的文化知识并提升自己的生命境界，关键在于如何保持和发展自己的诗性主体，儿童文学理应当仁不让地承担了这样的历史使命。由于各种社会因素的作用，促进儿童成熟化的势能非常强大，我们必须要求儿童文学在一定程度和意义上抵制成人教化的倾向，抗衡教育上的功利主义和知识灌输、单纯的道德说教和享乐主义的审美意识，还儿童文学以诗性主体的美学特质，彰显诗性主体超越知识、道德秩序、经济消费等功利主义的束缚，求得审美自由和诗意生存。

四、文本实践

儿童的自我精神应该依靠自身的诗性主体的构建和完善，才能达到美好的人生境界。因此，在快餐式的短视近利的闹剧式的文本世界，儿童文学的接受者无法获得健康和正确的美感。所以，儿童文学应以自己独特的诗性主体的美学特质去匡乱扶正，立足于具体的创作实践，以文本占领儿童文化的精神领域，培养高雅趣味和纯粹审美的阅读群体。

首先，儿童文学应当从现实世界或历史素材中选择贴近儿童的生活和心理的题材，遵循艺术的逻辑和美学的规范，寻找和把握抗衡浮躁喧哗的诗性主体给予感性化的表现，塑造鲜明的诗意和审美的儿童形象，超越现实以达艺术的真实。"人从孩提的时候起就有摹仿的本能。"[1] 儿童的生活就是以诗意的神秘游戏方式进行摹仿的生活，这种儿童的摹仿化生活，就是对现实的审美超越，既是儿童现实的真实也是儿童艺术的真实。在当下网络和读图快餐式的消费文化背景下，要保持儿童本真的诗性主体，一方面要求儿童文学创作者要禀赋诗性主体的精神内涵，注重从儿童人物形象的原型结构去挖掘诗性主体的内涵，诸如纯真朴实、快乐幽默、自由游戏、

---

[1] 亚里士多德. 诗学 [M]. 罗念生，译. 北京：人民文学出版社，1962：11.

感觉神秘和丰富的直觉和想象力等特性，表现于各种形象的独特性格，通过细节和言语行为自然而然地传达出来，使儿童文学成为儿童本真自我的"对象化的现实"（马克思语）。另一方面，要求儿童文学运用纯净浅近、诗意美感的语言，借助于富有想象力的修辞方式，采取适度的象征和隐喻的艺术方法，通过对儿童的自由游戏的生活摹仿的方式，塑造儿童的诗性主体。这就是儿童文学的最根本的美学诉求。只有构建诗性主体的儿童文学才能亲近儿童，激发儿童"摹仿本能"，为儿童发挥自己独特而优越的想象力潜能提供物质基础，使儿童通过对文本符号的游戏性解读，获得审美快感和自我认同，获得本质力量的实现，也获得了一种成功感和自信心，使实现自我和超越现实成为一种可能。

其次，儿童文学构建和表现诗性主体，必须完成对现实世界中知识、理性、道德、实践、经济等各种主体的超越，克服现实生活中的成人教化意识，实现文本对现实的开放和超越。儿童文学对诗性主体的构建和表现，必须抵制狭隘的成人意识和庸俗化的倾向，一方面可以消解儿童阅读者尤其是少年阅读者的"反儿童化"的情绪，另一方面可以打通成人与儿童的阅读代沟。因为"反儿童化"是由于成人对儿童显性或隐性的藐视，引起儿童对自我轻视的心理反应。"反儿童化"很容易抛开儿童的诗性主体，放弃儿童现有的独特的审美视角和审美优势，接受成人的庸俗化的审美情趣，使儿童的审美能力处于低层，只能停留在欣赏成人通俗文学的限度。所以，只有对现实生活和成人的意识形态进行审美超越，儿童文学才能围绕儿童诗性主体所展开的丰富的生活世界和心理世界，进行充分地自由地摹仿和表现，才能适应儿童的思维特性和审美情趣，顺应当下儿童的阅读视野。如果我们"把人定义为符号的动物（Animal symbolicum）取代把人定义为理性的动物"[①]。那么，构建诗性主体的儿童文学借以审美感性的符号形式，解脱现实的知识形式、理性内容、道德秩序、消费欲望等对儿童思维的钳制，代之以自由审美的想象空间，使儿童能感受到儿童时期的自我所具有潜在的超越性的生命张力，发挥独特的审美感觉和审美体验，接近诗意生存的理想境界。

最后，在儿童文学构建诗性主体过程中，通过幽默的游戏方式阐释和

[①] 卡西尔. 人论［M］. 甘阳，译. 上海：上海译文出版社，2005：37.

表现生活世界，释放积压的心理能量。我们认为，儿童文学应该摒弃"热闹剧"的怪诞滑稽的哗众取宠方式，以本于自然和合乎情理的幽默的游戏精神灌注文本，倡导积极的生活情调和审美趣味。儿童文学对现实的超越，应该舍弃"滑稽剧"对现实压力的盲目性退避和妄想式消解，而应该采取积极幽默的方式，释放现实世界的压抑和消解灰暗心理的存在。"像诙谐和喜剧一样，幽默也具有释放它的东西，但是，它也具有某种庄严和高尚的东西，这一点是诙谐和喜剧这两种从智力活动获得快乐的方式所缺乏的。"①幽默，既是诗性主体的一个内涵，又是其构建方法之一。儿童文学的诗性主体的构建应该体现游戏的幽默性，不仅能够使创作者和读者都获得"自我的胜利，而且也表示了快乐原则的胜利，这一快乐原则在这里能使自己反对现实环境的不友好"②。而且在获得快乐之余，引起对现实和自我的深刻的反思，这也是人所具有的"实现倾向"（The actualizing tendency），这也符合人本心理学派代表卡尔·罗杰斯（Carl Rogers）的"本质需要"的理论。艺术创造的"积极幽默"，也体现一种反思与批判的精神，在某种意义上，也是诗性主体的必然性构成，它同样属于儿童文学乃至所有文学的创造性思维的源泉之一。

再结合具体的儿童文学的文本解读，探析当下儿童文学和诗性主体的逻辑关联。曹文轩的《根鸟》等系列儿童少年小说，塑造了一些充满着浪漫气质和诗性精神的农村少年形象，形成了作者独特的审美风格。《根鸟》运用空灵纯美而充满诗意想象的文笔，描述少年根鸟追梦的成长过程，塑造了一位粗朴、纯真、坚韧的少年形象。小说拒绝设定所谓真实性的社会背景，塑造的人物也似乎脱离现实的世俗生活。小说中，"梦"是人类诗性主体的审美意象，是一种诗意的象征。"追梦"就是对自我的诗性主体的坚守和对人类的诗性主体的寻找。如果说"梦"是虚幻的，是与现实对峙的审美理想；那么，"诗性主体"是人性中抽象的实在和心灵的真实，是现实化的审美诉求。但是，诗性主体在艺术文本中可以通过梦的符号象征得以

---

① 弗洛伊德. 论艺术与文学［M］. 常宏，译. 北京：国际文化出版社公司，2007：308.

② 弗洛伊德. 论艺术与文学［M］. 常宏，译. 北京：国际文化出版社公司，2007：309.

成为可能。有人批评《根鸟》"架空儿童与真实生活"①，而曹文轩也更不避讳地说："我根本不想去了解现今的中学生。"这正说明了作者对当下人性失落和诗性主体被遮蔽的现实批判，描摹了社会人性的真实生存状态。作者将故事背景放置到一个远离城市喧嚣，避开肉身"此在"的广袤神秘、奇异玄妙的大自然，借助于虚构的故事和人物，寄托了作者呼唤诗性主体的回归的审美期待。亚里士多德认为："诗人的职责不在于描述已发生的事，而在于描述可能发生的事，即按照可然律或必然律可能发生的事。"②《根鸟》悬置了儿童文学的年龄特征对文本的限制，回避主流意识形态和抽象的道德说教，实现了对现实的审美超越，达到了可然律或必然律的艺术真实，使成人视野和儿童视野达到接受美学的融合。

---

① 朱自强. 新时期少年小说的误区［J］. 当代作家评论，1990，4：95.
② 亚里士多德. 诗学［M］. 罗念生，译. 北京：人民文学出版社，1962：28.

参考文献

一、中文文献

（一）中文著作

老子［M］//诸子集成. 北京：中华书局，2006 年版

论语［M］//诸子集成. 北京：中华书局，2006 年版

孟子［M］//诸子集成. 北京：中华书局，2006 年版

郭庆藩. 庄子集释：卷二（上）［M］. 北京：中华书局，1961 年版

孔子，左丘明. 春秋左传通释下［M］. 贾太宏，译注. 北京：西苑出版社，2016 年版

颜元. 颜元集［M］. 北京：中华书局，1987 年版

阮籍集校注［M］. 北京：中华书局，1987 年版

嵇康集校注［M］. 北京：人民文学出版社，1962 年版

世说新语笺疏［M］. 上海：上海古籍出版社，1993 年版

二程集［M］. 王孝鱼，点校. 北京：中华书局，1981 年版

朱熹. 四书章句集注［M］. 北京：中华书局，1983 年版

王充. 论衡［M］. 上海：上海人民出版社，2008 年版

陆机. 文赋［M］. 上海：上海书画出版社，2000 年版

钟嵘. 诗品［M］. 上海：上海古籍出版社，2007 年版

慧能. 坛经［M］. 郭朋，校释. 北京：中华书局，1983 年版

高明. 帛书老子校注［M］. 北京：中华书局，1996 年版

董仲舒. 春秋繁露［M］//新编诸子集成. 北京：中华书局，2002 年版

司空图. 二十四诗品［M］//何文焕. 历代诗话. 北京：中华书局，2004 年版

严羽. 沧浪诗话［M］//何文焕. 历代诗话. 北京：中华书局，2004 年版

王国维全集：第十四卷［M］. 杭州：浙江教育出版社，广州：广东教育出版社，2009 年版

周振甫. 文心雕龙今译［M］. 北京：中华书局，1986 年版

徐复观. 中国艺术精神［M］. 天津：春风文艺出版社，1987 年版

张圣瑜. 儿童文学研究［M］. 北京：商务印书馆，1928 年版

方卫平. 中国儿童文学理论发展史 [M]. 北京：少年儿童出版社，2007 年版

朱光潜. 西方美学史 [M]. 北京：人民文学出版社，1979 年版

陈鼓应. 悲剧哲学家尼采 [M]. 北京：生活·读书·新知三联书店，1987 年版

杨国荣. 理性与价值 [M]. 上海：上海三联书店，1998 年版

段德智. 主体生成论——对"主体死亡论"之超越 [M]. 北京：人民出版社，2009 年版

刘森林. 追寻主体 [M]. 北京：社会科学文献出版社，2008 年版

颜翔林. 后形而上学美学 [M]. 北京：中国社会科学出版社，2010 年版

莫伟民. 主体的命运——福柯哲学思想研究 [M]. 上海：上海三联书店，1996 年版

戴阿宝. 终结的力量 [M]. 北京：中国社会科学出版社，2006 年版

倪梁康. 胡塞尔现象学概念通释 [M]. 北京：生活·读书·新知三联书店，1999 年版

冯俊，等. 后现代主义哲学讲演录 [M]. 北京：商务印书馆，2003 年版

高宣扬. 福柯的生存美学 [M]. 北京：中国人民大学出版社，2005 年版

高宣扬. 当代法国思想五十年（上卷）[M]. 北京：中国人民大学出版社，2005 年版

赵宪章，张辉，王雄. 西方形式美学 [M]. 南京：南京大学出版社，2008 年版

全增嘏. 西方哲学史（下卷）[M]. 上海：上海人民出版社，1985 年版

刘放桐. 现代西方哲学（下册）[M]. 北京：人民出版社，1990 年版

李为善，刘奔. 主体性和哲学基本问题 [M]. 北京：中央文献出版社，2002 年版

（二）中文译著

柏拉图. 理想国 [M]. 郭斌和，张竹明，译. 北京：商务印书馆，1986 年版

柏拉图. 文艺对话集 [M]. 朱光潜，译. 北京：人民文学出版社，1980 年版

亚里士多德. 诗学 [M]. 罗念生，译. 北京：人民文学出版社，1962 年版

亚里士多德. 尼各马可伦理学 [M]. 廖申白，译. 北京：商务印书馆，2003 年版

亚里士多德. 古希腊罗马哲学 [M]. 北京大学哲学系，编译. 北京：生活·读书·新知三联书店，1957 年版

笛卡尔. 第一哲学沉思集 [M]. 庞景仁，译. 北京：商务印书馆，1986 年版

斯宾诺莎. 伦理学 [M]. 贺麟，译. 北京：商务印书馆，1983 年版

维柯. 新科学 [M]. 朱光潜，译. 北京：人民文学出版社，1986 年版

康德. 纯粹理性批判 [M]. 邓晓芒，译. 北京：人民出版社，2004 年版

康德. 实践理性批判 [M]. 韩水法，译. 北京：商务印书馆，1999 年版

康德. 判断力批判 [M]. 邓晓芒, 译. 杨祖陶, 校. 北京：人民出版社, 2002年版

休谟. 人性论 [M]. 关文运, 译. 北京：商务印书馆, 1980年版

莱辛. 拉奥孔 [M]. 朱光潜, 译. 北京：人民文学出版社, 1979年版

谢林. 艺术哲学 [M]. 魏庆征, 译. 北京：中国社会出版社, 1996年版

谢林. 先验唯心论体系 [M]. 梁志学, 石泉, 译. 北京：商务印书馆, 1976年版

基尔克郭尔. 概念恐惧·致死的病症 [M]. 京不特, 译. 上海：上海三联书店, 2004年版

黑格尔. 美学 [M]. 朱光潜, 译. 北京：商务印书馆, 1979年版

黑格尔. 精神现象学（下卷）[M]. 贺麟, 王玖兴, 译. 北京：商务印书馆, 1979年版

罗素. 宗教与科学 [M]. 徐奕春, 林国夫, 译. 北京：商务印书馆, 1982年版

梯利. 西方哲学史 [M]. 葛力, 译. 北京：商务印书馆, 1995年版

R.B. 培里. 价值与评价 [M]. 刘继, 编选. 北京：中国人民大学出版社, 1989年版

德索. 美学与艺术理论 [M]. 兰金仁, 译. 北京：中国社会科学出版社, 1987年版

席勒. 审美教育书简 [M]. 张玉能, 译. 南京：译林出版社, 2009年版

海涅. 论德国宗教和哲学的历史 [M]. 海安, 译. 北京：商务印书馆, 1974年版

爱克曼辑录. 歌德谈话录 [M]. 朱光潜, 译. 北京：人民文学出版社, 1978年版

胡塞尔. 纯粹现象学通论 [M]. 李幼蒸, 译. 北京：商务印书馆, 1992年版

胡塞尔. 生活世界的现象学 [M]. 倪梁康, 张廷国, 译. 上海：上海译文出版社, 2002年版

索绪尔. 普通语言学教程 [M]. 高名凯, 译. 北京：商务印书馆, 1980年版

弗洛伊德. 论艺术与文学 [M]. 常宏, 译. 北京：国际文化出版社公司, 2007年版

弗洛伊德. 论美文选 [M]. 张唤民, 陈伟奇, 译. 北京：知识出版社, 1987年版

荣格. 分析心理学的理论与实践 [M]. 成穷, 王作虹, 译. 北京：生活·读书·新知三联书店, 1991年版

维特根斯坦. 逻辑哲学论 [M]. 郭英, 译. 北京：商务印书馆, 1962年版

葛塞尔. 罗丹艺术论 [M]. 沈琪, 译. 北京：人民美术出版社, 1987年版

马克思恩格斯选集：第2卷 [M]. 中共中央马克思恩格斯列宁斯大林著作编译局, 编译. 北京：人民出版社, 2012年版

马克思. 1844 年经济学—哲学手稿［M］. 中共中央马克思恩格斯列宁斯大林著作编译局，编译. 北京：人民出版社，2000 年版

艾·弗洛姆. 人心［M］. 孙月才，张燕，译. 北京：商务印书馆，1989 年版

萨特. 想象［M］. 杜小真，译. 上海：上海译文出版社，2008 年版

萨特. 想象心理学［M］. 褚朔维，译. 北京：光明日报出版社，1988 年版

萨特. 存在与虚无［M］. 陈宣良，等，译. 北京：生活·读书·新知三联书店，1987 年版

尼采. 悲剧的诞生［M］. 周国平，译. 北京：生活·读书·新知三联书店，1986 年版

叔本华. 作为意志和表象的世界［M］. 石冲白，译. 北京：商务印书馆，1982 年版

卡西尔. 人论［M］. 甘阳，译. 上海：上海译文出版社，1985 年版

卡西尔. 语言与神话［M］. 于晓，译. 北京：生活·读书·新知三联书店，1988 年版

沃林格. 抽象与移情［M］. 王才勇，译. 沈阳：辽宁人民出版社，1987 年版

巴什拉. 空间的诗学［M］. 张逸婧，译. 上海：上海译文出版社，2009 年版

雅斯贝尔斯. 悲剧的超越［M］. 亦春，译. 北京：工人出版社，1988 年版

海德格尔. 诗·语言·思［M］. 彭富春，译. 北京：文化艺术出版社，1991 年版

海德格尔. 尼采（下卷）［M］. 孙周兴，译. 北京：商务印书馆，2002 年版

海德格尔. 林中路［M］. 孙周兴，译. 上海：上海译文出版社，1997 年版

桑塔耶纳. 美感［M］. 缪灵珠，译. 北京：中国社会科学出版社，1982 年版

皮亚杰. 发生认识论原理［M］. 王宪钿，等，译. 北京：商务印书馆，1981 年版

马尔库塞. 审美之维［M］. 李小兵，译. 北京：生活·读书·新知三联书店，1989 年版

马尔库塞. 单向度的人——发达工业社会意识形态研究［M］. 刘继，译. 上海：上海译文出版社，2008 年版

巴特. 符号学美学［M］. 董学文，王葵，译. 沈阳：辽宁人民出版社，1987 年版

克罗齐. 美学原理·美学纲要［M］. 朱光潜，译. 北京：人民文学出版社，1983 年版

福柯. 福柯集［M］. 杜小真，编选. 上海：上海远东出版社，2003 年版

福柯. 知识考古学［M］. 谢强，马月，译. 北京：生活·读书·新知三联书店，1998 年版

福柯. 主体解释学［M］. 佘碧平，译. 上海：上海人民出版社，2005 年版

福柯. 疯癫与文明［M］. 刘北成, 杨远婴, 译. 北京: 生活·读书·新知三联书店, 1999 年版

波德里亚. 消费社会［M］. 刘成富, 译. 南京: 南京大学出版社, 2008 年版

波德里亚. 象征交换与死亡［M］. 车槿山, 译. 南京: 译林出版社, 2006 年版

马斯洛. 自我实现的人［M］. 许金声, 刘峰, 等, 译. 北京: 生活·读书·新知三联书店, 1987 年版

马斯洛. 动机与人格 (第三版)［M］. 许金声, 等, 译. 北京: 中国人民大学出版社, 2007 年版

阿多诺. 美学理论［M］. 王柯平, 译. 成都: 四川人民出版社, 1998 年版

扎哈维. 胡塞尔现象学［M］. 李忠伟, 译. 上海: 上海译文出版社, 2007 年版

梅欧. 胡塞尔［M］. 杨福斌, 译. 北京: 中华书局, 2003 年版

盖格尔. 艺术的意味［M］. 艾彦, 译. 北京: 华夏出版社, 1999 年版

卢卡契. 文学论文集 (二)［M］. 北京: 中国社会科学出版社, 1981 年版

哈利泽夫. 文学学导论［M］. 周启超, 等, 译. 北京: 北京大学出版社, 2006 年版

沃恩. 唤醒直觉——超越理性的认知方式［M］. 罗爽, 译. 北京: 新华出版社, 2000 年版

舒尔茨. 现代心理学史 (第八版)［M］. 叶浩生, 译. 南京: 江苏教育出版社, 2005 年版

尼尔·波兹曼. 娱乐至死［M］. 章艳, 译. 桂林: 广西师范大学出版社, 2004 年版

理查德·洛夫. 林间最后的小孩——拯救自然缺失症儿童［M］. 自然之友, 译. 长沙: 湖南科学技术出版社, 2010 年版

霍金. 宇宙简史［M］. 张玉纲, 译. 长沙: 湖南少年儿童出版社, 2007 年版

霍尔, 诺德贝. 荣格心理学入门［M］. 冯川, 译. 北京: 生活·读书·新知三联书店, 1987 年版

阿瑞提. 创造的秘密［M］. 钱岗南, 译. 沈阳: 辽宁人民出版社. 1987 年版

韦勒克·沃伦. 文学理论［M］. 刘象愚, 等, 译. 南京: 江苏教育出版社, 2005 年版

霍华德·加德纳. 多元智能［M］. 沈致隆, 译. 北京: 新华出版社, 2003 年版

Doris Bergen, Juliet Coscia. 大脑研究与儿童教育［M］. 王爱民, 译. 北京: 中国轻工业出版社, 2006 年版

J. 洛斯奈. 精神分析入门［M］. 郑泰安, 译. 北京: 社会科学文献出版社, 1987 年版

菲利克斯·加塔利. 混沌互渗 [M]. 董树宝，译. 南京：南京大学出版社，2020 年版

二、英文文献

Baudrillard，J. Le système des objects. Paris：Gallimard，1968

Benedetto Croce：Poetry And Literature. Carbondale：Southern Illinois University Press，1981

Theodor W. Adorno：Aesthetic Theory. London：Routledge & Keganpaul，1984

Hans-Georg Gadamer：Truth And Method. New York：The Crossroad Publishing Corporation，1989

Curt John Ducasse：The Philosophy Of Art. New York：The Dial Press，1929

Nelson Goodman：Languages Of Art. The Bobbs-Merrill Company，Inc. ，1968

Robin George Collingwood：The Principles Of Art. Oxford University Press，1938

George Santayana：The Sense Of Beauty：Being The Outline Of Aesthetic Theory. New York：Dover Publications，Inc. ，1955

Erich Fromm：The Heart Of Man. New York：Happer Colopkon Press，1980

Michel Foucault：Language，Counter-Memory，Practice. Ithaca：Cornell University Press，1977

Michel Foucault：The Archaeology Of Knowledge. New York：Pantheon，1972

Martin Heidegger：Poetry，Language，Thought. New York：Harper & Row，1971

Martin Heidegger：On The Way To Language. New York：Harper，1972

Ludwig Wittgenstein：Philosophical Investigations. Oxford：Blackwell，1953

Nrnst Cassirer：Symbol，Myth And Culture. New Haven：Yale University Press，1979

Jacques Derrida：Writing And Difference. Chicago：University Chicago Press，1978

主要人名索引

重要词语索引

形象思维 17，39，42，185，213

虚假需要 144，145，148，204

虚静 170，246

虚无主体 60，62

玄学 7，70

悬置 39，43，72，76，95，96，113，
164，166-168，182，185，194，
198，219，229，250，259

Y

依附论 17，210

义理 81，82，161，222

艺术创造 15，17，56，58，61，65，
67，87，94，108，121，179，186，
187，191，200，206，221，228，
231-234，236-246，258

艺术价值 214

艺术品 93，157

异化 15，21，22，29，46，66，87，
88，90，93，106-108，131，134，
148，152，204，209，226，230

意境 100，237，242

意识 3，5，10，14，21，23，25，
26，28，29，31，32，34-40，42-
46，55，56，58，59，62-64，67，
73，74，76-78，81，82，86-88，
91，92，95-98，100，101，103-
105，107，108，110-113，116-
119，122-124，128-130，132，
134-136，138，140-145，147-
149，155，156，159-171，175，
176，179-184，186，188-192，

194，195，197，199，200，204，
206，208，210-213，220-224，
228-230，233，235-238，240，
248-250，252-257，259

意识形态 3，14，28，36，38-40，
42，44，63，73，76，86-88，
91，95-97，101，103-105，108，
110，111，116，117，122-124，
134-136，138，141，144，145，
147-149，159，160，164，166，
167，176，181-183，190，194，
197，229，236，238，250，254，
257，259

意识主体 36，67，111，134

意象 100，112，120，166，169，
184，185，188，207，208，220，
234，242，243，246-248，252，
258

意愿 25，64，165

意志 6，10，17，23，26，28，34，
35，41，42，44，51-53，55-
59，71-73，77，90-92，95，
101，110，111，119，120，133，
135，153，158，161，170，175，
178，181-183，191，193，198，
200，220，221，245，255，256

意志主体 56-58

幽默 6，43，97，144，194，197，
256-258

游 4，37，45，53-55，64-66，68-
70，74，83，93，94，98，105，

后　记

2009 年年末，长沙。冬雨夹雪，霏霏拂拂，打湿行人的脸颊，模糊的士的风窗。令人惊喜的，还是那时近时远、倏忽飘渺的晚桂花香。岳麓山，香樟下，湖南师大文学博士研究生们济济一堂，宣读自己的开题报告，聆听导师们的高谭清论。张文初教授全程操着一口湖南方言款款而谈。遗憾的是，笔者不懂湖南话，任其"诲尔谆谆"，和着窗外霏霏细雨，迷蒙一片。也许不可承受生命之轻，张教授发出"诗性主体何以呈现于现实生活？""个体具有诗性主体，为何世间还有自杀轻身？"两句追问，穿过方音屏障，触动着笔者的心弦。可是，对于一名尚对先哲们形而上概念充满好奇的学生而言，回答现实的提问，尤其是终极性命题，尚需时日和勇气。不过，"主体性哲学应向世界回归"的意识在笔者心里就此扎了根：在建构"诗性主体"这一主体性范畴的同时，必须与现实对话，思考"诗性主体"在实体世界何以可能的命题。时隔十多年，笔者借成书之际，结合十多年的心理工作经历，交上一份直面现实的答卷，供师友们批评。

追问一："诗性主体何以呈现于现实生活？"这显然需要从显性层面探索诗性主体的实在性的命题。我们不妨从快乐与痛苦两种基本情感体验的视角进行探讨。首先，从快乐情感体验的视角看，诗性主体的显在，犹如人类的文明历史之河泛起的粼粼波光，亦如个体的成长历程中的闪亮星辉，两者交相辉映，印证着诗性主体永恒的存在。它总是以快乐—优美原则的审美形式，直接照进主体的寻常生活。它们创造或沉潜于再现快乐生活的诗歌、绘画、舞蹈等优美的艺术形式，它们也彰显于回归快乐生活之本身。譬如，新生儿的清浅一笑、故友重逢的热烈拥抱；还有风中嬉戏的花蝶、夕阳西下的耕牛，等等。遵循快乐—优美原则的诗性主体，使人们在单纯的生活中沐浴着诗性的光辉，在纯粹的体验里探寻生命的曼妙。其次，从痛苦情感体验的角度来看，诗性主体的显在，是在经受痛苦之后的超越与升华，犹如山重水复疑无路之后的柳暗花明。或者，当你承受的苦痛无以复加之际，蓦然回首，诗性主体就在那灯火阑珊处。它会遵循痛苦—崇高原则的审美形式，将苦痛坎坷的人生重新点燃希望，"从一个未被照亮的背景中显露出来"（黑尔德语）。回溯物资匮乏的童年，最难忘的是大舅每年订阅的《中国国家地理》杂志。每期杂志，封面都那么明艳亮丽，被安放在油漆斑驳的床头柜上。晴天里，它吸引一束透窗而入的阳光；阴天里，它招来一群小朋友叽叽喳喳。家道中落、囊中羞涩，也并没有让大舅吝啬自己的笑容。当孩子们在幽暗狭长的走道里肆无忌惮地追打皮闹时，大舅不是微笑地应和着，就是佯怒地吆喝着，成为孩子们游戏的忠实耐心的观赏者，给游戏平添了一分欢乐。可惜，大舅因病英年早逝了。但是，他慈祥的笑容、多彩明丽的地理杂志，无不镜映着孩子们的童年；还有大舅亲手撰写的一册册隽秀精谐如同印刻的工作账本，无不证明诗性主体于生活皱褶处的显在与赋能——生活之重，沉淀了生命的纯粹。正如王尔德所说："我们都生活在阴沟里，但仍有人仰望星空。"笔者曾经的一位学生，双亲都是盲人，负债累累，但他每天开开心心，笑声不断。笔者问他：生活的负重为何没有削减你的热情？他微笑回应：生活已是如此，不微笑面对，还有其他办法吗？是啊，无论生活如何困难与不堪，哪怕走投无路，也要直视面对。而这种没有退路的直面，恰是诗性主体于逆境绝崖而生发的机缘、显在的动力。因为诗性主体的情动之处，有这么一种存在之力，也可以说，人与生俱来就有的"实现的倾向"（罗杰斯语），抑或是"强力意志"（尼采语）。这种存在之力，就是超越与升华的源动力，让无变为有，于绝处逢生，化腐朽为神奇！源远流长、延续至今的人类生命史，便充分证明了诗性主体的实在。

追问二："个体具有诗性主体，为何世间还有自杀轻身？"[①] 这要从隐性层面和毁灭性情感体验的视角探讨诗性主体的实在性的命题。鉴于自杀现象一般分为只有自杀想法而无自杀行为的与有自杀想法且付诸行动的两种情况，我们把上述的终极追问，也拆解为两种情况来回答。其一，有自杀想法的主体，是否意味着诗性主体的缺席？毋庸置疑，那些有自杀想法者，在自我毁灭之前，几乎都会生发"生存还是毁灭？"的追问。莎士比亚说

---

① 注：目前，学术界主要从生物学、社会学角度分析自杀类型，大致分为精神障碍性自杀和冲动性自杀。建议有自杀想法或自杀行为者，寻求医学干预与心理咨询。本序主要探讨自杀者主体性建构的议题，不涉及治疗议题。

"这是一个值得考虑的问题"。而"考虑"的过程及其行为本身，就已经照见了诗性主体的实在性。因为，每个生命体都是在历史文化中诞生并成长起来的，所以，其诗性主体也会在文化历史进程中不断生成，并内化于个体的不同价值属性的各主体形式之间的交互关系中得到体现。具体而言，个体在生存与毁灭之间"考虑"，并"做出选择"的这一行为与过程，实质上，是身体主体与意识主体、感性主体与理性主体、政治主体与经济主体、伦理主体与道德主体、知识主体与工具主体、宗教主体与自然主体等这些在文化历史进程中生成的不同价值内涵的、内化于个体精神的各主体形式，全面参与梳理、筛选、澄清、平衡、调度、协调、整合、修通工作的过程。它们交互关系的融贯协调的运作之力及其变量，便是诗性主体功能的显在。也就是说，有自杀想法者的诗性主体显在于"考虑""抉择"的过程。如若个体在存在主义哲学框架下，遵循悲剧—叠奏原则的审美形式，启动诗性主体功能并进入高峰运行，通过接纳—哀悼，融贯—协调，整合—修通，便能获得回归"澄明之境"的契机，从而回心转意，留存于世。其二，那些付诸行动并最终去逝的自杀者，是否意味着诗性主体一并被扼杀？回答这终结性的命题之前，我们必须思考诗性主体是否仅只接纳个体存在于现世。进而言之，诗性主体需要一个明确的尺度和限度吗？答案是否定的。如果只允许接受现世，那么，就违背了诗性主体的自由本质；如果给予一定的尺度和限度，那么，就钳制了诗性主体的协调—统整功能以及忽视了人类生命的总体价值。因此，那些付诸行动的自杀者们同样沉潜着诗性主体。值得关注的是，有的个体对于"生存还是毁灭"做出了成熟的自我决定。即便是"毁灭"，他们自己为自杀行为负责而不是让他人负责，确证自己的价值而不是用自杀行为来惩罚、谴责或报复他人和自己。他们可能出自无法抗拒的身体病痛的原因，或者，如羚羊飞渡般为了总体生命的延续，等等。他们将逝去看作涅槃与归宿。对于他们而言，这恰恰是他们诗性主体的实现。然而，据社会调查，绝大部分的个体的自杀行为则是草率冲动的。遗憾地说，他们只是错过了启动或者充分发挥诗性主体功能的机缘，但并不能抹杀诗性主体在人类总体生命的价值和意义。

如何激活并发挥诗性主体功能呢？我们借鉴王国维提升诗人素质的理论与方法，以此获得些许启发。王国维在《人间词话·七则》中写道："诗人对宇宙人生，须入乎其内，又须出乎其外。入乎其内，故能写之。出乎其外，故能观之。入乎其内，故有生气。出乎其外，故有高致。"作为寻常生活中的主体，我们本已身陷世事之中，如若像诗人那样做到"出乎其外"，与现世人生保持一定的审美距离，或者，将世间的具体问题外化——对象化，与之保持距离地观察它、审视它——我们便会自动开启审美思维，抛开一切执念，获得升华和超越。固然无法解脱身体劳苦，但是，从精神上让自己渡成"诗人"，将生活过成"诗歌"，"使不可见之物可见"，"使不可见之力可见"。通过诗性主体的融贯与协调，个体在内化的各主体之间及其现世生活中演绎生命的迭奏（加塔利语）和复调（巴赫金语）。回到当下，在互联网沉浸式交往的新世界，个体应该警醒自己，拒绝做"信息加工绞肉机"的看客，并与之保持一定距离，给予自己也给予他人以自我反省的空间，从而让自己照见诗性主体之光，看见生命本然的模样。

　　本书是在笔者的博士论文基础上修订而成的。时隔十年，笔者对于诗性主体研究的现实意义拥有了更多的感悟。此序，限于篇幅，笔者运用耳熟能详的诗文警句和普世性的生活范例，让诗性主体从概念范畴的"金字塔"走出来，直面人生终极性命题。也许对这一命题的阐释，永远没有理想的终极和完美的结果。但是，诗性主体这个有意义的论题，激励我的灵魂，向着精神的澄明和诗意的境界不断前行。最后，笔者对博士导师颜翔林教授、赖力行教授、张文初教授以及湖南师大文学院文艺学教研室全体老师的不吝赐教，再次表达敬意和感谢！

仇敏

2020 年 12 月 28 日